普通高等学校“十四五”规划经济管理类专业数字化精品教材

首批国家级线上一流课程“推开经济学之门”配套教材

推开经济学之门

程　蹊　陈全功　主　编
林　琳　许妮娅　副主编

華中科技大學出版社
http://www.hustp.com
中国 · 武汉

内 容 提 要

本书是国家级线上一流本科课程“推开经济学之门”的配套教材，由“西方经济学”微观和宏观部分最能体现经济学思维的16章构成，每章都以生活中的案例或问句做标题引入相关经济学概念或原理。前8章从微观层面介绍单个市场主体怎样用经济学的思维和原理进行权衡取舍；运用供求分析，理解为什么农民粮食增产但收入反而下降了；什么是消费者剩余；不同类型的市场上，厂商不同的定价规则以及企业的短期生产函数；收入分配平等的衡量指标——基尼系数，以及市场失灵的表现——外部性和委托-代理问题。后8章从宏观层面介绍如何衡量一个国家或地区的财富(GDP)；凯恩斯国民收入决定理论；三种总供给曲线；一国经济失衡时出现的失业和通货膨胀；如何用宏观财政政策和货币政策来调控宏观经济；长期中影响经济增长的因素等。每章补充的延伸阅读材料和相关视频可以帮助读者加深对相关内容的理解。本教材具有知识性与趣味性的统一、经济理论与生活案例的统一、经济学思维的普及性与高阶性统一、教学资源丰富性与共享性统一的特点。本书适合高校非经济学专业1—4年级学生以及社会人员学习经济学基本知识。

图书在版编目(CIP)数据

推开经济学之门/程蹊，陈全功主编. —武汉：华中科技大学出版社，2021.9
ISBN 978-7-5680-7303-5

Ⅰ.①推…　Ⅱ.①程…　②陈…　Ⅲ.①经济学　Ⅳ.①F0

中国版本图书馆CIP数据核字(2021)第187073号

推开经济学之门
Tuikai Jingjixue zhi Men

程　蹊　陈全功　主编

策划编辑：陈培斌
责任编辑：肖唐华
封面设计：刘　婷
责任校对：张汇娟
责任监印：周治超
出版发行：华中科技大学出版社(中国·武汉)　　电话：(027)81321913
武汉市东湖新技术开发区华工科技园　　邮编：430223
录　　排：武汉楚海文化传播有限公司
印　　刷：武汉开心印印刷有限公司
开　　本：787mm×1092mm　1/16
印　　张：13　　插页：1
字　　数：312千字
印　　次：2021年9月第1版第1次印刷
定　　价：38.00元

主编简介

程蹊　教授、中南民族大学教学名师、首批国家级线上一流本科课程和湖北省首批本科精品在线课程“推开经济学之门”主持人；主持省、校级教研项目6项，获省、校级教学竞赛奖6项，上榜“楚课联盟”名师榜；主持国家社科基金项目1项，出版著作2部、发表论文30余篇，获得国家民族事务委员会人文优秀成果二等奖3项、著作类三等奖1项。

陈全功　教授、中南民族大学经济学院理论经济学和农业发展专业硕士生导师，主讲本科生课程“宏观看中国：经济理论与实践”和“国际金融”、研究生课程“宏观经济理论与政策”和“中国农村减贫与发展专题”；主持国家级和省部级课题10余项、参与国家级重大课题多项，出版专著和合著9部、发表论文近50篇，获奖4项，曾两次获校级“三育人”先进个人表彰。

前　言

本教材是首批国家级线上一流本科课程“推开经济学之门”的配套资料。“推开经济学之门”是一门面向社会大众和高校非经济学类专业学生的通识课程，于2018年上线中南民族大学校内在线教学平台和“学银在线”平台，至2021年6月已开课7期，网页浏览量350多万人次；有近500所高校的6000人完成学习，被“楚课联盟”部分高校纳入网络通识课，是“楚课联盟”最受欢迎的课程之一。

课程特色

“推开经济学之门”的教学除了网络在线自学之外，还开展了线上线下混合教学方式。从2019年秋季至2021年春季，该课程主讲教师程蹊教授和团队成员在中南民族大学完成4期的线上线下混合式教学，有537位本校学生获得混合式教学课程学分。校内外学生在在线学习和混合式教学学习过程中，强烈希望有配套教材能够补充学习。应广大学生呼声，课程组老师特编写本教材，以适应本校和“楚课联盟”选用本网课的所有非经济学类专业本科生，以及选学本网课的社会人群的需要。本教材对社会上所有对经济学感兴趣者也有较好的普适性。

“推开经济学之门”是一门经济学思维入门级课程。本教材内容与在线课程框架基本一致，选取了国内高校开设“西方经济学”课程里的微观经济学和宏观经济学部分中最能体现经济学思维的16章内容，每章都以生活中的案例或者问句为标题，引入相关经济学思维和原理。前8章主要从微观层面介绍单个市场主体怎样用经济学思维来处理所面临的经济问题，以此做出权衡取舍，并阐释这些选择背后所体现的经济学原理和经济学分析思路。例如，如何运用供求分析理解为什么农民粮食增产不增收，为什么厂商有不同的定价规则，如何衡量收入分配不平等，经济治理中会有哪些市场失灵现象，等等。后8章主要从宏观层面介绍一国或地区的经济运行状况、问题及应对方案。例如，如何衡量一个国家或地区的财富(GDP)，凯恩斯的国民收入决定理论，三种总供给曲线，失业和通货膨胀，财政政策和货币政策，长期中影响经济增长的因素等。

作为通识课程教材，本教材与经济学类专业教材《西方经济学(微观部分)》和《西方经济学(宏观部分)》不同，它侧重于人们在日常生产生活中的常见现象和常见问题，紧密结合案例来阐释经济学思维和经济学原理，与系统的经济学原理教材有一定差别，它突出问题性、知识性与趣味性的统一。同时，它毕竟是讲授经济学重要原理的教材，因此体现了普及性与高阶性的统一；加之本教材为在线与混合式教学课程的配套资料，因此突出了教学资源的丰富性与共享性统一。

本教材的编写由中南民族大学经济学院程蹊教授组织，撰写者还有陈全功教授、林琳副教授和许妮娅博士。全书共16章，其中第一、六、九、十、十三、十四、十五章由程蹊教授和陈全功教授共同编写，第二、三、四、五章由许妮娅博士编写，第七、八、十一、十二、十六章由林琳副教授编写。本教材中的数字资源主要由程蹊、陈全功、林琳老师提供。全书最后由程蹊教授统稿。在此一并感谢编写组全体成员的辛苦付出。

在编写过程中，参考了国内外学者的相关著作和教学材料，在此谨向他们表示真诚的谢意。同时也非常感谢华中科技大学出版社编辑的辛勤付出。

本教材的内容取舍和体例安排等是否恰当，有待广大读者来评判和检验，期待大家提出宝贵的意见和建议。

程　蹊

2021年6月30日

目　　录

第一章　经济学思维的前提——资源的稀缺性

教学目的:通过本章的学习,让学生了解经济学产生的前提条件,这是学习和理解经济学理论和思维的基础。让学生理解资源稀缺背景下经济学产生的必然性,初步树立理性经济人理念和机会成本的思维分析方法,为经济学学习打下基础。

教学重点和难点:资源稀缺的理解,理性经济人的理解,机会成本的定义,机会成本的理解和应用。

主要教学内容及要求:

1. 教学内容

(1)什么是经济学?

(2)为什么要选择?——经济学产生的出发点。

(3)谁在选择?——经济学的研究对象。

(4)选择什么?——经济学的研究内容。

(5)如何选择?——经济学的研究主题。

经济学为谁而生?

2. 教学要求

了解:经济学的产生是为了解决资源稀缺与人类欲望无穷性的矛盾,经济学是资源配置的科学,人们权衡取舍的依据是用机会成本来考量。

理解:理性人假设,机会成本的含义和运用,机会成本与会计成本的关系。

掌握:资源稀缺,理性人假设,机会成本,显成本、隐成本。

熟练掌握:机会成本运用于日常生活的权衡取舍,理性人思维与助人为乐等社会主义价值的关系。

同学们好!从今天开始,我将带领大家一起推开经济学之门,探索经济学的神奇奥妙,学会用理性人的思维来分析我们生活中的权衡取舍。那么,同学们可能会问:为什么会产生经济学呢?经济学主要是解决什么问题呢?

一、什么是经济学?

我们首先来看看什么是"经济学"。经济学是现代的一个独立学科,是研究人类社会在各个发展阶段上的各种经济活动和各种相应的经济关系及其运行、发展规律的科学。从1776年亚当·斯密的《国富论》开始奠基,经历了200多年的发展,现代经济学已经有微观经济学(研究单个经济主体的经济行为)、宏观经济学(研究整个国家或地区的经济行为)、政治经济学等众多专业方向,指导人类财富积累与创造。一般来讲,经济学的研究内容主要包括以下三类:一是指企业的经营管理方法和经验,如经济行情研究、存货管理、车间生产流程布局等;二是对一个经济部门、经济领域或经济问题的集中研究,如资源经济学、农业经济学、财政学、通货膨胀问题等；三是经济理论的研究和考察，如微观经济学、宏观经济学、福利经济学、经济思想史等。

经济学的核心思想是物质资源的稀缺性和有效利用。北京大学张维迎教授给出了经济学的简单定义——是关于理性选择的科学①。为了进一步理解这个概念，就必须回答四个问题：为什么要选择？谁在选择？选择什么？如何选择？

二、为什么要选择？——经济学产生的出发点

我们首先来看为什么要选择？在任何社会，人的欲望是无穷的，而满足人们欲望的资源是有限的（稀缺性）。资源的稀缺性是指什么呢？所谓资源稀缺，是指劳动力、土地、资金等各类生产要素是有限的。资源分可再生资源和不可再生资源。有些资源是不可再生资源，如可耕地、矿藏等自然资源，总量是既定的，在消耗一点就少一点的情况下，资源的供给趋于枯竭将不可避免；有些资源是可再生的，可以通过自然作用再生更新，从而可为人类反复利用，如植物、可降解塑料袋、水资源、地热资源等。但即使是可再生资源，也需要在一定的条件下才可以维持再生，并不是取之不尽、用之不竭的。经济学里所讲的资源稀缺性，是指各种生产要素相对于人类无穷的欲望而言是稀缺的，而不是指资源本身是再生资源还是不可再生资源的层面上来讲的。如果人类没有对资源的无穷贪婪需求，资源的稀缺性是不存在的。正如印度前领导人甘地所说：世界资源可以满足我们的需求，但不能满足我们的贪婪②。因此，资源稀缺性的实质是人类欲望的无穷性。正是人类欲望的无穷性使得我们不得不面对资源的稀缺性。

关于人类的欲望，可以分四个层次来理解：一是不同的人有不同的欲望（需求）；二是不同的人有相同的欲望；三是同一个人有多种欲望；四是同一个人一种欲望被满足后，马上会产生新的欲望。特别是第四种与人类的贪婪本性有关，即所谓"贪得无厌"。根据马斯洛的需求层次论，人类的需求是从低级向高级不断发展的，低一级的需求一旦被满足，马上会向高一级的需求推进，这个过程永无止境。虽然我们不能排除一些人可以获得暂时的满足，比如，享受一顿美餐、获得一件心爱之物，都可以使一些人心花怒放，甚至欣喜若狂，但从长期和总体来看，人类作为一个群体，其对幸福的追求是无止境的。明代著名律学家朱载堉的《十不足》，将人类这种欲望的无穷性刻画得入木三分：

终日奔忙只为饥，才得有食又思衣。
置下绫罗身上穿，抬头又嫌房屋低。
盖下高楼并大厦，床前却少美貌妻。
娇妻美妾都娶下，又虑门前无马骑。
将钱买下高头马，马前马后少跟随。
家人招下数十个，有钱没势被人欺。
一铨铨到知县位，又说官小势位卑。

---

① 张维迎．经济学：理性选择的科学[J]．读书，2000(6)．

② 张卫东．微观经济学[M]．武汉：华中科技大学出版社，2019：2．

一攀攀到阁老位，每日思想到登基。
一日南面坐天下，又想神仙来下棋。
洞宾与他把棋下，又问哪是上天梯。
上天梯子未做下，阎王发牌鬼来催。
若非此人大限到，上到天梯还嫌低。

这首诗生动地刻画出人的欲望的无穷性——人的一种欲望被满足后，马上会产生新的更高的欲望。都当皇帝了，金钱、美女、天下都有了，还想要成仙以实现长生不老。但资源是有限的，对于皇帝来说，他可能不缺金钱等物质资源，但依然缺乏时间资源（生命是有限的，不可能长生不老）。而对于我们普通老百姓而言，缺乏的不仅是时间，还可能缺乏金钱等物质资源。因此，资源的稀缺性和欲望的无穷性之间会产生矛盾。如何解决这一矛盾？就有选择的必要，必须选择有限的资源来满足一定的欲望。比如，大学的时间是有限的，你既想考上研究生，又想外出打工赚钱。如果你外出打工赚钱，就不可能静下心来认真复习考上研究生；如果你想坐下来认真复习考研，就不能外出打工赚钱，因此你必须面临选择。所以资源的稀缺性（scarcity）迫使我们选择，这是经济学产生的出发点。“经济学的精髓之一在于承认稀缺性是现实存在的，并探究一个社会如何进行组织才能最有效地利用其资源。这一点，可以说是经济学伟大而独特的贡献。”[①]

三、谁在选择？——经济学的研究对象

由于资源是稀缺的，不可能满足人的所有欲望，就必须进行选择以满足部分欲望。那么谁在选择？选择的主体是经济学的研究对象，是单个的“人”。但经济学里对选择主体的“人”有专门的界定——理性人或经济人假设。理性人概念由亚当·斯密最先提出，是指个人在自利动机的驱使下追求个人利益的最大化。换言之，人不会做于己不利的事情。由于有利无利涉及价值判断问题，不同的人对利的看法不同，导致他们具有不同的行为。例如，有的人喜欢损人利己，有的人喜欢帮助别人；有的人喜欢获得更多的金钱，有的人喜欢耗费金钱来获得更大的权利或更多的尊重。这些活动有利于自己，也可能有利于别人。即使有些活动是有利于别人而损害自己的某种利益的，也是出于某种自利的动机。在这一层面上，所有的活动都是自利的[②]。

然而，所有这些活动是否都是最大程度地有利于自己，即每一个从事经济活动的人所采取的经济行为是否都是力图以自己最小的经济代价去获得最大的经济利益呢？这就不一定了。最大化的实现，取决于他是否足够聪明，是否具有完全的信息。当一个人的聪明程度有限，或者所掌握的信息不够完全（信息不充分、不对称）时，尽管他在主观上希望获得最大化，但实际上却可能无法实现最大化，此时获得的只能是有限的最大化。经济学把这种有限的最大化称为约束条件下的最大化。由此，约束条件就成了经济学需要研究的重要问题。

---

① 保罗·萨缪尔森，威廉·诺德豪斯. 经济学[M]. 萧琛，译. 17版. 北京：人民邮电出版社，2004：2.

② 张卫东. 微观经济学[M]. 武汉：华中科技大学出版社，2019：8.

在理性人假设下，经济学家可以分析经济主体或经济代理人的最优化行为。因此，好的假设可以使问题变得简化，更有利于我们的分析。假若人不是理性的，那么人的行为逻辑是什么呢？结果可能使分析具有了无限的可能性。显然，目前经济学还不能没有任何假设地处理这种具有无限可能性的情况[①]。因此，我们在学习经济学思维时会发现，无论是消费者行为理论还是生产者行为理论等，许多经济理论都会有一些约束条件，都是在一定的约束前提条件下来研究最大化问题。比如市场的需求方消费者，在花钱购买商品时，追求所买商品能给自己带来最大的满足程度，即消费者作为理性人，追求效用最大化，但通常假设是在消费者收入和所购买的商品价格都既定的假设条件下实现的；产品的供给方生产者，在生产和售卖商品时追求利润最大化，但通常是假定生产者在技术水平不变或商品价格既定等前提条件下实现的。在这个意义上讲，经济学是一门严谨的科学，都是在一定的假设约束前提下，进行经济逻辑推理，从而得出相应的经济学理论。我们在今后的经济学理论学习中，会更深刻地体会到这一点。

四、选择什么？——经济学的研究内容

由于资源的稀缺性，理性经济人应该选择什么呢？在选择中，每个经济主体必须解决三大经济问题（“三 W”问题）。

第一，生产什么以及生产多少（What）？比如：老王只有一块地，到底是全部生产小麦或全部生产玉米，还是一半地生产小麦，一半地生产玉米？老王作为理性经济人，当然是追求利润最大化的，什么好卖并能卖出高价就选择生产什么以及生产多少。即所谓“消费者是上帝”，生产者生产什么取决于消费者的货币选票。那消费者如何将有限的收入购买不同的商品组合，从而实现消费者效用最大化呢？这就是微观经济学里消费者行为理论的主要内容。

第二，如何生产（How）？假定老王已经根据消费者的货币选票决定这块地全部用来生产玉米，但如何生产出高产量的玉米呢？老王作为生产者自己来决定。在生产成本一定时，企业主如何生产出更高的产量，或者产量一定时，企业主如何努力减少成本以实现利润最大化？这就是微观经济学里生产者行为理论的主要内容。

第三，为谁生产（For whom）？有限的资源决定生产出的产品也一定是有限的。有限的产品是为谁生产的呢？当然是有钱的消费者出价越高越有可能得到它，而消费者的收入主要来自生产要素市场。比如我们作为消费者能用工资买买买，是因为我们在劳动力市场上出卖我们的劳动能力这种生产要素而得到收入（工资）。所以为谁生产的问题说到底取决于消费者的收入，而消费者的收入来自生产要素市场的分配，这就是微观经济学里的生产要素市场理论，也是收入分配理论。

消费者行为理论、生产者行为理论和收入分配理论构成了微观经济学的最主要内容。“经济学研究的是一个社会如何利用稀缺的资源以生产有价值的物品和劳务，并将

① 张卫东. 微观经济学[M]. 武汉：华中科技大学出版社，2019：9.

它们在不同的人中间进行分配。”[①]

归纳起来，经济学就是有关在资源稀缺性的制约下，人们如何进行选择的学问[②]。在选择中，理性经济人要选择生产什么？如何生产？为谁生产？如何解决这三大经济问题就构成了微观经济学的最主要内容——消费者行为理论、生产者行为理论和收入分配理论，如图 1-1 所示。

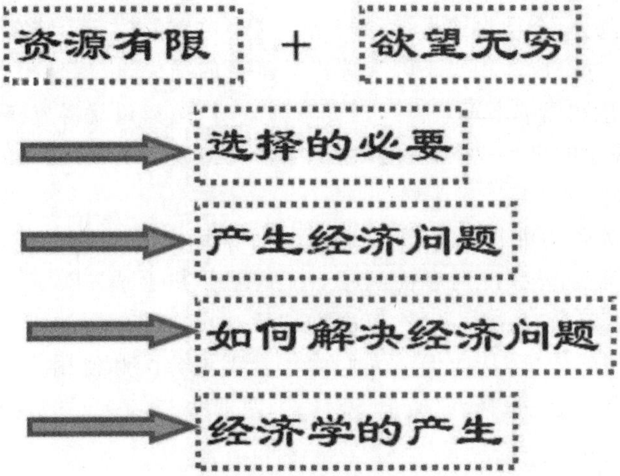

图 1-1　经济学的产生

那么，作为理性经济人的单个经济主体，依据什么原则选择才能使自身利益最大化呢？这就取决于成本-收益的比较，这是经济学研究的主题。

五、如何选择？——经济学的研究主题

在资源的稀缺性约束下，人类的欲望只能有选择地满足，这就意味着一种资源选择一种用途而必须放弃其他用途，这种放弃在经济学中称为机会成本（opportunity cost）。那么，什么是机会成本呢？

（一）机会成本的定义

美国经济学家曼昆教授对机会成本给出了一个通俗的定义：“为了得到某种东西所必须放弃的东西。”比如：你为了上大学得到知识和文凭，就必须放弃上学期间去工作带来的收入，这个收入就是你上大学的机会成本。一块土地可以用来种粮食，也可以用来盖房子，但你如果选择了用这块地来盖房子，就不可能再拿来种粮食了，你所失去的粮食的价值就是你选择用这块地盖房子的机会成本。因而人们每选择资源的一种用途时，也

① 保罗·萨缪尔森，威廉.诺德豪斯.经济学[M].萧琛，译.17 版.北京：人民邮电出版社，2004：2.

② 约翰·B.泰勒，阿基拉·威拉帕纳.宏观经济学原理[M].杨振凯，王学生，译.6 版.北京：清华大学出版社，2010.

就放弃了其他用途所带来的收益，你所放弃的其他用途的收益就是你选择的机会成本，所谓“有得就有失”。

机会成本是经济学的重要概念，它体现了经济学特有的思维方式，这就是：人们在进行经济决策时，是以资源稀缺为前提条件的。对一个人来说，如果资源不稀缺，任何时期的需求都能得到满足，那就不存在损失和取舍的问题。一旦资源是稀缺的，就必须权衡取舍（trade-off）。这迫使人们在比较稀有的产品之间做出选择，迫使人们为了某个项目或某种产品而放弃另一个项目或另一种产品。这个单纯的放弃意味着成本，可称为替代成本或机会成本。这个成本相当于因为选择而蒙受的损失，也就是相当于未选取的可能性的价值。所谓“鱼和熊掌不可兼得”，当资源稀缺时，选择鱼就得放弃熊掌，所放弃的熊掌的价值就是选择鱼的机会成本；反之，选择熊掌就得放弃鱼，所放弃的鱼的价值就是选择熊掌的机会成本。

既然“鱼和熊掌不可兼得”，那么，人们就会仔细地权衡取舍做出决策，使得这些稀缺资源得到最优配置——这就是机会成本这一经济学思维的意义所在：它可以比较准确地反映出有限的资源用于某项经济活动的代价，从而促使人们比较合理地分配和使用资源，达到最优配置，避免选择者“捡了芝麻丢了西瓜”。

女孩子读博士贬值吗？

（二）机会成本的特点

从资源稀缺和权衡取舍的选择中，我们可以了解到机会成本具有以下特点。

第一，机会成本只存在于选择过程中，是对放弃方案未来价值的超前预测，不同于实际发生的成本。我们还以上大学为例：你是上大学还是全职工作？在选择决定之前，你必须要考虑这两种备选方案未来的预期价值，你所放弃的选择方案的预期价值就是你的机会成本。一旦你做出上大学的决定之后，你再纠结为了上大学而失去了多少的工作收入已经没有任何意义，因为这时候你的选择已经结束了。就像我们常说的成语“覆水难收”，过去的已经过去了。机会成本体现的是经济学里只考虑现在和将来的分析方法。

第二，机会成本是存在于选择者头脑中的价值，完全由选择者来决定，并且有的价值不能轻易地用货币来衡量，带有主观性。是不是每个人放弃上大学的机会成本都一样呢？这因选择者个体情况的差异而不同。如，某球星 2005 年同休斯顿火箭队签约时，面临着选择：是去美国打球还是读大学？如果签下这份 5 年 7600 万美元的工作合同，加上做广告，收入可能突破 1 亿美元；如果选择上大学而放弃打 NBA，不仅会失去可用货币衡量的巨额收入，而且也会失去提升知名度和球技的好机会这些不能轻易用货币衡量的价值。相比较之下，该球星选择到 NBA 打球的收益明显要大于机会成本（收益大于成本），所以，他选择了与休斯顿火箭队签约而放弃暂时上大学。

对于没有特殊专长的普通学生而言，为什么他们考上大学后一般都选择上大学而没有弃学打工呢？因为普通学生如果选择弃学打工，他将失去四年大学生涯对个人能力和知识的提升，更将失去未来更高的收入、更体面的工作以及由此带来一生名誉、地位提升的可能，这个成本绝对不是普通学生四年的工作收入所能弥补的！普通学生上大学的未来收益大于上大学的机会成本，普通学生当然选择上大学而不是弃学打工。从上面的例子中可以看出，机会成本完全由选择者本人来决定，其大小因选择者的不同而不同，带有主观性。

第三，一件事情的机会成本是所放弃的最高价值。《新帕尔格雷夫经济学大辞典》里给机会成本的定义是：特指拒绝备择品或机会的最高价值的估价。当稀缺资源面临多种选择时，机会成本就是放弃的所有选择中预期价值最高的那个。比如一笔资金 100 万元，可投资到 5 个项目上。如果我们选择投资到第一个项目上，那么选择这个项目的机会成本是 100 万元？不是！而是放弃的另 4 个项目中预期价值最大的那一个。假如第五个项目是放弃的项目中预期价值最高的，是 500 万元的话，那么选择第一个项目的机会成本就是 500 万元。

第四，机会成本不同于会计成本，它包括显性成本和隐性成本。会计成本是会计师们在企业生产经营决策确定之后核算实际支出的货币成本，它考虑的是实际支出，并不考虑失去的机会或价值。而机会成本不仅要提前预估到使用他人的生产资源所花费的实际支出——显性成本，还要预测到使用自有资源的代价——隐性成本。

假如你有 10 万元，可存入银行，一年可以得到利息收入 1 万元；也可用于投资开店。如果你选择投资开店，自己当老板，用你自有的这 10 万元来支付房租、水电费等各种支出，会计师会认为你开店的会计成本是 10 万元。但在经济学家看来，这 10 万元仅仅是你选择开店的显性成本，还有隐性成本没有计算在内，比如你选择开店所放弃的存款利息 1 万元、自己当老板放弃外出上班的年薪 5 万元，也就是隐性成本还有 6 万元。所以你选择开店的机会成本是 16 万元啊！（10 万元的显性成本＋6 万元的隐性成本）

如果你开店一年的销售收入 13 万元，会计师会核算出你的最终利润为 3 万元（销售收入 13 万－会计成本 10 万）；但经济学家认为你的最终利润是－3 万元（销售收入 13 万－机会成本 16 万＝－3 万），你不仅没赚钱，还亏损 3 万。因此，你还是选择将钱存入银行更划算！上述例子中的计算见表 1-1。

表 1-1　两种开店的成本算法

会计师的算法		经济学家的算法	
项目	数量/元	项目	数量/元
销售收益	13 万	销售收益	13 万
水电费 店员工资 租金等费用	2 万 3 万 5 万	水电费 店员工资 租金等费用	2 万 3 万 5 万
		隐含利息 隐含工资	1 万 5 万
会计成本（显性成本）	10 万	机会成本（显性成本＋隐性成本）	16 万
财务会计的利润	3 万	经济学家的利润	－3 万

注意区别：机会成本和会计成本、显性成本和隐性成本。简单来说，机会成本是在生产经营之前，你在选择要不要开店时考虑的所放弃选择的价值（如果你不开店，你会将钱

存入银行得到利息价值 1 万元和自己上班的年薪价值 5 万元，共 6 万元的隐性成本)，也要考虑你选择开店所实际付出的成本(水电费 2 万元＋店员工资 3 万元＋租金等费用 5 万元＝10 万元的显性成本)，所以机会成本包括显性成本和隐性成本。而会计成本是指企业在经营过程中所实际发生的一切成本。如果你决定开店，那么你在开店经营过程中所耗费的水电费 2 万元＋店员工资 3 万元＋租金等费用 5 万元＝10 万元，是使用他人的生产资源所花费的实际支出，就要计入会计成本；而你因为开店了，并没有将钱存入银行得到利息 1 万元，自己也没有外出上班得到年薪 5 万元，这个 6 万元的隐性成本因为并没有从你开店的经营流水中实际付出，不会计入会计成本。归纳起来，机会成本是选择时所考虑的放弃的价值和将来可能实际付出的价值；而会计成本仅仅是选择完了以后，在实际经营过程中实际付出的价值。当你将选择付诸行动后，机会成本里的显性成本就成了后来经营过程中的会计成本。

从上面这个例子中，我们可以看出，只有机会成本才能准确地反映失去的机会或价值，才能将稀缺资源配置到效益最高的地方。经济学里如果没有特别说明，一般所说的成本概念都是指机会成本而不是会计成本。

而对于个体或企业来说，无论是消费还是生产，只要面临选择，就存在生产可能性边界和机会成本。

生产可能性边界(production-possibility frontier，PPF)又叫作生产可能性曲线，是指一个社会充分利用现有的经济资源和技术水平所能生产的各种产品的最大限度的产量组合。

假定一个经济体只生产两种产品：产品 X 与产品 Y。图 1-2 给出了这个假设的经济体使用其有限的资源和技术可以生产的 X 和 Y 的数量。

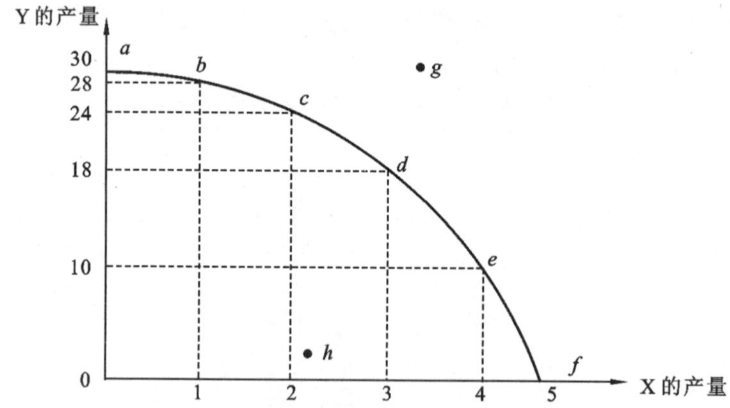

图 1-2　生产可能性边界

如果不生产 X，用尽资源最多能生产 30 个单位的 Y 产品(a 点)。如果不生产 Y 产品，最多能生产 5 个单位的 X 产品(f 点)。连接 a 点到 f 点的曲线即为生产可能性边界，它表示利用现有资源和技术可以生产的 X 和 Y 的最大组合。例如，d 点表示如果生产 3 个单位的 X 产品，那么 Y 产品的最大产量只有 18 个单位。因此，PPF 表明一个经济体在动员其全部生产潜能时所面临的经济选择。

落在生产可能性边界之外的点(如 g 点)所表示的产量是现有资源总量和生产技术水平下无法实现的。但是,经济增长可能使生产可能性边界向外扩展,原来无法达到的产量组合随着经济增长变为可能达到。

对于在 PPF 上运行的经济行为而言,其资源一定得到最大效率的利用。此时,增加一种产品的生产必须减少另一种产品。如果一个社会的资源没有得到充分和有效利用,生产就会落到生产可能性边界曲线之内,如图中的 h 点。这样的生产组合代表社会资源被无效率使用。这是由于以下两种情况:①失业或资源闲置;②资源使用不当或资源配置失当。如果没有采用最先进的技术和工具生产,如果一种确定的资源被用来生产由另外的资源更适合生产的物品,如让生产 X 产品的专家去生产 Y 产品等,就会出现资源配置失当。解决了失业和资源配置失当问题,生产就会由 h 点上升到生产可能性边界上,社会可以获得更多的产品组合。

生产可能性边界也表明了选择的机会和机会成本。从图 1-2 可以看到,经济体要在 X 产品和 Y 产品之间进行选择。一个社会选择了 a 点的生产组合,即生产 30 个单位的 Y 产品,就不能生产 X 产品。如果要生产 1 个单位的 X 产品,就必须放弃 2 个单位的 Y 产品。这种放弃若干单位 Y 产品的代价,就是生产 X 产品的机会成本。资源的有限性决定了必须要进行选择,而选择的同时意味着产生机会成本。机会成本是用为得到更多的一种物品而必须放弃的另一种物品的数量来衡量,它等于选择时所放弃的另一最佳机会可能获得的收益。

具体来说,机会成本的存在需要三个前提条件:①资源是稀缺的;②资源具有多种生产用途;③资源的投向不受限制。在理解机会成本这一概念时要注意:机会成本不同于实际成本,它不是做出某项选择时实际支付的费用或损失,而是一种观念上的成本或损失。在经济分析中,可以采用机会成本来判断一种生产资源的使用是否经济合理,如果它的实际收益大于或等于机会成本时,资源的配置才达到最优状态。从机会成本的角度来考察生产活动时,厂商将生产那些要素收益最大的项目,以避免带来生产的浪费,使稀缺的经济资源达到最优的配置。

生活处处不经济,机会成本不寻常。经济学认为做任何事情都是存在机会成本的。当你作为大学四年级本科生,面临到底是准备考研还是找工作而犹豫不决时,你不妨用机会成本分析一下你考研的成本和收益,最终会做出怎样的决定呢?美国著名经济学家米尔顿·费里德曼有句名言,“世界上没有免费的午餐”,选择任何事情都存在机会成本。

思考题:

1.经济学为什么会产生?

2.举例说明什么是机会成本。

3.结合下列 2020 年新型冠状病毒肺炎疫情时期的案例,试说明你是如何理解经济学里的经济人假设前提的。

案例一:广大一线的医护人员和志愿者们冒着被病毒感染的危险,冲锋在一线为广大患者服务,“不计报酬,无论生死”。

案例二：据网上爆料，河南无偿捐赠的一批新鲜蔬菜被个别超市向市民公开售卖。

案例三：疫情时期，口罩稀缺，有网店出售不合格口罩，有回收用过的口罩再出售。

请你用经济人假设，对上面的案例谈谈自己的看法。

延伸阅读

一个有趣的角度看机会成本

第二章 供求理论

教学目的:需求和供给是学习和研究西方经济学的基础,不论是微观经济问题还是宏观经济问题,都是从需求和供给两个角度来进行探讨的。通过本章学习让学生明确需求与供给的有关基本理论,理解供求规律。深刻理解并掌握本章的内容,能帮助学生更好地把握和理解以后各章的内容。

教学重点和难点:供求的含义,供求定理,均衡价格,需求弹性的含义;需求变动与需求量变动的区别,供给变动与供给量变动的区别,供求曲线的现实应用。

主要教学内容及要求:

1. 教学内容

(1)需求、需求量和需求曲线。

(2)供给、供给量和供给曲线。

(3)均衡产量、均衡价格。

(4)需求弹性。

(5)弹性的应用。

2. 教学要求

了解:需求变动与需求量变动二者之间的区别,供给变动与供给量变动二者之间的区别;弹性的含义及决定需求弹性的因素。

理解:价格以外的因素是怎样影响需求的变动和供给的变动的,需求价格弹性及影响因素,用图表解释总收入与需求的价格弹性之间的关系。

掌握:供求、供求量、供求函数、供求曲线、供求定理的含义;需求的价格弹性的定义;均衡价格、均衡数量的定义,均衡价格的形成;支持价格、限制价格的含义;供求理论的实际应用。

熟练掌握:运用供求理论解释为什么“农民丰产不丰收”。

案例:

2021年1月,正值车厘子销售旺季之时,一则新闻突然爆出,1月21日无锡进口车厘子表面核酸检测呈阳性,使整个水果市场成惊弓之鸟,车厘子价格暴跌,有的地方甚至跌到8元一斤,被戏称“车厘子自由”。为什么几天前车厘子身价昂贵(199元一斤),现在有的却变成白菜价?到底有哪些因素影响着车厘子的价格?今天,就让我们来学习供求理论。

在市场经济中,需求和供给是价格机制运行的重要力量。任何商品的价格都是在需求和供给的相互作用下形成的,需求、供给和价格影响着每一个经济个体的决策行为,进而影响着经济社会的资源配置。本章将介绍基于买方行为的需求和基于卖方行为的供给这两个概念,以及由买卖双方的供求行为相互作用决定的均衡价格理论。

一、什么是需求理论?

鹦鹉会说供求就成经济学家?

价格是市场经济参与者之间联系和传递经济信息的机制,也是使经济资源得到有效率配置的机制。例如,当某种稀缺的昂贵原料被用来生产一种产品时,这种产品在市场上的价格必然很高。于是,作为生产者就会节省对这种原料的使用,甚至会积极去寻找某种新技术以减少或替代对这种原料的使用。作为消费者也会因为产品的高价而自愿减少对产品的需求量。

既然市场价格的作用如此重要,那么,市场价格是如何形成的呢?任何商品的价格都是由需求和供给两方面的因素共同来决定,因此,作为微观经济学分析的起点,我们将分别介绍竞争性市场的需求和供给这两个基本概念。竞争性市场的主要特征是:市场上有无数的买者和卖者,买卖双方就同一种无差别的商品进行交易,所以,任何个人的买进或卖出的行为都不会对商品的市场价格产生影响。也就是说,每一个买者或卖者都只能是市场价格的接受者。接下来,我们将利用需求曲线这一分析工具,介绍竞争性市场的需求、需求曲线,以及需求的变动等基本概念。

(一)什么是需求?什么是需求定理?

什么是需求?所谓需求(demand)指的是消费者在一定价格条件下愿意并且能够购买的商品量。需求必须具备两个条件:一是购买意愿,二是购买能力。如果只有购买意愿而无购买能力,那么只能被看作需要(need),而不叫作需求。

在竞争市场上,当一种商品价格上升时,对该商品的需求量就减少;当一种商品价格下降时,对该商品的需求量就增加。这表明商品价格与其需求量之间存在着反比关系,这种关系就被称作需求定理。它可以用图 2-1 来表示。

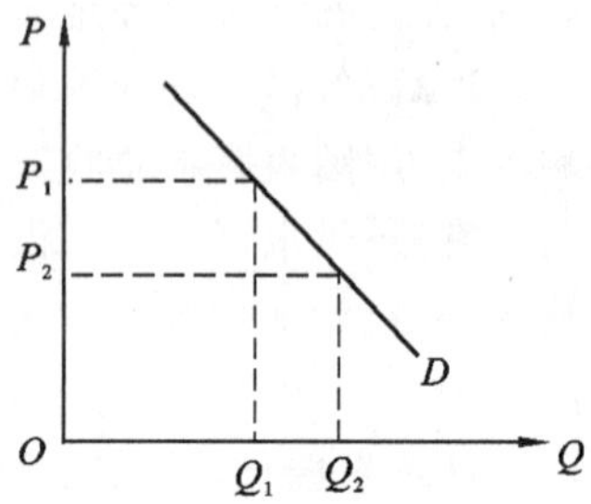

图 2-1　需求曲线

在图 2-1 中,横轴 OQ 表示某种商品的市场需求量,纵轴 OP 表示该商品的市场价格,D 为该商品的需求曲线,其斜率为负,说明价格与需求量成反比关系。价格上升,需求量下降;价格下降,需求量会上升。

绝大多数商品是遵循需求定理的,但是也有些特殊商品并不遵循需求定理。比如饥荒时代的低档食品(土豆、红薯等),价格上升,对它们的需求仍然很大。再比如一些奢侈品,当被视作身份地位的象征时,价格降低,需求量反而会下降。但是,这些特殊商品只占极少数,因此,需求定理并未遭到破坏。

(二)影响需求的因素有哪些?

需求定理仅仅考虑的是需求量和价格之间的函数关系,而假定其他条件不变。实际上,除价格外,还有一些因素影响需求。

1. 消费者收入水平

收入增加,需求就会发生变化,那么需求到底是会增加还是减少呢?这要根据不同商品的性质而定。如果是低档商品，收入的增加将会导致需求的减少；如果是高档商品，收入的增加将会导致需求的增加。

2. 相关商品的价格

当一种商品自身的价格保持不变，而与它相关的其他商品价格发生变化时，这种商品的需求量也会发生变化。需求会增加还是减少，取决于商品之间是互补关系还是替代关系。互补商品是指几种商品必须结合在一起消费，比如锅和锅盖；替代商品是指商品之间的消费可以互相替代，比如汉堡和面包。如果两种商品是互补关系，那么，当一种商品价格上升或下降时，另一种商品的需求量就会减少或增加；如果两种商品是替代关系，那么，当一种商品价格上升或下降时，另一种商品的需求量就会增加或减少。

3. 消费者偏好

当消费者对某种商品的偏好程度增强时，该商品的需求量就会增加；相反，当消费者对某种商品的偏好程度减弱时，其需求量就会减少。

4. 消费者对商品的价格预期

当消费者预期某种商品的价格在下一期将会上升时，就会增加对该商品的现期需求量；当消费者预期某种商品的价格在下一期将会下降时，就会减少对该商品的现期需求量。

以上指出了除价格因素以外的四种影响需求的因素。除此以外，还有一些因素会影响需求，比如政府政策、广告宣传、消费者预期收入等。但是，在经济分析中，最主要的研究内容就是价格与需求量之间的关系。

(三)什么是需求量的变动？什么又是需求的变动？

什么是需求量的变动？什么又是需求的变动？二者有什么区别？简而言之，需求量的变动指的是由于价格因素而引起的需求的变动；而需求的变动指的是由于非价格因素的影响而引起的需求的变动。接下来，我们用图形来表示两种变动。

1. 需求量的变动

在其他因素保持不变的条件下，仅由商品自身价格变化所导致的商品需求数量的变化，被称为需求量的变动。在几何图形中，需求量的变动表现为沿着一条既定的需求曲线的移动（见图 2-2）。

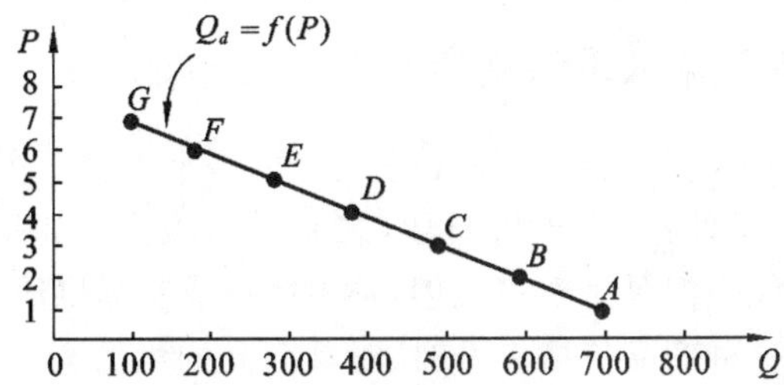

图 2-2　需求量的变动

在图 2-2 中，横轴 OQ 表示商品的需求量，纵轴 OP 表示该种商品的市场价格，图中有一条既定的需求曲线 $Q_d=f(P)$，当商品的价格由 1 元逐步上涨到 7 元时，导致商品的需求量从 700 个单位逐步减少为 100 个单位。商品的价格-需求量组合会依次沿着需求曲线，由 A 点出发经过 B、C、D、E、F 点，运动到 G 点。很显然，需求量的变动表现在一条需求曲线上的移动。

2. 需求的变动

除了商品的自身价格以外，还有其他一系列因素会影响该商品的需求数量，如消费者收入水平的变动、相关商品价格的变动、消费者偏好的变化、商品预期价格的变化等。除商品自身价格以外的其他因素变化所导致的商品需求数量的变化，被称为需求的变动。在几何图形中，需求的变动表现为需求曲线的位置发生移动。

具体地说，在一个商品市场上，如果在任何一个既定的价格水平上其他因素的变动使得该商品的需求数量都增加了，则称为需求的增加，需求的增加表现为需求曲线的位置向右移动。相反，如果其他因素的变动使得在任何一个既定的价格水平上该商品的需求数量都减少了，则称为需求的减少，需求的减少表现为需求曲线的位置向左移动。显然，需求变动所引起的需求曲线位置的移动，表示整个需求状态的变化。以图 2-3 为例加以说明。

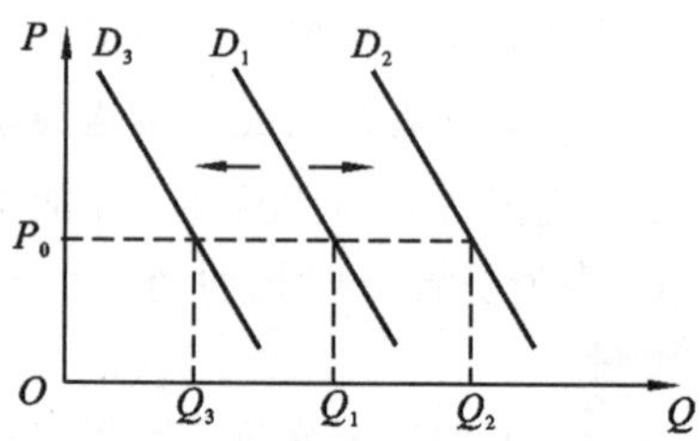

图 2-3　需求的变动：需求曲线的移动

在图 2-3 中，原有的需求曲线为 D_1。在商品价格不变的前提下，如果其他因素的变化如消费者的收入增加使得需求增加，则表现为需求曲线 D_1 向右移动到 D_2 的位置。相反，如果其他因素的变化，比如消费者的收入减少使得需求减少，则表现为需求曲线 D_1 向左移动到 D_3 的位置。这种需求曲线位置的移动表示在每一个既定的价格水平下需求量增加或者减少了。例如，在任何一个既定的价格水平如 P_0，消费者的收入增加使得需求数量由与曲线 D_1 对应的 Q_1 增加为与曲线 D_2 对应的 Q_2；反之，消费者的收入减少则使得需求数量由与曲线 D_1 对应的 Q_1 减少为与曲线 D_3 对应的 Q_3。很显然，需求的变动表现为需求曲线位置的移动。

二、什么是供给理论？

(一)什么是供给？什么是供给定理？

什么是供给？所谓供给是指生产商在一定价格水平下愿意并且能够出售的商品数量。供给必须满足两个条件：一是出售愿望，二是供给能力。如果只有出售愿望但无供给能力，或者拥有供给能力但是无出售愿望，都不能形成实际供给。

在竞争市场上，当一种商品价格上升时，对该商品的供给会相应增加；当一种商品价格下降时，对该商品的供给就会减少。供给与价格之间的这种正向变动关系就被称为供给定理。可以用图 2-4 来描述二者的关系。

在图 2-4 中，横轴 OQ 表示某种商品的市场供给量，纵轴 OP 表示该种商品的市场价格。S 被称为市场供给曲线，其斜率为正，说明价格与供给量之间是正比关系。当商品价格上涨时，其供给量会增加；而当商品价格下降时，其供给量会减少。

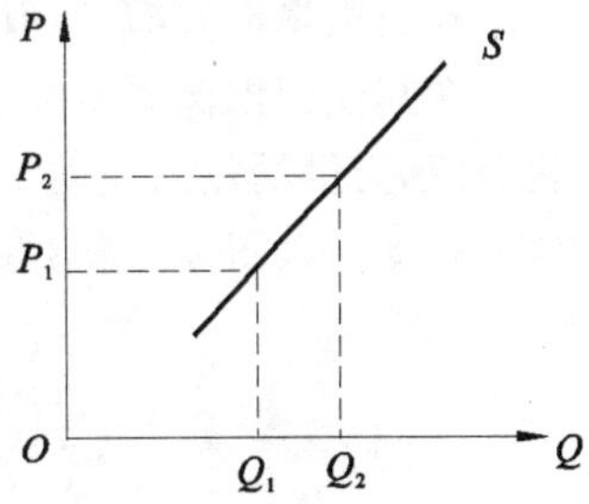

图 2-4　供给曲线

(二)影响供给的因素有哪些?

供给定理反映的是价格与供给量之间的函数关系，而假定其他条件不变。实际上，除了价格之外，还有一些因素会影响供给，其中主要的因素有：该商品的生产成本、生产的技术水平、相关商品的价格及生产者对未来的预期等。

1. 生产成本

在商品自身价格不变的条件下，生产成本上升会减少利润，从而使得商品的供给量减少；相反，生产成本下降会增加利润，从而使得商品的供给量增加。

2. 生产的技术水平

随着科技的发展、技术的提升，生产成本会不断下降，生产者的利润会逐步增加。在这种情况下，即使商品价格不变甚至下降，生产商也愿意供给更多的商品。

3. 相关商品的价格

在一种商品的价格不变而其他相关商品的价格发生变化时，该商品的供给量也会发生变化，变化的程度取决于资源转移的难易程度。如果资源容易转移，那么相关商品的价格对该商品供给的影响就大；如果资源不容易转移，则其对供给的影响比较小。

4. 未来商品预期

如果生产者对未来的预期看好，如预期商品的价格会上涨，生产者往往会扩大生产，增加商品供给。如果生产者对未来的预期比较悲观，如预期商品的价格会下降，生产者往往会缩减生产，减少商品供给。

除了以上四种因素外，还有一些因素会影响供给，比如政府政策、行业壁垒及新原料的发现等。但是，在经济理论中，考虑更多的是价格与供给量的关系。

(三)什么是供给量的变动? 什么又是供给的变动?

什么是供给量的变动？什么是供给的变动？简而言之，供给量的变动指的是由于价格本身而引起的供给变动，而供给的变动则是指由于非价格因素而导致的供给变动。

商品市场上有很多影响供给量的因素。在其他因素保持不变的情况下，如果我们只考虑某商品的价格变化对该商品供给量的影响，那么，我们就可以如前面所分析的那样，用一条供给曲线来表示。但是，如果我们需要考虑除某商品价格以外的其他因素变化对该商品供给量的影响，那么，就要用供给曲线位置的移动来表示。也就是说，我们需要区分沿着供给曲线的移动和供给曲线位置的移动。下面展开具体的分析说明。

1. 供给量的变动:沿着供给曲线的移动

在其他因素保持不变的条件下,仅由商品自身价格变化所导致的商品供给量的变化,被称为供给量的变动。在几何图形中,供给量的变动表现为沿着一条既定的供给曲线的移动。以图 2-5 来说明。

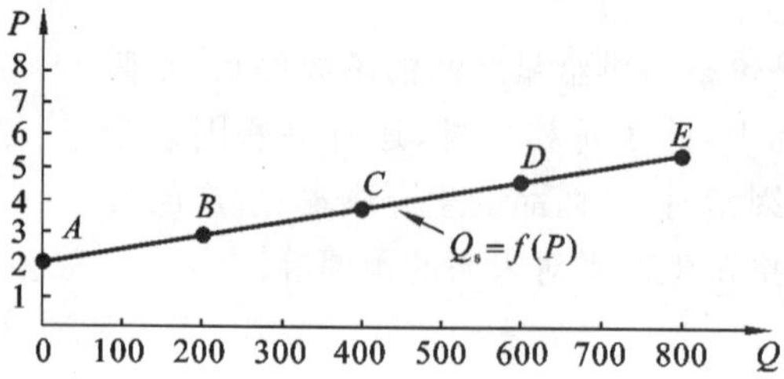

图 2-5　供给量的变动

图中有一条既定的供给曲线。随着商品价格上升所引起的供给量的逐步增加,A 点沿着既定的供给曲线逐步运动到 E 点。显然,供给量的变动是用沿着既定供给曲线上的价格-供给量组合点的移动来表示的。由于这种价格-供给量组合点的移动都发生在既定的同一条供给曲线上,故可以认为它并不体现整个供给状态的变化。

2. 供给的变动:供给曲线位置的移动

在商品的自身价格保持不变时,其他一些因素也会影响商品市场的供给量。这些其他因素可以是生产成本的变动、生产技术的变化、相关商品价格的变动、生产者对未来预期的变化,以及生产者人数的变化等。除商品自身价格以外的其他因素变化所导致的商品供给量的变化,被称为供给的变动。在几何图形中,供给的变动表现为供给曲线的位置发生移动。具体地说,在一个商品市场上,如果在任何一个既定的价格水平,其他因素的变动使得商品的供给量都增加了,则称为供给的增加,供给的增加表现为供给曲线的位置向右移动。相反,如果其他因素的变动使得任何一个既定的价格水平上的供给量都减少了,则称为供给的减少,供给的减少表现为供给曲线位置的向左移动。以图 2-6 为例加以说明。

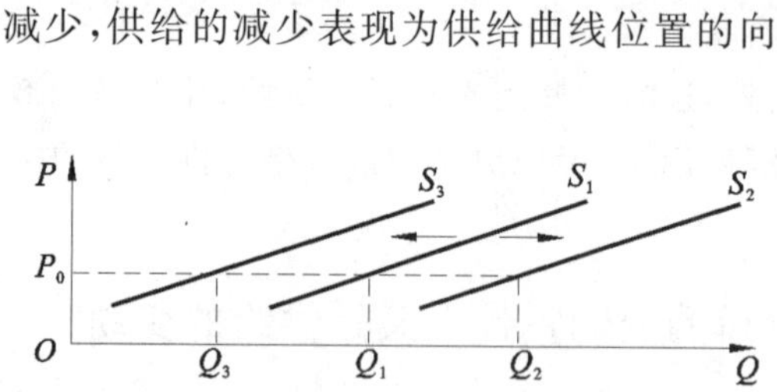

图 2-6　供给的变动:供给曲线的移动

在图 2-6 中,原有的供给曲线为 S_1。在除商品自身价格以外的其他因素变动的影响下,若供给增加,则供给曲线 S_1 向右移动到 S_2 的位置;若供给减少,则供给曲线 S_1 向左平移到 S_3 的位置。由供给变化引起的供给曲线位置的移动,表示在每一个既定的价格水平下供给量增加或者减少了。比如,在任意一个既定的价格水平如 P_0,生产成本下降使得供给量由与曲线 S_1 对应的 Q_1 增加为与曲线 S_2 对应的 Q_2;反之,生产成本上升使得供给量由与曲线 S_1 对应的 Q_1 减少为与曲线 S_3 对应的 Q_3。显然,供给的变动所引起的供给曲线位置的移动,表示整个供给状态的变化。

三、均衡价格是怎么形成的?

我们已经知道,需求曲线说明了消费者对某种商品在每一个既定的价格水平下的需求量是多少,供给曲线说明了生产者对某种商品在每一个既定的价格水平下的供给量是多少。但是,它们都没说明这种商品本身的市场价格究竟是如何决定的。那么,商品的价格是如何决定的呢?微观经济学中的商品价格是指商品的均衡价格。商品的均衡价格是在商品的市场需求和市场供给这两种相反力量的相互作用下形成的。下面,我们将需求曲线和供给曲线结合在一起分析竞争性市场均衡价格的形成及其变动。

(一)什么是均衡价格?

所谓均衡价格指的是一种商品的市场需求与其市场供给相等时的价格,从图示来看,即为市场需求曲线与其市场供给曲线相交时的价格。

(二)均衡价格是如何决定的?

在西方经济学中,一种商品的均衡价格是指该种商品的市场需求量和市场供给量相等时的价格。在均衡价格水平上的相等的供求数量被称为均衡数量。从几何意义上说,一种商品市场的均衡出现在该商品的市场需求曲线和市场供给曲线的交点上,该交点被称为均衡点。均衡点上的价格和相等的供求量分别被称为均衡价格和均衡数量。在市场的均衡价格水平上需求量和供给量相等的状态,也被称为市场出清的状态。

现在把前面学习的需求曲线和供给曲线结合在一起,用图 2-7 说明一种商品的市场均衡价格的决定。

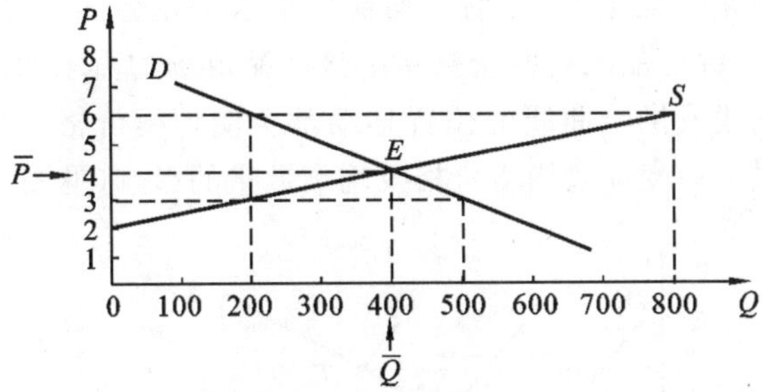

图 2-7 均衡价格的决定

在图 2-7 中,曲线 D 为市场的需求曲线,曲线 S 为市场的供给曲线。需求曲线 D 和供给曲线 S 相交于 E 点,E 点为均衡点。在均衡点 E,均衡价格 $\overline{P}=4$ 元,均衡数量$\overline{Q}=400$。

显然,在均衡价格 4 元的水平,消费者的购买量和生产者的销售量是相等的,都为 400 个单位。也可以反过来说,在均衡数量 400 的水平,消费者愿意支付的最高价格和生产者愿意出售的最低价格是相等的,都为 4 元。因此,这样一种状态便是一种使买卖双方都感到满意并愿意持续下去的均衡状态。

商品的均衡价格是如何形成的呢？商品的均衡价格表现为商品市场上需求和供给这两种相反的力量共同作用的结果，它是在市场供求力量的自发调节下形成的。当市场价格偏离均衡价格时，市场上会出现需求量和供给量不相等的非均衡状态。一般说来，在市场机制的作用下，这种供求不相等的非均衡状态会逐步消失，实际的市场价格会自动地回复到均衡价格水平。

图 2-7 显示，当市场的实际价格高于均衡价格如为 6 元时，商品的需求量为 200 单位，供给量为 800 单位。这种供给量大于需求量的商品过剩或超额供给的市场状况，一方面会使需求者压低价格来购买商品，另一方面又会使供给者减少商品的供给量。这样，该商品的市场价格必然下降，一直下降到均衡价格 4 元的水平。与此同时，随着价格由 6 元下降为 4 元，商品的需求量逐步地由 200 单位增加为 400 单位，商品的供给量逐步地由 800 单位减少为 400 单位，从而达到供求量相等的均衡数量 400 单位。相反地，当市场的实际价格低于均衡价格如为 3 元时，商品的需求量为 500 单位，供给量为 200 单位。这种需求量大于供给量的商品短缺或超额需求的市场状况，一方面会使需求者提高价格来得到他所要购买的商品量，另一方面又会使供给者增加商品的供给量。这样，该商品的市场价格必然上升，一直上升到均衡价格 4 元的水平。在价格由 3 元上升为 4 元的过程中，商品的需求量逐步地由 500 单位减少为 400 单位，商品的供给量逐步地由 200 单位增加为 400 单位，最后达到供求量相等的均衡数量 400 单位。由此可见，当市场上的实际价格偏离均衡价格时，市场上总存在着变化的力量，使买卖双方各自做出调整，最终达到市场的均衡或市场出清。

(三)供求变动后，均衡价格和均衡数量会如何变化？

前面指出，竞争性市场的均衡价格取决于市场的需求和供给的相互作用，这意味着当市场的需求或供给发生变化时，市场的均衡价格水平也会随之发生变化。换句话说，在几何图形中，由于一种商品的均衡价格是由该商品市场的需求曲线和供给曲线的交点决定的，于是，需求曲线或供给曲线的位置移动都会使均衡价格水平发生变动。下面将说明需求的变动和供给的变动对均衡价格及均衡数量的影响(见图 2-8)。

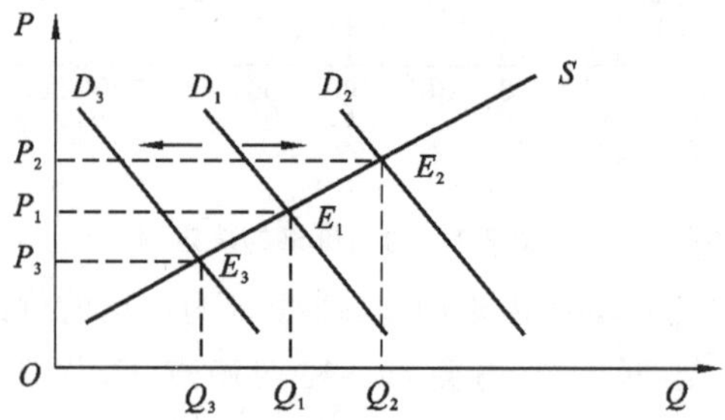

图 2-8　需求的变动对均衡的影响

1. 需求变动的影响

在供给不变的情况下，需求增加会使需求曲线向右平移，从而使均衡价格和均衡数量都提高；需求减少会使需求曲线向左平移，从而使均衡价格和均衡数量都下降，如图 2-8 所示。在图 2-8 中，既定的供给曲线 S 和最初的需求曲线 D_1 相交于 E_1 点。在均衡点 E_1，均衡价格为 P_1，均衡数量为 Q_1。需求增加使需求曲线 D_1 向右平移至 D_2 的位置，曲线 D_2 与曲线 S 相交于 E_2 点。在均衡点 E_2，均衡价格上升为 P_2，均衡数量增加为 Q_2。相反，需求减少使需求曲线 D_1 向左平移至 D_3 的位置，曲线 D_3 与 S 相交于 E_3 点。在均衡点 E_3，均衡价格下降为 P_3，均衡数量减少为 Q_3。

2. 供给变动的影响

在需求不变的情况下，供给增加会使供给曲线向右平移，从而使均衡价格下降，均衡数量增加；供给减少会使供给曲线向左平移，从而使均衡价格上升，均衡数量减少。

在图 2-9 中，既定的需求曲线 D 和最初的供给曲线 S_1 相交于 E_1 点。在均衡点 E_1，均衡价格和均衡数量分别为 P_1 和 Q_1。供给增加使供给曲线 S_1 向右平移至 S_2 的位置，并与曲线 D 相交于 E_2 点。在均衡点 E_2，均衡价格下降为 P_2，均衡数量增加为 Q_2。相反，供给减少使供给曲线 S_1 向左平移至 S_3 的位置，且与曲线 D 相交于 E_3 点。在均衡点 E_3，均衡价格上升为 P_3，均衡数量减少为 Q_3。

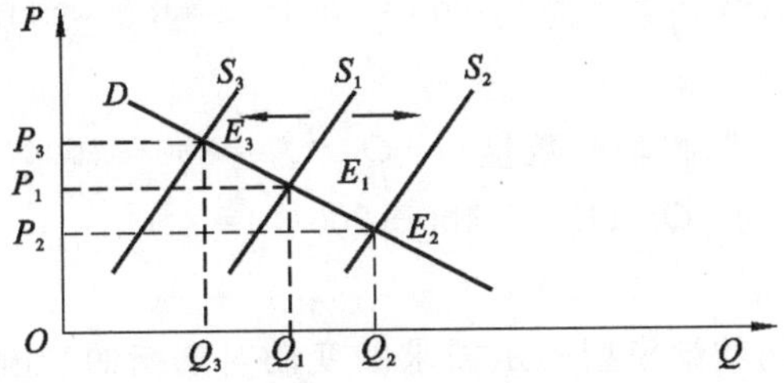

图 2-9　供给的变动对均衡的影响

综上所述，可以得到供求定理：在其他条件不变的情况下，需求变动分别引起均衡价格和均衡数量的同方向变动；供给变动引起均衡价格的反方向变动，引起均衡数量的同方向变动。

3. 需求和供给同时变动的影响

事实上，市场的需求和供给经常会同时发生变化，这种情况下的均衡价格和均衡数量的变化往往是不确定的，它需要结合供求变化的具体情况来考虑。

以图 2-10 为例，假定由消费者收入水平上升引起的需求增加与由厂商技术进步引起的供给增加同时发生，需求的增加使需求曲线由 D_1 向右上方移动到 D_2 的位置；供给的增加使供给曲线由 S_1 向右移动到 S_2 的位置。如果仅仅考虑需求增加的影响，那么，市场的均衡价格应该是上升的，正如图中的均衡点 E_1、E_3 所示；如果仅仅考虑供给增加的影响，那么，均衡价格应该是下降的，正如图中的均衡点 E_1、E_2 所示。显然，需求的增加和供给的增加各自对均衡价格产生的作用是相反的。因此，在需求增加与供给增加这两种力量的共同作用下，均衡价格到底是上升还是下降，取决于这两种力量的比较。最终的均衡价格（如均衡点 E_1、E_4 所示）由 P_1 上升到 P_2。此外，显而易见的是，无论是需求的增加还是供给的增加，都是商品数量的增加，所以，图中均衡数量必定都是增加的，即由 Q_1 增加到 Q_2。总之，当市场上供求两种力量同时发生变化时，需要综合具体情况来分析供求变化对均衡价格和均衡数量的影响。

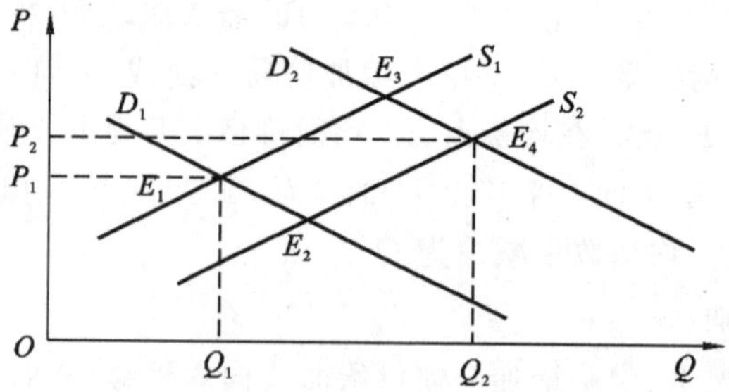

图 2-10　供求同时变动对均衡的影响

关于均衡价格决定模型，我们既可以用文字语言的形式来陈述，也可以用几何图形来表示。此外，我们还可以用数学方程组的形式来表示均衡价格决定模型。下面是一个给定具体需求函数和供给函数条件下的均衡价格模型，我们将以此来计算和分析均衡价格的决定与变动。

假定：$Q_d=800-100P$，$Q_S=-400+200P$，$Q_d=Q_S$。求：均衡价格 P 和均衡数量 Q。

解：将供求函数代入均衡条件，得：$800-100P=-400+200P$

解得均衡价格 $P=4$。

将 $P=4$ 代入需求函数得均衡数量为：$Q=Q_d=800-100\times4=400$。或将 $P=4$ 代入供给函数得均衡数量为：$Q=Q_S=-400+200\times4=400$。

所以，均衡解 $(P, Q)=(4,400)$。

下面，我们进一步用数学模型表示需求的变动对均衡的影响、供给的变动对均衡的影响，以及需求和供给同时变动对均衡的影响。这便是下面分析的三种情况。

第一种情况：需求的变动对均衡的影响。

我们假定：在以上的模型中，供给函数不变，即仍为 $Q_S=-400+200P$；需求曲线由于收入水平提高而向右平移，即需求曲线的横截距变大，例如需求函数由原来的 $Q_d=800-100P$ 改变为 $Q_d=1100-100P$。于是，根据均衡条件有 $1100-100P=-400+200P$，解得：$P=5$，且 $Q=600$。

显然，与原模型相比，收入增加导致的需求增加，不仅使得均衡价格提高，而且使得均衡数量增加。

第二种情况：供给的变动对均衡的影响。

我们假定：在原模型中，需求函数不变，即仍为 $Q_d=800-100P$；供给曲线由于生产成本的增加而向左平移，即供给曲线的横截距变小，例如供给函数由原来的 $Q_S=-400+200P$ 改变为 $Q_S=-700+200P$。于是，根据均衡条件有 $800-100P=-700+200P$，解得：$P=5$，且 $Q=300$。

显然，与原模型相比，生产成本上升导致的供给减少，不仅使得均衡价格提高，而且使得均衡数量减少。

第三种情况：需求的变动和供给的变动同时发生对均衡的影响。

假定原模型中的需求和供给同时发生变动，即消费者收入的增加和厂商生产成本的增加同时发生：需求函数变为 $Q_d=1100-100P$，且供给函数变为 $Q_S=-700+200P$。于是，根据均衡条件有 $1100-100P=-700+200P$，解得：$P=6$，且 $Q=500$。

比较以上三种情况可见，在第一种情况中，只考虑消费者收入增加导致的需求增加，则均衡价格上升为 5；在第二种情况中，只考虑厂商生产成本增加导致的供给减少，则均衡价格也上升为 5；而在第三种情况中，在以上需求的增加和供给的减少这两种力量同时发生作用时，则均衡价格上升到一个更高的水平为 6。

在以上均衡价格数学模型的分析中，在既定的需求函数和供给函数的条件下，求解均衡价格和均衡数量，这属于静态分析。当消费者收入增加、厂商生产成本增加导致模型的外生变量发生变化时，求解相应的内生变量即均衡价格和均衡数量，并对不同条件下的均衡状态进行比较分析，这便属于比较静态分析。

(四)均衡价格模型如何运用?

在我国经济体制改革中，为了增加那些在市场上供给量相对缺乏的政府限价商品的生产，有一种看法认为：只要把政府的限价取消，这类商品的供给量就会增加。

事实是否如此，需要根据商品的供给价格弹性做具体的分析。在多数情况下，商品的供给曲线向右上方倾斜，相应的供给的价格弹性系数大于零。对于供给的价格弹性大于零的原限价商品来说，随着政府限价的取消，商品的供给量会得到提高。尤其是，如果商品的供给的价格弹性很大，限价的取消可以带来供给量的大幅度增加。

例如图 2-11(a)中，政府原先对某商品的限价为 P_1，在这个价格上供给量 Q_1 小于需求量 Q_2，市场上该商品是短缺的。政府的限价取消以后，随着市场实际价格的上升，供给量会逐步地提高，需求量会逐步地减少，最后在价格 P_e 和数量 Q_e 的水平上实现供求相等的均衡状态。但是，在考虑这一问题时，还应该考虑到某些特殊的情况。某些商品的生产由于受到资源条件和技术水平等因素的限制，供给量在较长的时期内是固定不变的。这就是说，这些商品的供给曲线是一条垂直线，相应的供给的价格弹性为零。在这样的特殊情况下，限价的取消不会带来供给量的改变，而只能使商品的市场价格上涨。例如在图 2-11(b)中，供给曲线为一条垂直线，政府原先的限价为 P_1，政府取消限价的结果是使实际的市场价格上涨到 P_e 的均衡水平，而供给量却没有增加。所以，在这种情况下，要增加那些原先由政府限价生产的商品的产量，除了取消政府限价之外，还应该根据具体情况做出综合分析，从根本上消除制约产量增长的因素。

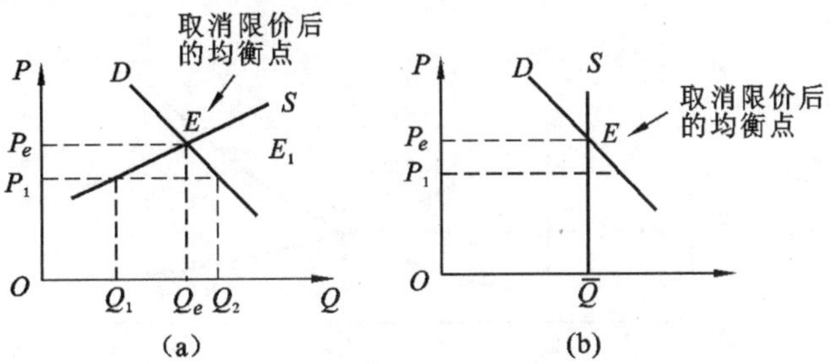

图 2-11　取消限价和供给的价格弹性

政府根据不同的经济形势采取不同的经济政策，在此介绍有关政府的价格政策的两种做法：最高限价和最低限价。

1. 最高限价

最高限价也被称为限制价格。它是政府所规定的某种商品的最高价格，即防止商品价格上升到限价水平之上。最高限价总是低于市场的均衡价格。

图 2-12 表示政府对某种商品实行最高限价的情形。开始时，该商品市场的均衡价格为 P_e，均衡数量为 Q_e。假设政府实行最高限价政策，规定该商品的市场最高限价为 P_0，由图可见，最高限价 P_0 低于均衡价格 P_e，且在最高限价 P_0 的水平，市场需求量 Q_2 大于市场供给量 Q_1，市场上出现供不应求的情况。政府实行最高限价往往是为了抑制某些产品的价格上涨，尤其是为了应对通货膨胀。有时，为了限制某些行业，特别是限制一些垄断性很强的公用事业的价格，政府也会采取最高限价的做法。但政府实行最高限价的做法也会带来一些不良的影响，最高限价下的供不应求会导致市场上消费者排队抢购和黑市交易盛行。在这种情况下，政府往往又不得不采取配给的方法来分配产品。此外，生产者也可能粗制滥造，降低产品质量，形成变相涨价。

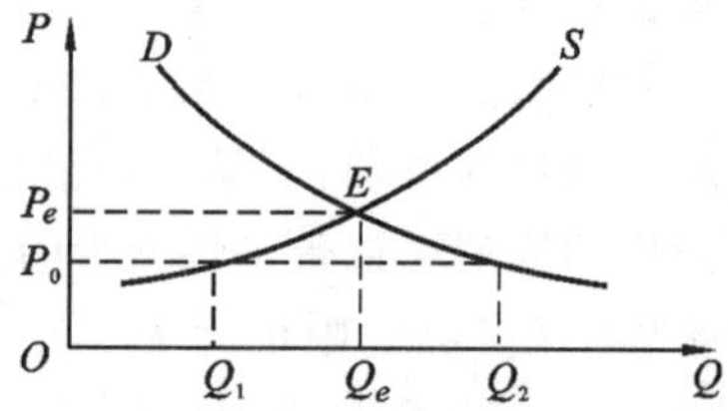

图 2-12　最高限价

2. 最低限价

最低限价也被称为支持价格。它是政府所规定的某种商品的最低价格，即防止商品价格下跌到此限价水平之下。最低限价总是高于市场的均衡价格。

图 2-13 中，开始时的市场均衡价格为 P_e，均衡数量为 Q_e。以后，政府实行最低限价所规定的市场价格为 P_0。由图 2-13 可见，最低限价 P_0 高于均衡价格 P_e，且在最低限价 P_0 水平，市场供给量 Q_2 大于市场需求量 Q_1，市场上出现产品过剩的情况。政府实行最低限价的目的通常是为了某些行业的发展。农产品的支持价格就是一些西方国家所普遍采取的旨在扶持农业发展的政策，在实行这一政策时，政府通常收购市场上过剩的农产品。

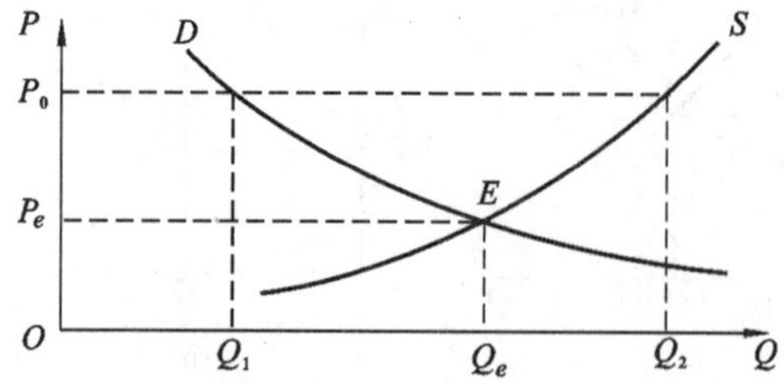

图 2-13　最低限价

四、什么是弹性理论？

(一)什么是弹性？

我们已经知道，当一种商品的价格发生变化时，这种商品的需求数量会发生变化。除此之外，当消费者的收入水平或者相关商品的价格等其他因素发生变化时，这种商品的需求数量也会发生变化。同样地，当一种商品的价格发生变化，或者这种商品的生产成本等其他因素发生变化时，这种商品的供给量会发生变化。由此，我们会很自然地想知道，当一种商品的价格下降 1%时，这种商品的需求量和供给量究竟分别会上升和下降多少？又如，当消费者的收入水平上升 1%时，商品的需求量究竟增加了多少？等等。弹性概念就是专门为解决这一类问题而设立的。

弹性概念在经济学中得到了广泛的应用。一般说来，只要两个经济变量之间存在函数关系，我们就可用弹性来表示因变量对自变量变化的反应敏感程度。具体地说，当一个经济变量发生 1%的变动时，由它引起的另一个经济变量变动的百分比。例如，弹性可以表示当一种商品的价格上升 1%时，相应的需求量变化的百分比具体是多少。在经济学中，弹性的一般公式为： 弹性系数＝因变量的变动比例/自变量的变动比例。

设两个经济变量之间的函数关系为 $Y=f(X)$，则弹性的一般公式可以表示为：

$$e=\frac{\Delta y/y}{\Delta x/x}=\frac{\Delta y}{\Delta x}\cdot\frac{x}{y} \tag{2.1}$$

通常将该式称为弧弹性公式。式中，e 为弹性系数；Δx、Δy 分别为变量 x、y 的变动量。该式表示：当自变量 x 变化百分之一时，因变量 y 变化百分之几。

若经济变量的变化量趋于无穷小，即当上式中的 $\Delta x\to 0$ 且 $\Delta y\to 0$ 时，则弹性公式为：

$$点弹性=\lim_{\Delta x\to 0}\frac{\Delta y}{\Delta x}\cdot\frac{x}{y}=\frac{dy}{dx}\cdot\frac{x}{y} \tag{2.2}$$

通常将该式称为点弹性公式。

需要指出的是，由弹性的定义公式可以清楚地看到，弹性是两个变量各自变化比例的一个比值，所以，弹性是一个具体的数字，它与自变量和因变量的度量单位无关。

本节将以需求的价格弹性为重点，考察与需求和供给有关的几个弹性概念。

(二)什么是需求弹性？

需求方面的弹性主要包括需求的价格弹性、需求的交叉价格弹性和需求的收入弹性。其中，需求的价格弹性又被简称为需求弹性。下面将重点考察需求的价格弹性。

1. 什么是需求价格弹性？

需求的价格弹性表示在一定时期内一种商品的需求量变动对该商品的价格变动的反应程度。或者说，它表示在一定时期内一种商品的价格变化百分之一时所引起的该商品的需求量变化的百分比。其公式为：

$$需求的价格弹性系数=-需求量变动率/价格变动率 \quad (2.3)$$

2. 什么是弧弹性？什么是点弹性？

需求的价格弹性分为弧弹性和点弹性。

需求的价格弧弹性表示某商品需求曲线上两点之间的需求量的变动对价格的变动的反应程度。简单地说，它表示需求曲线上两点之间的弹性。

假定需求函数为 $Q=f(P)$，ΔQ 和 ΔP 分别表示需求量的变动量和价格的变动量，以 e_d 表示需求的价格弹性系数，则需求的价格弧弹性公式为：

$$e_d=-(\Delta Q/Q)/(\Delta P/P)=-(\Delta Q/\Delta P)\cdot(P/Q) \quad (2.4)$$

在通常情况下，由于商品的需求量和价格是呈反方向变动的，即 $\Delta Q/\Delta P$ 为负值，所以，为了便于比较，就在式(2.3)和式(2.4)中均加了一个负号，以使需求的价格弹性系数取正值。当需求曲线上两点之间的变化量趋于无穷小时，需求的价格弹性要用点弹性来表示。也就是说，它表示需求曲线上某一点的需求量变动对价格变动的反应程度。在式(2.4)的基础上，需求的价格点弹性的公式为：

$$e_d=\lim_{\Delta P\to 0}-(\Delta Q/\Delta P)\cdot(P/Q)=-(\mathrm{d}Q/\mathrm{d}P)\cdot(P/Q) \quad (2.5)$$

比较式(2.4)和式(2.5)可见，需求的价格弧弹性和点弹性的本质是相同的。它们的区别仅在于：前者表示需求曲线上两点之间价格变动时的弹性，而后者表示在需求曲线的某一点上价格变动量无穷小时的弹性。

1)如何计算弧弹性？

图 2-14 为需求函数的几何图形。

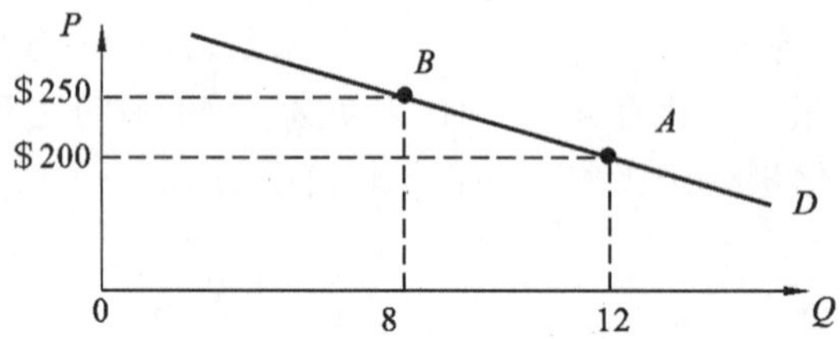

图 2-14　需求函数的几何图形

图中需求曲线上 A、B 两点的价格分别为 200 美元和 250 美元，相应的需求量分别为 12 和 8。当商品的价格由 200 美元上升为 250 美元时，或者当商品的价格由 250 美元下降为 200 美元时，应该如何计算相应的弧弹性值呢？根据(2.4)式，相应的弧弹性分别计算如下。

从 A 到 B：价格上升(250－200)/200＝25％；数量下降(8－12)/12＝－33％

弹性＝－(－33％)/25 ％＝ 1.33

从 B 到 A：价格下降 20％，数量上升 50％，弹性＝ 50％/20％＝2.50

显然，由 A 点到 B 点和由 B 点到 A 点的弧弹性系数值是不相同的。其原因在于：尽管在上面两个计算中，ΔQ 和 ΔP 的绝对值都相等，但由于 P 和 Q 所取的基数值不相同，所以，两种计算结果便不相同。这样一来，在需求曲线的同一条弧上，涨价和降价产生的需求的价格弹性系数值便不相等。所以，要根据涨价和降价的具体情况，来求得不同的 e_d 值。但是，如果仅仅是一般地计算需求曲线上某一段的需求价格弧弹性，而不是具体地强调这种需求的价格弧弹性是作为涨价还是降价的结果，一般采用中点法来计算。

$$\text{弧弹性中点公式 } e_d = -\frac{\frac{Q_2-Q_1}{\frac{Q_2+Q_1}{2}}}{\frac{P_2-P_1}{\frac{P_2+P_1}{2}}} = -\frac{\Delta Q}{Q_2+Q_1}\Big/\frac{\Delta P}{P_2+P_1} = \frac{\Delta Q}{\Delta P}\cdot\frac{P_2+P_1}{Q_2+Q_1} \tag{2.6}$$

根据中点公式(2.7)，上例中 A、B 两点间的需求的价格弧弹性为：

$$e_d = -\frac{\Delta Q}{Q_2+Q_1}\Big/\frac{\Delta P}{P_2+P_1} = \frac{12-8}{12+8}\Big/\frac{200-250}{200+250} = 1.8 \tag{2.7}$$

由此可见，需求的价格弧弹性的计算可以有三种情况，它们分别是涨价时计算的 e_d、降价时计算的 e_d，以及按中点公式计算的 e_d。至于到底应该采用哪一种计算方法，需要视具体情况和需要而定。

2）弧弹性有哪些类型？

我们已经知道，需求的价格弹性是告诉我们，当商品的价格变动1%时，需求量的变动究竟有多大的百分比。于是，我们完全可以设想：在商品的价格变化1%的前提下，需求量的变化率可能大于1%，这时有 $e_d>1$；需求量的变化率也可能小于1%，这时有 $e_d<1$；需求量的变化率也可能恰好等于1%，这时有 $e_d=1$。进一步讲，由于 $e_d>1$ 表示需求量的变动率大于价格的变动率，即需求量对于价格变动的反应是比较敏感的，所以，$e_d>1$ 被称为富有弹性。由于 $e_d<1$ 表示需求量的变动率小于价格的变动率，即需求量对于价格变动的反应欠敏感，所以，$e_d<1$ 被称为缺乏弹性。$e_d=1$ 是一种巧合的情况，它表示需求量和价格的变动率刚好相等，$e_d=1$ 被称为单一弹性或单位弹性。以上这三种类型的需求的价格弧弹性分别如图 2-15(a)、图 2-15(b)和图 2-15(c)所示。

比较图 2-15(a)和图 2-15(b)可以看出，就需求的价格弧弹性而言，富有弹性的需求曲线相对比较平坦，缺乏弹性的需求曲线相对比较陡峭。但是，特别需要引起注意的是，尽管在经济学中，把富有弹性的需求绘制成一条相对平坦的曲线和把缺乏弹性的需求绘制成一条相对陡峭的曲线已成为一种习惯，但是，在有些场合，这种绘制方法便会成为一种不好的甚至错误的方法。譬如，在图 2-15(a)中，横轴上每0.5厘米的刻度由10、20、30、40、50改为11、12、13、14、15以后，平坦的需求曲线就是缺乏弹性的了。所以在使用这种绘制方法时必须十分小心。关于这一点，在以后分析需求曲线的斜率和需求的价格点弹性的关系时，会得到进一步的说明。

再看图 2-15(d)和图 2-15(e)。图 2-15(d)中需求曲线为一条水平线。水平的需求曲线表示在既定的价格水平（如图中的 $P=3$），需求量是无限的。从需求的价格弹性的角度看，对于水平的需求曲线来说，只要价格有一个微小的上升，就会使无穷大的需求量一下子减少为零。也就是说，相对于无穷小的价格变化率，需求量的变化率是无穷大的，即有 $e_d=\infty$，这种情况被称为完全弹性。

图 2-15(e)中的需求曲线是一条垂直线。垂直的需求曲线表示相对于任何价格水平需求量都是固定不变的（如图中总是有 $Q=30$）。从需求的价格弹性的角度看，对于垂直的需求曲线来说，无论价格如何变化，需求量的变化量总是为零，即有 $e_d=0$，这种情况被称为完全无弹性。

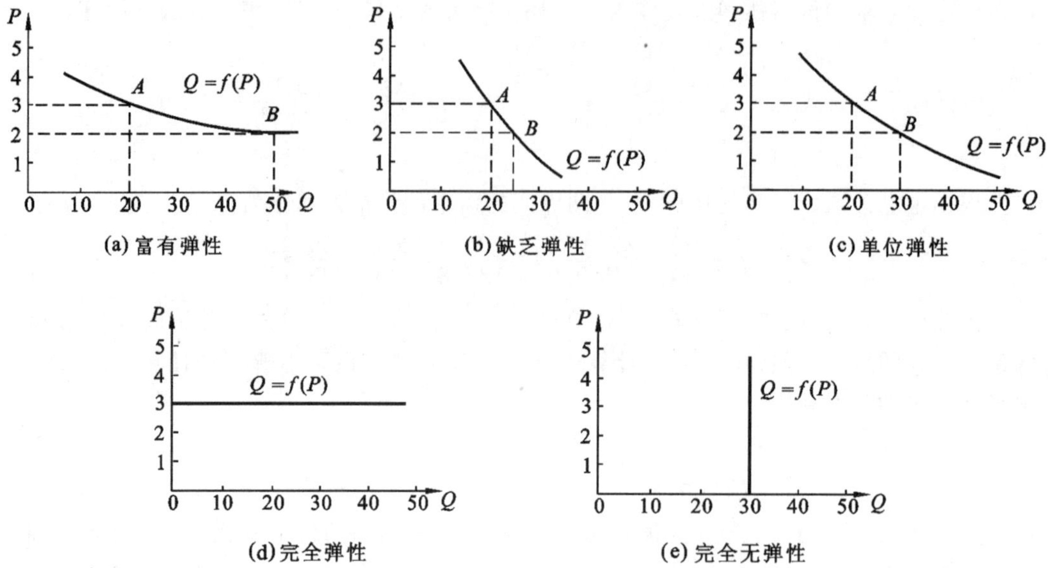

图 2-15　需求的价格弧弹性的五种类型

利用图 2-15 以弧弹性为例分析的需求弹性的五种情况，是区分需求弹性大小的五种基本类型。在需求的价格点弹性的事例中，这五种基本类型也同样存在，下面的分析会说明这一点。最后需要指出，这五种基本类型也适用于其他任何一个具体的弹性概念。

3)什么是点弹性？

需求的价格点弹性的计算可以利用需求的价格点弹性的定义公式即(2.5)式，来计算给定的需求曲线上某一点的弹性。以需求函数 $Q_d=2400-400P$ 来说明这一计算方法。根据(2.5)式，由需求函数 $Q_d=2400-400P$ 可得：

$e_d=-\mathrm{d}Q/\mathrm{d}P\cdot P/Q=-(-400)\cdot P/Q=400\cdot P/Q$

在图 2-16 需求曲线上的 a 点，当 $P=5$ 时，由需求函数可得 $Q_d=2400-400\times5=400$，即相应的价格—需求量组合为(5,400)。将其代入上式，便可得 $e_d=400\cdot P/Q=400\times(5/400)=5$，即图 2-16 需求曲线上 a 点的需求的价格弹性值为 5。

同样地，在图 2-16 需求曲线上的 b 点，当 $P=4$ 时，由需求函数可得 $Q_d=2400-400\times4=800$，即相应的价格—需求量组合为(4,800)，于是有：$e_d=400\cdot P/Q=400\times(4/800)=2$，即图 2-16 中需求曲线上 b 点的需求的价格弹性值为 2。

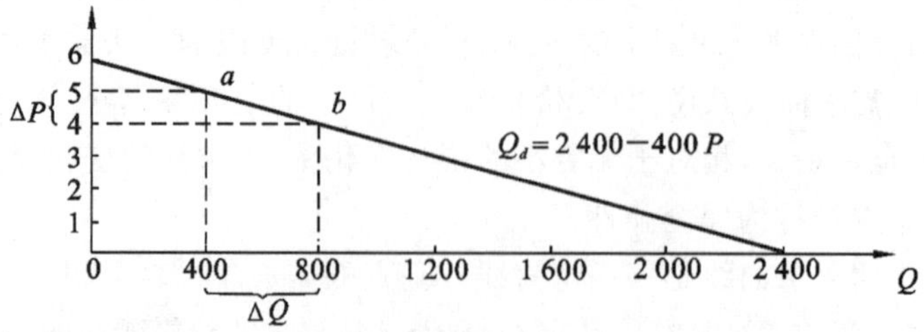

图 2-16　需求函数 $Q_d=2400-400P$ 的几何图形

注意区分需求曲线的斜率和需求价格弹性两个概念，二者紧密相联但又不同。

需求曲线某一点的斜率为 $\mathrm{d}P/\mathrm{d}Q$，而需求的价格点弹性不仅取决于该点的斜率的倒数值 $\mathrm{d}Q/\mathrm{d}P$，还取决于相应的价格与需求量的比值 P/Q。线性需求曲线上每点的斜率都相等，但每点的点弹性值都不相等。一般地，需求价格弹性越大，曲线的斜率就越平坦；需求价格弹性越小，曲线的斜率就越陡峭。由此可见，直接把需求曲线的斜率和需求的价格弹性等同起来是错误的。严格区分这两个概念，不仅对于线性需求曲线的点弹性来说，而且对于任何形状的需求曲线的弧弹性和点弹性来说，都是必要的。

3. 影响需求价格弹性的因素有哪些？

影响需求的价格弹性的因素有很多，其中主要有以下几个。

第一，商品的可替代性。一般说来，一种商品的可替代品越多，相近程度越高，则该商品的需求的价格弹性往往就越大；相反，该商品的需求的价格弹性往往就越小。例如，在苹果市场，当国光苹果的价格上升时，消费者就会减少对国光苹果的需求量，增加对相近的替代品如香蕉苹果的购买。这样，国光苹果的需求弹性就比较大。又如，对于食盐来说，没有很好的可替代品，加之食盐又是生活必需品，所以，食盐价格的变化所引起的需求量的变化几乎等于零，它的需求的价格弹性是极其微小的。对一种商品所下的定义越明确、越狭窄，这种商品的相近的替代品往往就越多，需求的价格弹性也就越大。譬如，某种特定商标的豆沙馅面包的需求要比一般的甜馅面包的需求更有弹性，甜馅面包的需求又比一般的面包的需求更有弹性，而面包的需求的价格弹性比一般的面粉制品的需求的价格弹性又要大得多。

第二，商品用途的广泛性。一般说来，一种商品的用途越广泛，它的需求的价格弹性就可能越大；相反，用途越是狭窄，它的需求的价格弹性就可能越小。这是因为，如果一种商品具有多种用途，当它的价格较高时，消费者只购买较少的数量用于最重要的用途上；当它的价格逐步下降时，消费者的购买量就会逐渐增加，将商品越来越多地用于其他的各种用途上。

第三，商品对消费者生活的重要程度。一般说来，生活必需品的需求的价格弹性较小，非必需品的需求的价格弹性较大。例如，面粉的需求的价格弹性较小，电影票的需求的价格弹性较大。

第四，商品的消费支出在消费者预算总支出中所占的比重。消费者在某商品上的消费支出在预算总支出中所占的比重越大，该商品的需求的价格弹性可能就越大；反之，则越小。例如，火柴、盐、铅笔、肥皂等商品的需求的价格弹性就是比较小的。这是因为，消费者每月在这些商品上的支出是很小的，消费者往往不太重视这类商品价格的变化。

第五，所考察的消费者调节需求量的时间。一般说来，所考察的调节时间越长，则需求的价格弹性可能就越大。这是因为，在消费者决定减少或停止对价格上升的某种商品的购买之前，他一般需要花费时间去寻找和了解该商品的替代品。例如，当石油价格上升时，消费者在短期内通常不会较大幅度地减少石油需求量。但设想在长期内，消费者可能找到替代品，于是，石油价格上升会导致石油的需求量较大幅度地下降。

需要指出，一种商品需求的价格弹性的大小是各种影响因素综合作用的结果，所以在分析一种商品的需求的价格弹性的大小时，要根据具体情况进行全面的综合分析。

4. 需求的价格弹性和厂商的销售收入

在实际的经济生活中会发生这样一些现象：有的厂商提高自己的产品价格，能使自己的销售收入得到提高，而有的厂商提高自己的产品价格，却反而使自己的销售收入降低了。这意味着，以降价促销来增加销售收入的做法，对有的产品适用，对有的产品却不适用。如何解释这些现象呢？这便涉及商品的需求的价格弹性的大小和厂商的销售收入两者之间的相互关系。

我们知道，厂商的销售收入等于商品的价格乘以商品的销售量。在此假定厂商的商品销售量等于市场上对其商品的需求量。这样，厂商的销售收入就又可以表示为商品的价格乘以商品的需求量，即厂商销售收入$=P \cdot Q$，其中，P 表示商品的价格，Q 表示商品的销售量即需求量。前面已经讲过，商品的需求的价格弹性表示商品需求量的变化率对商品价格的变化率的反应程度。这意味着，当一种商品的价格 P 发生变化时，这种商品需求量 Q 的变化情况，进而提供这种商品的厂商的销售收入 $P \cdot Q$ 的变化情况，将必然取决于该商品的需求的价格弹性的大小。所以，在商品的需求价格弹性和提供该商品的厂商的销售收入之间存在着密切的关系，这种关系可归纳为以下三种情况（见图 2-17）。

第一种情况：对于 $e_d>1$ 的富有弹性的商品，降低价格会增加厂商的销售收入；相反，提高价格会减少厂商的销售收入，即厂商的销售收入与商品的价格呈反方向变动。这是因为，当 $e_d>1$ 时，厂商降价所引起的需求量的增加率大于价格的下降率，这意味着价格下降所造成的销售收入的减少量必定小于需求量增加所带来的销售收入的增加量，所以，降价最终带来的销售收入 $P \cdot Q$ 值是增加的。相反，在厂商提价时，最终带来的销售收入 $P \cdot Q$ 值是减少的。这种情况如图 2-17(a)所示。

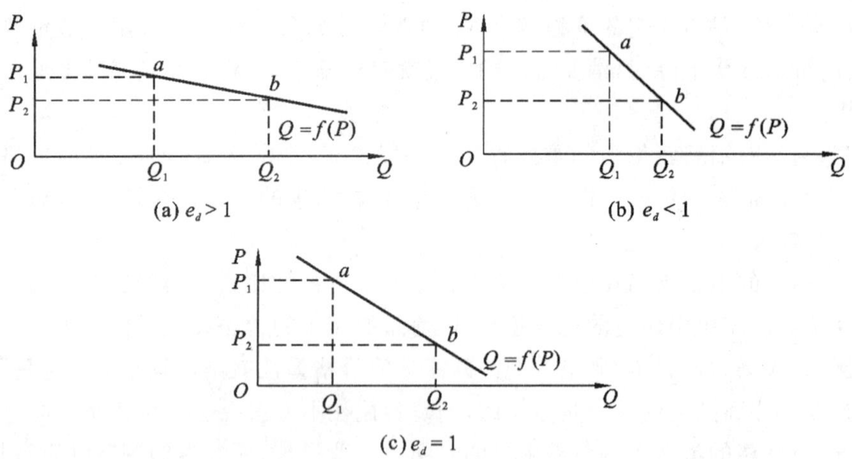

(a) $e_d>1$　　(b) $e_d<1$

(c) $e_d=1$

图 2-17　需求弹性与销售收入

图 2-17(a)中需求曲线上 a、b 两点之间的需求是富有弹性的，两点之间的价格变动率引起一个较大的需求量的变动率。具体地看，当价格为 P_1，需求量为 Q_1时，销售收入 $P_1 \cdot Q_2$ 相当于矩形 OP_1aQ_1的面积；当价格为 P_2，需求量为 Q_2时，销售收入 $P_2 \cdot Q_2$ 相当于矩形 OP_2bQ_2的面积。显然，前者面积小于后者面积。这就是说，若厂商从 a 点运动到 b 点，则降价会使销售收入增加；若从 b 点运动到 a 点，则提价会使销售收入减少。可

以具体举例说明这种情况。假设某商品的 $e_d=2$。开始时，商品的价格为 10 元，需求量是 100，厂商的销售收入 $=10\times100=1000$(元)。当商品的价格上升 1%，即价格为 10.10 元时，由于 $e_d=2$，所以，相应的需求量的下降率为 2%，即需求量下降为 98，厂商的销售收入 $=10.10\times98=989.80$ 元。显然，厂商提价后的销售收入反而下降了。

第二种情况：对于 $e_d<1$ 的缺乏弹性的商品，降低价格会使厂商的销售收入减少；相反，提高价格会使厂商的销售收入增加，即销售收入与商品的价格呈同方向变动。其原因在于：当 $e_d<1$ 时，厂商降价所引起的需求量的增加率小于价格的下降率。这意味着需求量增加所带来的销售收入的增加量并不能全部抵消价格下降所造成的销售收入的减少量。所以，降价最终使销售收入 $P\cdot Q$ 值减少。相反，在厂商提价时，最终带来的销售收入 $P\cdot Q$ 值增加。用图 2-17(b)来说明这种情况。图中需求曲线上 a、b 两点之间的需求是缺乏弹性的，两点之间的价格变动率引起一个较小的需求量的变动率。价格分别为 P_1 和 P_2 时，销售收入分别为矩形 OP_1aQ_1 的面积和矩形 OP_2bQ_2 的面积，且前者面积大于后者面积。这就是说，当厂商降价，即由 a 点运动到 b 点时，销售收入是减少的；相反，当厂商提价，即由 b 点运动到 a 点时，销售收入是增加的。

第三种情况：对于 $e_d=1$ 的具有单位弹性的商品，降低价格或提高价格对厂商的销售收入都没有影响。这是因为，当 $e_d=1$ 时，厂商变动价格所引起的需求量的变动率和价格的变动率是相等的。这样一来，由价格变动所造成的销售收入的增加量或减少量刚好等于由需求量变动所带来的销售收入的减少量或增加量，所以，无论厂商是降价还是提价，销售收入 $P\cdot Q$ 值都是固定不变的，如图 2-17(c)所示。图中需求曲线上 a、b 两点之间的需求弹性为单位弹性。价格为 P_1 时的销售收入即矩形 OP_1aQ_1 的面积等于价格为 P_2 时的销售收入即矩形 OP_2bQ_2 的面积。显然，不管厂商是因降价由 a 点运动到 b 点，还是因提价由 b 点运动到 a 点，其销售收入量都是不变的。读者可以自己举出具体数字例子，分别说明第二种和第三种情况。以上三种情况都是以需求的弧弹性为例进行分析的。

与以上三种情况相对应，在西方经济学中，也可以根据商品的价格变化所引起的厂商的销售收入的变化，来判断商品的需求的价格弹性的大小。如果某商品价格变化引起厂商销售收入反方向变化，则该商品是富有弹性的；如果某商品价格变化引起厂商销售收入同方向变化，则该商品是缺乏弹性的；如果厂商的销售收入不随商品价格的变化而变化，则该商品具有单位弹性。

五、弹性的应用

(一)谷贱伤农

在农业生产活动中，存在着这么一种经济现象：在丰收的年份，农民的收入反而减少了。这种现象在我国民间被形象地称为“谷贱伤农”。其实，这种表面看起来难以理解的现象，是可以用需求的价格弹性原理来加以解释的。在前面分析需求的价格弹性与厂商的销售收入时，我们得到这样一个结论：对于缺乏弹性的商品来说，商品的价格与厂商的销售收入呈同方向的变化。现在，我们可以把这一结论具体运用到农产品的场合。其实，造成这种“谷贱伤农”经济现象的根本原因在于：农产品（如谷类）的需求的价格弹性往往是小于1的，即当农产品（如谷类）的价格发生变化时，农产品的需求往往是缺乏弹性的。下面，我们具体地利用图2-18来解释这种经济现象。

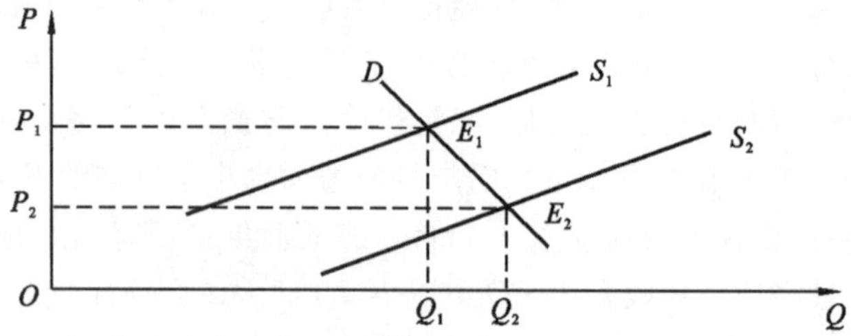

图2-18　缺乏弹性的需求曲线和“谷贱伤农”

在图2-18中，农产品的需求曲线 D 是缺乏弹性的，农产品的丰收使供给曲线由 S1 的位置向右平移至 S_2 的位置，在缺乏弹性的需求曲线的作用下，农产品的均衡价格大幅度地由原先的 P_1 下降到 P_2。由于农产品均衡价格的下降幅度大于农产品均衡数量的增加幅度，因而农民的总收入量减少。总收入的减少量相当于图中矩形 $OP_1E_1Q_1$ 和 $OP_2E_2Q_2$ 的面积之差。类似地，在歉收年份，同样由于缺乏弹性的需求曲线的作用，农产品均衡数量减少的幅度将小于由它所引起的均衡价格的上升幅度，最后致使农民的总收入量增加。在图2-18中，只需先假定农产品的歉收使供给曲线由 S_2 的位置向左平移至 S_1 的位置，随后便可以具体地说明这种与丰收年份相反的情况。

基于以上的经济事实及其经验，在一些国家，为了保护农场主和农民的利益，为了保护和支持农业的发展，政府纷纷采取了支持农产品价格的一些做法，其中包括：在一定的条件下，通过适当减少某些农产品的种植面积，来减少这些农产品的供给，从而将这些农产品的价格维持在一定的水平，以保证农场主和农民的收入。

（二）政府税收及补贴

当政府对一种物品征税时，谁实际上承担了更多的税收负担？是购买该物品的人，还是出售该物品的人？这与供给和需求的价格弹性有关。

第一种情况：当供给曲线比需求更富有弹性时，如图2-19所示。

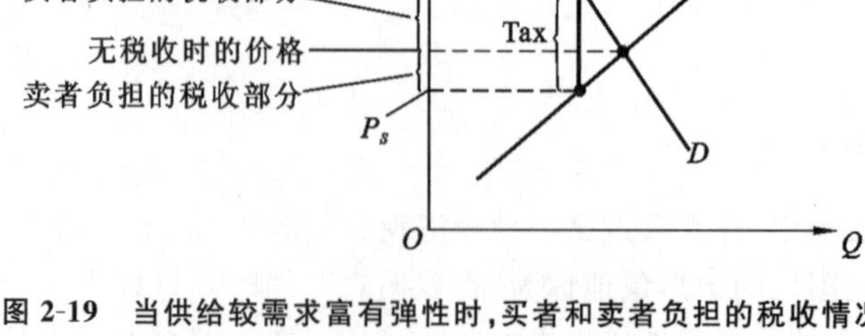

图2-19　当供给较需求富有弹性时，买者和卖者负担的税收情况

供给较需求更富有弹性时，买者对价格不敏感，而卖者非常敏感。当对这些富有弹性的市场征税时，卖者得到的价格并没有下降多少，因此卖者只承担了一小部分负担；与

此相比，买者支付的价格大幅度上升，表示买者承担了大部分税收负担。

第二种情况：需求较供给更富有弹性时，如图 2-20 所示。

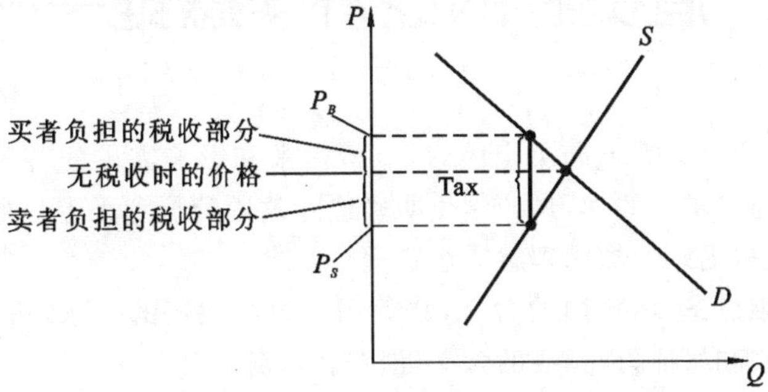

图 2-20　当需求较供给富有弹性时，买者和卖者负担的税收情况

需求较供给更富有弹性时，卖者对价格不敏感，而买者非常敏感。图 2-20 表示，当征税时，买者支付的价格上升不多，而卖者得到的价格大幅度下降，因此卖者承担了大部分税收负担。

思考题：

1. 以家用旅行车（七座及以上）为例，根据下述事件，判断该事件会如何影响需求或供给。

(1)客货两用车价格上升；

(2)油价上涨；

(3)钢材价格上涨；

(4)经济发展势头旺盛；

(5)生育政策放宽松；

(6)股市崩溃。

2. 为什么洗发水可以薄利多销而药品却不行？是不是所有的药品都不能薄利多销？为什么？

3. 根据弹性理论解释“薄利多销”和“谷贱伤农”这两个词语背后的经济学原因。

延伸阅读

1.春节时的降、提价；2.石油价格暴跌

第三章　消费者的经济学思维——效用论

教学目的:本章讨论需求的决定因素,分析需求和影响需求的各种因素之间的关系是如何形成的。通过本章的学习,让学生明确边际效用分析和无差异曲线分析的有关基本理论和基本方法,更好地加深理解需求定理。

教学重点和难点:边际效用的含义,总效用与边际效用的关系,边际效用递减规律,无差异曲线的含义和特征,预算线的含义,消费者均衡。

主要教学内容及要求:

1. 教学内容

(1)效用。

(2)基数效用论和序数效用论。

(3)消费者剩余。

(4)收入变化对消费者均衡的影响。

(5)价格变化对消费者均衡的影响。

2. 教学要求

了解:欲望,效用函数,商品的分类,基数效用论,序数效用论,消费者选择理论的基本假设,消费者偏好和无差异曲线的关系。

理解:消费者偏好的基本假设,消费者剩余的含义及应用,恩格尔曲线的含义,价格消费曲线的形成。

掌握:总效用与边际效用的定义,这两种衡量消费者满意程度的方法的区别;边际效用递减规律及其在经济分析中的重要性;边际替代率的定义和边际替代率递减规律;恩格尔曲线和需求曲线的导出;收入效应和替代效应的含义。

熟练掌握:无差异曲线定义和无差异曲线的特点,消费者均衡的原则及现实应用,消费者均衡的无差异曲线分析。

在第二章,我们考察了供求理论,学习了需求曲线和供给曲线以及均衡价格的决定。从上一章分析可知,价格决定于需求与供给。但是,需求和供给又是由什么决定的呢?本章我们将讨论需求的决定因素——消费者行为,第四章我们将讨论供给的决定。那什么叫作消费者行为呢?消费者行为是指在一定收入和价格水平下,消费者为了获得最大效用所选取的相应商品组合。

一、效用

为什么消费者需要购买不同的商品?因为这些商品可以满足他的各种欲望。“欲望”就是研究消费者行为的出发点。欲望也可以被称作需要,指的是想要得到某种商品但暂时又没有得到的一种心理状态。

什么是效用？效用是指商品满足人的欲望的能力评价，或者说，效用是消费者在消费商品时所感受到的满足程度。商品是否具有效用，需要满足两个条件：一是消费者是否有欲望去消费这种商品；二是消费该商品是否能给消费者带来满足感。效用和欲望是密切相关的，没有欲望的东西是没有效用的。

二、基数效用论和序数效用论

既然效用是用来表示消费者在消费商品时所感受到的满足程度，那么如何来衡量满足程度的大小呢？经济学家先后提出了基数效用和序数效用两个概念，在此基础上，形成了两种分析消费者行为的方法，分别是基数效用论者提出的边际效用分析法和序数效用论者提出的无差异曲线分析法。

（一）基数效用论

1. 基数效用论的含义

基数效用论是早期研究消费者行为的一种理论。基数效用论者认为，效用如同长度、重量等概念一样，可以具体衡量并加总求和。效用的大小可以用数字来表示，计量效用大小的单位被称作效用单位。例如，对小王来说，吃一个馒头可以得到 10 个效用单位，吃一个肉包可以得到 20 个效用单位，那么我们则可以用数字来衡量效用的大小，可以得出结论：吃一个肉包比吃一个馒头多得到 10 个效用单位，也可以说，吃一个馒头再加一个肉包，小王可以得到的总效用为 30 个效用单位。根据基数效用理论，可以用具体的数字来研究消费者效用最大化问题，多采用边际效用的分析方法展开研究。然而，不同的人对获得同一种商品的满足程度是不同的。因此，商品的效用水平难以准确衡量和比较，这也是基数效用论的固有缺陷。

2. 基数效用论的分析工具——边际效用

边际效用论中有一个重要的概念就是边际效用递减规律。边际效用递减规律指的是，在一定时间内，在其他商品的消费量保持不变的条件下，随着消费者对某种商品消费量的增加，消费者消费每一单位商品所获得的效用增量越来越小，满足程度逐渐下降。

生活中有许多边际效用递减规律的例子。例如，当一个人饥肠辘辘的时候，他吃第一个面包时所获得的满足感最大，也就是说，他吃第一个面包获得的边际效用最大。当这个人吃第二个面包时，由于饥饿感下降了，所以吃第二个面包得到的满足感会减少，因而第二个面包的边际效用比第一个面包低。当这个人吃了两个面包，再吃第三个面包时，他已经觉得饱了，第三个面包给他带来的满足不如第二个面包，因此，第三个面包的边际效用比第二个面包低。如果他再吃一个面包，第四个面包没能给他带来任何满足，于是，第四个面包的边际效用为零。

(二)序数效用论

你会花钱吗?

边际效用递减规律是建立消费者均衡理论的基础。由于效用只是一种心理感受,本质上不可计量,因此,商品的效用单位完全是根据需要而假定的。为了克服效用单位难以计量的困难,经济学家通常运用无差异曲线分析方法来建立消费者均衡。

1. 序数效用论的含义

序数效用论正是为了弥补基数效用论的缺陷而提出的。序数效用论者认为,效用之间的比较只能通过顺序或等级即用序数来表示。仍就上面的例子来说,消费者要回答的是偏好哪一种消费,谁排第一,谁排第二,是吃馒头获得的满足感强还是吃肉包带来的满足感大。进一步地,序数效用论者还认为,就分析消费者行为来说,以序数来度量效用的假定比以基数效用的假定所受到的限制要少,它可以减少一些被认为是值得怀疑的心理假设。

2. 序数效用论的分析工具之一——无差异曲线

1)消费者偏好

消费者对于各种不同的商品,其偏好程度是有差别的,这种差别反映了消费者对这些不同商品效用水平的评价。假设有三种商品,分别记作 X、Y 和 Z,消费者可以在三种商品中任选一种且只能选一种,我们就可以根据消费者选择来发现他的偏好。如果消费者选择 X,那就说明他最喜欢 X 商品,最偏好 X 商品,对该消费者来说,X 商品给他带来的满足程度大于 Y 或 Z,即 X 的效用大于 Y 或 Z 的效用,也就是说 X 商品的效用最大。接下来,让消费者在 Y 和 Z 之间做出选择。如果他犹豫不决,对 Y 和 Z 同样喜欢,选择任何一个都可以,那么,对这位消费者而言,Y 和 Z 给他带来的满足程度是一样的,Y 和 Z 的效用是相等的,他的 Y 和 Z 的偏好是相同的、无差异的。

商品组合也是如此,给定 A、B 两个商品组合,如果某消费者对 A 商品组合的偏好程度大于 B 商品组合,那就是说,这个消费者认为 A 组合的效用水平大于 B 组合。

2)无差异曲线及其特点

无差异曲线又称等效用曲线,它是表示能给消费者带来相同的效用水平的商品组合,每个商品组合给消费者带来的满足程度是一样的。

无差异曲线具有以下几个特点。

第一,在无差异曲线图上有无数条无差异曲线,每条线代表一种效用水平,离原点越远的无差异曲线代表的效用水平越高,离原点越近的无差异曲线代表的效用水平越低。图 3-1 中的四条无差异曲线,它们所代表的效用大小顺序是 $U_4 > U_3 > U_2 > U_1$。

第二,任何两条无差异曲线不能相交,无差异曲线是一组平行线。这可以用图 3-1 来说明。在图中,U_1 和 U_2 代表两条无差异曲线。根据无差异曲线定义,它们代表不同的效用水平。如果二者相交的话,在交点上,其效用水平肯定是相等的,这就违背了无差异曲线的定义,所以是不可能出现的情况。

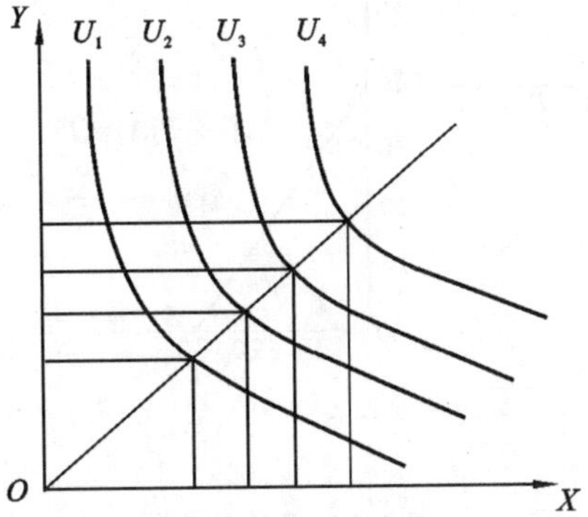

图 3-1 无差异曲线

第三，无差异曲线是凸向原点的，并且从左上方向右下方倾斜的。因为在一条无差异曲线上，无论两种商品如何组合，其总效用是不变的。因此，当消费者对一种商品的消费增加时，对另一种商品的消费必然减少，否则总效用就会发生变化。那为什么无差异曲线会呈现凸向原点的特征呢？这取决于商品的边际替代率。

边际替代率是指在保持效用水平不变的前提下，消费者增加一单位某种商品的消费数量时所需要放弃的另一种商品的消费数量。边际替代率是递减的，也就是说，随着一种商品的消费数量的连续增加，消费者为得到每一单位的这种商品所需要放弃的另一种商品的消费数量是递减的。

之所以出现商品的边际替代率递减的现象，其原因在于：消费者对某一商品拥有量较少时，对其偏爱程度高；而拥有量较多时，偏爱程度较低。所以随着一种商品的消费数量的逐步增加，消费者想要获得更多的这种商品的愿望就会减少，从而，他为了多获得一单位的这种商品而愿意放弃的另一种商品的数量就会越来越少。

商品的边际替代率递减，意味着无差异曲线的斜率的绝对值越来越小，因此该曲线必定凸向原点。

3. 序数效用论的分析工具之二——预算约束线

预算约束线简称预算线，它表示消费者的全部收入所能购买到的最大组合的两种商品的数量。

假设，用 I 表示消费者收入，消费者将所有收入用于购买两种商品 X_1 和 X_2，则相应的预算线方程为：

$$P_1X_1+P_2X_2=I$$

可改写为：

$$X_2=-\frac{P_1}{P_2}X_1+\frac{I}{P_2}$$

由此做出的预算线为图 3-2 中的线段 AB。在横轴 X_1 上的截距 OB 为 $\frac{I}{P_1}$，表示全部收入用来购买商品 X_1 的数量；纵轴 X_2 上的截距 OA 为 $\frac{I}{P_2}$，表示全部收入用来购买商品 X_2 的数量。预算线的斜率是两种商品的价格之比即 $-\frac{P_1}{P_2}$。

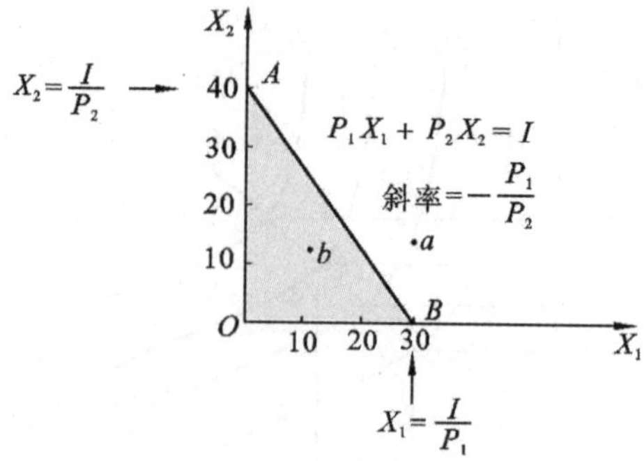

图 3-2　预算约束线

预算线 AB 以外的区域中的任何一点，如 a 点，是消费者利用全部收入都不可能实现的商品购买的组合点。预算线 AB 以内的区域中的任何一点，如 b 点，表示消费者的全部收入在购买该点的商品组合以后还有剩余。因此，只有预算线 AB 上的点，才是消费者的全部收入刚好花完所能购买的商品最大数量的组合点。

以上论述的预算线是在假定收入和价格不变的情况下做出的，如果收入或商品价格发生变化，预算线也会随之改变。

首先讨论消费者收入变动而价格不变的情况。如果收入增加，消费者可以购买更多的商品组合，因此，预算线将平行地向右上方移动。如果收入减少，消费者只能购买更少的商品组合，因此，预算线将平行地向左下方移动。如图 3-3 (a)所示，假定原有的预算线为 AB，消费者收入增加，推动预算线由 AB 向右平移至 $A'B'$；相反，消费者收入减少，推动预算线由 AB 向左平移至 $A''B''$。

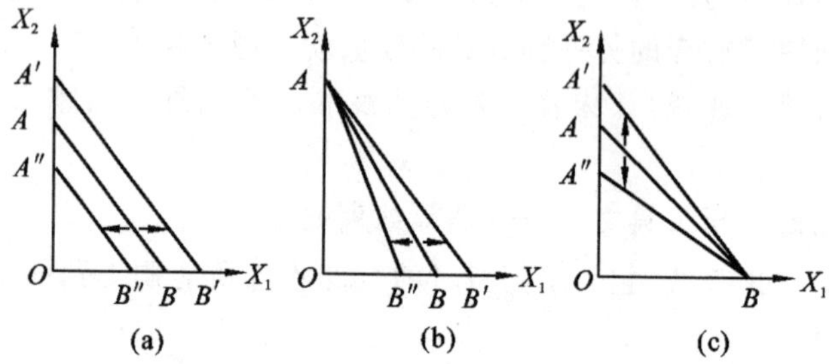

图 3-3　预算线的变动

其次讨论收入不变而商品价格发生变动的情况。当消费者的收入不变，P_1 发生变化而 P_2 保持不变时，则相应的预算线发生转动。如图 3-3(b)所示，P_1 下降，会使预算线由 AB 移至 AB'；相反，P_1 上升，会使得预算线由 AB 移至 AB''。同样的道理，在图 3-3(c)中，P_1 不变、P_2 下降时，会使预算线 AB 移至 $A'B$，而 P_2 提高时，将引起预算线由 AB 移至 $A''B$。

4. 序数效用论的消费者均衡条件

无差异曲线表示消费者想要达到的效用水平，而预算线则表示消费者目前能达到的效用水平。消费者当然想达到更高的效用水平，然而，他必须接受现有收入和商品价格的约束。在既定约束下，消费者怎样购买才能获得最大效用呢？这就是我们要探讨的消费者均衡问题。

消费者均衡是指在既定的收入和商品价格下，消费者购买一定数量组合的商品使其实现效用最大化的稳定状态。消费者实现均衡的条件就是预算线与无差异曲线相切，在图 3-4 上表示为无差异曲线与预算线相切之点。

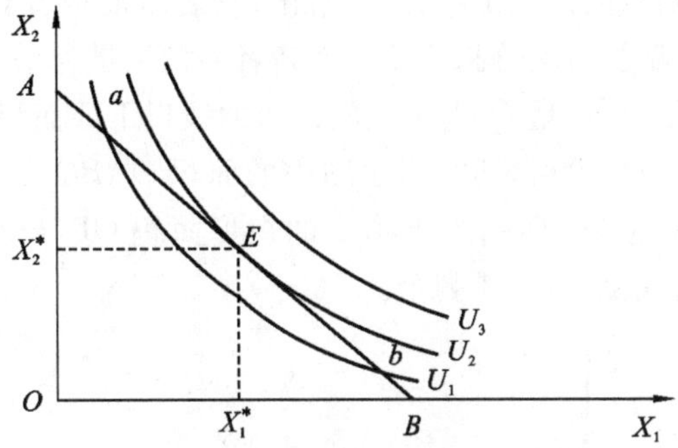

图 3-4 消费者均衡

如图 3-4 所示，U_1、U_2和U_3代表三条无差异曲线，AB表示预算线。根据无差异曲线的定义，U_2的效用大于U_1的效用，U_3的效用大于U_2的效用。消费者当然希望得到最大效用，然而，U_3在预算线外，是目前条件下无法获得的。U_1与预算线相交，表明在现有条件下是可以达到的，但是U_1的效用小于U_2的效用。如果消费者选择U_1而不选择U_2，他将无法获得最大效用。只有预算线AB和无差异曲线U_2的切点E，才是消费者在给定的预算约束下能够获得最大效用的均衡点。

三、消费者剩余

在现实生活中，往往会出现这种现象，消费者购买商品时愿意支付的货币比他实际支付的价格要多。例如，糯米发糕的市场价格为 2 元，消费者在购买第一个发糕时，根据这个发糕的边际效用，他认为值得付 6 元去购买这个发糕，即他愿意支付的价格为 6 元。于是，当这个消费者以市场价格 2 元购买这个发糕时，就创造出了额外的 4 元的剩余。随着发糕边际效用的递减，当他购买第二个发糕时，愿意支付的价格为 5 元；当他购买第三个发糕时，愿意支付的价格为 4 元；当他购买第四个发糕时，愿意支付的价格为 3 元。这样，他愿意支付 18 元(6＋5＋4＋3)来购买 4 个发糕，而他实际按市场价格支付的总金额＝4×2＝8(元)，两者的差额＝18－8＝10(元)。这个差额就是消费者剩余。也就是说，消费者本来愿意支付 18 元买 4 个发糕，结果只支付了 8 元，他觉得很值得、很划算、很满意，得到了大大的满足。

在消费者购买商品时，一方面，消费者对每一单位商品所愿意支付的价格取决于这一单位商品的边际效用。由于商品的边际效用是递减的，所以，消费者对某种商品所愿意支付价格是逐步下降的。另一方面，消费者对每一单位商品所愿意支付的价格并不等于该商品在市场上的实际价格。事实上，消费者在购买商品时是按照实际的市场价格支付的，于是，在消费者愿意支付的价格和实际的市场支付价格之间产生的这个差额，便构成了消费者剩余的基础。因此,消费者剩余是指消费者在购买一定数量商品时,愿意支付的最高价格与实际支付的总价格之间的差额。

消费者剩余可以用几何图形来表示。简单地说,消费者剩余可以用需求曲线以下、市场价格线之上的面积来表示,如图 3-5 中的阴影部分面积所示。具体地看,在图 3-5 中,需求曲线以反需求函数的形式 $P=f(Q)$ 给出,它表示消费者对每一单位商品所愿意支付的价格。假定该商品的市场价格为 P_0,消费者的购买量为 Q_0。那么,根据消费者剩余的定义,我们可以推断,在产量 0 到 Q_0 区间需求曲线以下的面积表示消费者为购买 Q_0 数量的商品所愿意支付的总价格,即相当于图中的面积 $OABQ_0$;而实际支付的总价格等于市场价格 P_0 乘以购买量 Q_0,即相当于图中的矩形面积 OP_0BQ_0。这两块面积的差额即图中的阴影部分面积,就是消费者剩余。

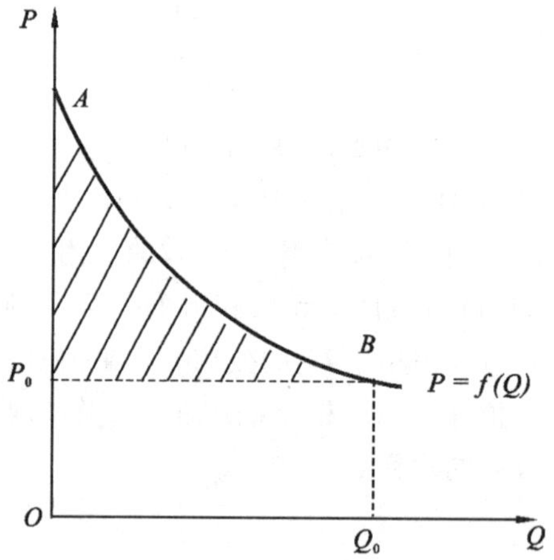

图 3-5　消费者剩余

四、收入变化对消费者均衡的影响

我们首先考察消费者收入变化而商品价格不变的情况。消费者收入的变化会推动预算线的移动,从而消费者均衡也会发生变化。如图3-6所示,最初的预算线 AB 与无差异曲线 U_1 相切于 E_1 点,决定此时,消费者的最优购买选择是购买 OX_1^1 个单位的 X_1。当消费者收入增加时,预算线向右上方平移,从 AB 移到 $A'B'$,它与一条更高的无差异曲线 U_2 相切于 E_2 点,决定此时,消费者的最优购买选择是购买 OX_1^2 个单位的 X_1。当消费者收入继续增加时,预算线继续向右上方平移,从 $A'B'$ 平移至 $A''B''$,它与一条更高的无差异曲线 U_3 相切于 E_3 点,决定此时,消费者的最优购买选择是购买 OX_1^3 个单位的 X_1。以此类推,当消费者收入持续增加时,消费者均衡位置就会持续向右移动。把这些均衡点 E_1、E_2、E_3……连接起来,就是收入-消费曲线。由此可见,收入-消费曲线(income-consumption curve),是在消费者的偏好和商品的价格不变的条件下,消费者的收入变动引起的消费者效用最大化的均衡点的轨迹。

由消费者的收入-消费曲线可以推导出恩格尔曲线。恩格尔曲线(Engel Curve)表示

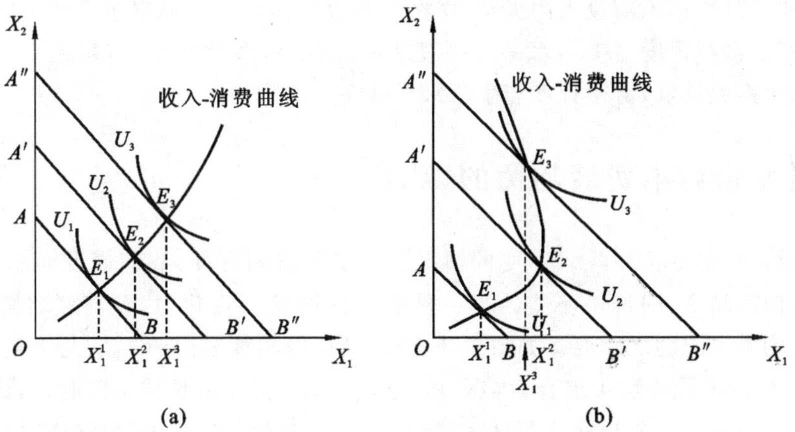

图 3-6　收入-消费曲线

一种商品的消费支出与收入之间的关系。由收入-消费曲线图可知，当收入 $I_1=OB\cdot P_{X_1}$ 时，X_1 的均衡消费量为 OX_1^1；当收入增加到 $I_2=OB'\cdot P_{X_1}$ 时，X_1 的均衡消费量为 OX_1^2；当收入增加到 $I_3=OB''\cdot P_{X_1}$ 时，X_1 的均衡消费量为 OX_1^3。收入 I 与 X_1 之间的关系如图 3-7 所示。在图 3-7 中，横轴表示 X_1 的购买量，纵轴表示消费者收入，把这种一一对应的收入和需求量的组合描绘在相应的平面坐标图中，便可以得到相应的恩格尔曲线。恩格尔曲线是上升的，说明随着收入的增加，对 X_1 的消费支出也随之增加。

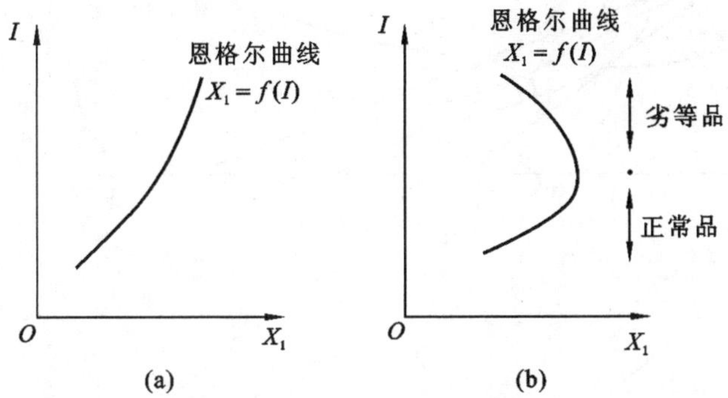

图 3-7　恩格尔曲线

图 3-6(a)和图 3-7(a)是相对应的，图中的商品 1 是正常品，商品 1 的需求量 X_1 随着收入水平的上升而增加。图 3-6(b)和图 3-7(b)是相对应的，在一定的收入水平上，图中的商品 1 由正常品转变为劣等品。或者说，在较低的收入水平范围，商品 1 的需求量与收入水平成同方向的变动；在较高的收入水平范围，商品 1 的需求量与收入水平成反方向的变动。这就是两种类型的收入-消费曲线和恩格尔曲线。

19 世纪德国统计学家恩格尔(Ernst Engel)发现，家庭对不同商品的支出比例与家庭收入高低之间有非常明显的关系。在低收入家庭中，食物的支出占收入的绝大部分，当收入逐渐增加时，食物支出占收入的比例则逐渐缩小。此种现象普遍存在于不同国家之间，我们将之称为恩格尔定律(Engel Law)。食物支出与收入之比称为恩格尔系数，所以恩格尔定律也可表述为随收入的提高，恩格尔系数是递减的。恩格尔系数可以反映一国或一个家庭的富裕程度与生活水平。一般来说，恩格尔系数越高，富裕程度与生活水平越低；恩格尔系数越低，富裕程度与生活水平越高。

五、价格变化对消费者均衡的影响

现在讨论价格变化而收入不变的情况。为了分析的方便，我们假设商品 X_1 的价格发生变化，而商品 X_2 的价格不变。当一种商品价格发生变化时，预算线将随之发生扭动，消费者均衡也会随之改变。如图 3-8 所示，最初的预算线为 AB，它与无差异曲线 U_1 相切于 E_1 点，决定最优购买组合为 OX_1^1 和 $E_1X_1^1$。当商品 1 的价格下降时，预算线向右旋转到 AB'，它与新的无差异曲线 U_2 相切于 E_2 点，决定最优购买组合为 OX_1^2 和 $E_2X_1^2$。当商品 1 的价格进一步下降时，预算线继续向右旋转，从 AB' 旋转到 AB''，它与一条更高的无差异曲线 U_3 相切于 E_3 点，决定最优购买组合为 OX_1^3 和 $E_3X_1^3$。由此可见，每当商品 1 的价格下降一次，消费者均衡位置就会移动一次。把这些均衡点 E_1、E_2、E_3……连接起来，就形成了一条曲线，它被称作价格-消费曲线（price-consumption curve）。价格-消费曲线（PCC）是指收入不变条件下商品价格变动引起的消费者均衡点移动的轨迹，它反映商品价格变化引起的需求量变动的情况。

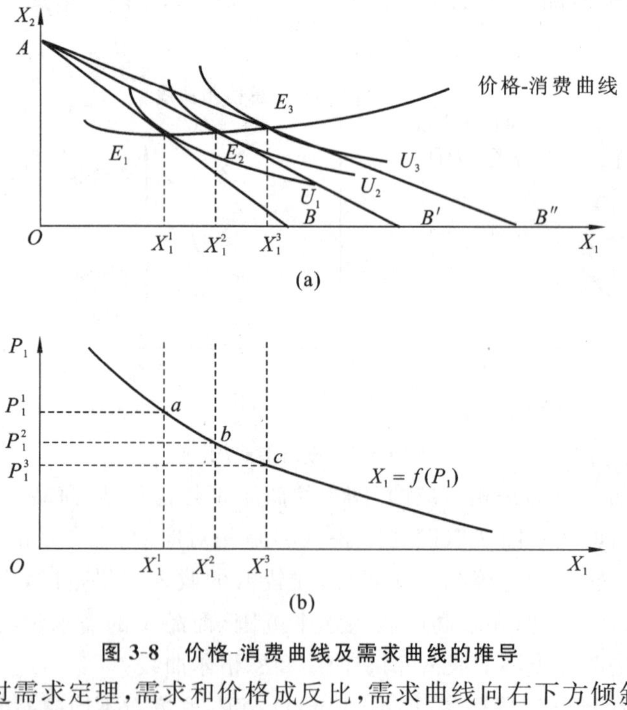

图 3-8　价格-消费曲线及需求曲线的推导

我们以前学过需求定理，需求和价格成反比，需求曲线向右下方倾斜。那么，需求曲线为什么向右下方倾斜而不是别的形状？通过消费者均衡的分析，我们现在就可以解答这个问题了。

这里研究商品 X_1 的需求曲线，其中，P_1 为 X_1 商品的价格，Q_1 为 X_1 商品的购买量。

则 X_1 商品的需求曲线就是把 P_1 的各个数值与各个均衡点所决定的(相应) Q_1 的各个数值描绘在价格与需求量对应关系的平面图上，P_1 与 Q_1 各点的连线即为需求曲线。

我们根据图 3-8(a)的价格-消费曲线，分析可知，在每一个均衡点 E_1、E_2 和 E_3 上，都存在着商品 1 的价格与商品 1 的需求量之间一一对应的关系。也就是说，在均衡点 E_1，商品 1 的价格为 P_1^1，则商品 1 的需求量为 X_1^1；在均衡点 E_2，商品 1 的价格由 P_1^1 下降为 P_1^2，则商品 1 的需求量由 X_1^1 增加至 X_1^2；在均衡点 E_3，商品 1 的价格进一步由 P_1^1 下降为 P_1^3，则商品 1 的需求量由 X_1^1 再增加至 X_1^3。根据商品 1 的价格和需求量之间的这种对应关系，把每一个 P_1 数值和相应的均衡点上的 X_1 数值绘制在一个坐标图上，便可以得到单个消费者的需求曲线，这便是图 3-8(b)中的需求曲线 $X_1=f(P_1)$。在图 3-8(b)中，横轴表示商品 1 的数量 X_1，纵轴表示商品 1 的价格 P_1。需求曲线 $X_1=f(P_1)$ 上的 a、b、c 点分别和图 3-8(a)中的价格-消费曲线上的均衡点 E_1、E_2、E_3 相对应。由此可见，需求曲线就是消费者对一种商品最优需求量的轨迹。随着商品 1 价格的下降，对商品的最优需求量增加，所以，需求曲线向右下方倾斜。

在消费者收入和其他商品价格不变的条件下，当商品 1 的价格上升或下降时，有两种力量使商品 1 的需求量减少或增加。一是，消费者的实际收入减少或增加，从而对商品 1 的购买能力减弱或增强。二是，相对于商品 1 而言，其他商品变得更便宜或更昂贵了。经济学家把由第一种情况(实际收入减少或增加)而引起的商品 1 需求量的减少或增加，称为收入效应；而把由于第二种情况(价格相对昂贵或便宜)而引起的商品 1 的需求量减少或增加，称为替代效应。如图 3-9 所示。

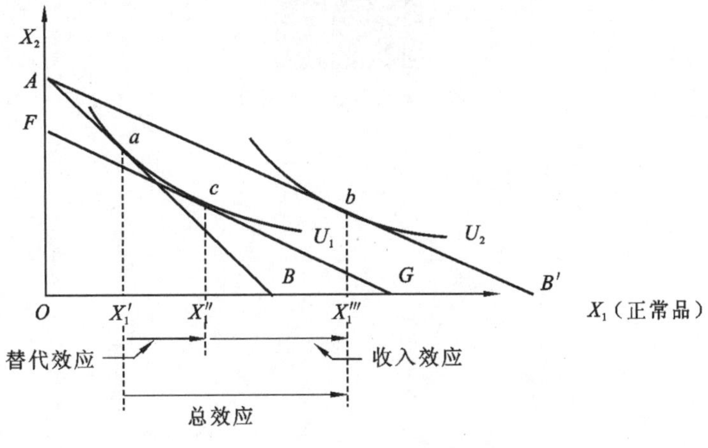

图 3-9　收入效应和替代效应

收入效应(income effect)是指因商品价格变化带来的消费者实际收入的变化而导致的需求量的变化，并且会引起效用水平变化。例如，设其他商品价格不变，当面包价格下降时，对于消费者来说，虽然货币收入不变，但是现有的货币收入的购买力增强了，也就是说实际收入水平提高了。这就意味着，可以在不减少其他商品购买量的情况下，买进更多的面包。实际收入水平的提高，会使消费者改变对这两种商品的购买量，从而达到更高的效用水平，这就是收入效应。收入效应在图形上，表现为均衡点从一条无差异曲线上移动到另一条无差异曲线上。

替代效应(substitution effect)是指由于商品价格变动所引起的其他商品相对价格的变动，进而由商品的相对价格变动所引起的商品需求量的变动。替代效应不改变消费者的效用水平。例如，面包和蛋糕二者之间存在着替代关系，假设面包的价格下降，蛋糕的价格不变，这就会让消费者感到，蛋糕相对于面包来说，较以前昂贵了。商品相对价格的这种变化，会使消费者增加对面包的购买而减少对蛋糕的购买，即用面包替代蛋糕，这样消费者对面包的需求量会增加，而对蛋糕的需求量会减少。替代效应不会改变消费者的效用水平，表现在图形上，就是均衡点在同一条无差异曲线上的移动，总效用是不变的。

思考题

1. 基数效用论是如何推导需求曲线的?
2. 序数效用论是如何说明价格-消费曲线的?
3. 用图形分析正常物品的替代效应和收入效应，并说明其需求曲线的特征。

延伸阅读

柠檬市场与信息不对称

第四章 企业的经济学思维——厂商理论

教学目的:本章分析市场的供给方面,企业为什么会产生,在生产过程中投入和产出之间存在着怎样的关系。通过本章的学习,让学生掌握生产函数的含义,总产量、平均产量和边际产量的概念及其相互关系;边际报酬递减规律;理解等产量曲线和等成本线的定义,边际技术替代率递减规律,生产要素的最佳投入组合;理解规模报酬的含义及其变动的三种情况。

教学重点和难点:企业的边界,边际报酬递减规律的含义,平均产量与边际产量的关系,等产量线的含义与特征,等成本线的含义,利润最大化的基本原则;生产者均衡条件,成本的变动规律,短期平均成本与边际成本的关系。

主要教学内容及要求:

1. 教学内容

(1)交易成本、企业、生产与生产函数。

(2)短期生产函数、边际产量递减规律。

(3)长期生产函数、无差异曲线、边际技术替代率递减规律。

2. 教学要求

了解:企业、生产要素、生产函数的含义,并将它们与总产量、边际产量和平均产量联系起来分析。

理解:边际报酬递减规律,边际技术替代率递减规律的含义,短期和长期的含义。

掌握:企业利润的含义和计算,等产量线和等成本线的含义,总收益、平均收益和边际收益的含义及关系。

熟练掌握:生产者均衡条件,利润最大化的原则及应用。

第三章对需求的决定因素做了考察,本章将分析探索供给曲线背后的原因。供给决定于成本,成本函数又决定于生产函数。

一、什么是企业?

引例:

企业发展的三阶段

企业诞生于资本主义社会,是社会生产力发展到一定水平的成果,是商品生产与商品交换的产物。随着生产力的发展、社会的进步,企业形式也得到不断发展与完善。企业的演进主要经历三个阶段。一是工场手工业时期,即从封建社会的家庭手工业到资本主义初期的工场手工业时期。16 世纪至 17 世纪,一些西方国家的封建社会制度向资本主义制度转变,资本主义原始积累加快,大规模地剥夺农民的土地,使家庭手工业急剧瓦解，开始向资本主义工场制转变，工场手工业是企业的雏形。二是工厂制时期。18世纪，西方各国相继开展了工业革命，大机器的普遍采用为工厂制的建立奠定了基础。1771年，英国人理查德·阿克耐特创立了第一家棉纱工厂。19世纪三四十年代工厂制度在英、德等国家普遍建立。工厂制的重要性是：实行大规模的集中劳动；采用大机器提高效率生产；实行雇佣工人制度；劳动分工深化，生产走向社会化。工厂制的建立，标志着企业的真正诞生。三是现代企业时期。19世纪末20世纪初，随着自由资本主义向垄断资本主义过渡，工厂自身发生了复杂又深刻的变化。不断采用新技术，使生产迅速发展；生产规模不断扩大，竞争加剧，产生了大规模的垄断企业；经营权与所有权分离，形成职业化的管理阶层；普遍建立了科学的管理制度，形成了一系列科学管理理论，从而使企业走向成熟，成为现代企业。

资料来源：吕秉梅，瞿丽.微观经济学原理及应用[M].南京：南京大学出版社，2015：107-108.

(一)企业的本质

新古典经济学认为，生产者是完全理性的经济人。生产者的生产目的就是逐利，获得最大利润。经济学也就一直在这样的假定下分析企业行为。然而，1937年，新制度经济学派从一个全新的视角，探讨了企业存在的原因及其本质。

小链接：罗纳德·哈里·科斯(Ronald H. Coase)

英国经济学家，新制度经济学的鼻祖，曾提出“科斯定理”，1991年荣获诺贝尔经济学奖。科斯对经济学的贡献主要体现在他的《企业的性质》和《社会成本问题》之中。《企业的性质》以交易成本概念解释企业规模；《社会成本问题》主张完善产权界定可解决外部性问题，该文的发表标志着现代法与经济学诞生。科斯不但启发了大批后续论著诞生，而且促成了经济学中新制度经济学、法学中经济分析法学两大学派的创立和发展。[①]

1937年，科斯发表了开创性论著《企业的性质》，创造性地利用交易成本分析了企业与市场的关系，阐述了企业存在的原因。企业的本质是什么？科斯认为，企业是一种生产组织形式，它是一种替代市场进行资源配置的组织。因此，同一项交易，既可以通过市场的组织形式来进行，也可以通过企业的组织形式来实现。为什么企业和市场可以同时并存呢？是因为有时以市场来组织，交易成本更小；有时以企业为单位来交易，成本更小。

那到底什么是交易成本呢？

人的社会经济活动包括生产活动和交易活动。生产活动是人与自然之间的关系，交易活动是人与人之间的关系，二者共同构成了经济活动的全部。在生产活动中，实现经济目的的成本被称作生产成本；同理，在交易活动中，实现经济目的的成本就是交易成本。

交易成本包括获得和处理市场信息的费用，搜集有关价格分布、产品质量和劳动投入、寻找潜在的买者和卖者、了解他们的行为和所处的环境的费用，这是交易准备阶段的

① 百度百科。

费用;还有"市场上发生的每一笔交易的谈判和签约的费用",其中包括了讨价还价,订立合约,监督合约签订者,了解他们是否遵守合约条款,以及当合约签订者不承担他们的义务时,强制执行合约,并发现所造成的损失等方面的费用。也就是说,除了生产成本以外的所有费用都可以被称为交易成本。

市场和企业作为两种不同的交易形式,各有优势。在现实生产生活中,由于信息不对称,交易双方无法获取完全信息,所以契约的任何一方总会想方设法去搜集尽可能多的信息,监督对方的行为,并设法事前约束和事后惩罚对方的违约行为等。这些行为都会导致交易成本的增加。尤其是在市场交易过程中,交易成本往往非常高。为了降低交易成本,人们往往会采取企业这种组织形式,通过契约合同的方式,和上下游企业建立长期合作模式,让一部分市场交易内部化。

(二)企业及其组织形式

在西方经济学中,企业亦称生产者或厂商,它是指能够做出统一的生产决策的单个经济单位。企业主要采取三种组织形式:个人企业、合伙制企业和公司制企业。

个人企业指单个人独资经营的企业组织。个人企业家往往同时也是所有者和经营者。个人企业主的利润动机明确、强烈,决策自由、灵活,企业规模小,易于管理。但个人企业资金有限,限制了生产的发展,而且也较易于破产。

合伙制企业指两个人及以上合资经营的企业组织。相对个人企业而言,合伙制企业的资金较多,规模较大,比较易于管理,分工和专业化得到加强。但由于多人所有和参与管理不利于协调和统一,资金和规模仍有限,在一定程度上不利于生产的进一步发展,合伙人之间的契约关系欠稳定。

公司制企业指按公司法建立和经营的具有法人资格的企业组织。它是一种重要的现代企业组织形式。公司由股东所有,公司的控制权在董事监督下的管理层手中。在资本市场上,公司制企业是一种非常有效的融资组织形式,它主要利用发行债券和股票来筹集资金。其中公司债券是由公司做出的债权凭证,或者说它是以公司做出在将来某一特定时间偿还一定的固定数量的货币、并按期付息的许诺方式,从居民户或其他企业那里借款。债券所有人不是公司的所有者,也不参加管理。公司股票是由公司发行的,是一定数量的、具有一定票面价值的投资凭证,股票所有者是公司的股东。股东是公司的所有者,股东有权利参加公司的管理和索取公司利润,也有义务承担公司的损失。由于公司制企业能够通过发行债券和股票的形式筹集大量的资金,所以公司制企业的资金雄厚,有利于实现规模生产,也有利于进一步强化分工和专业化,而且公司的组织形式相对稳定,有利于生产的长期发展。但公司组织往往可能由于规模庞大,给内部的管理协调带来一定的困难。给公司所有权和管理权的分离也带来一系列的问题,特别是管理者在经营上能否符合所有者意愿的问题。

(三)企业行为准则——追求最大利润

在微观经济学中一般总是假定企业的目标是追求最大的利润,这一基本假定是理性经济人的假定在生产理论中的具体化。但是在现实经济生活中,企业有时并不一定选择实现最大利润的决策。

在信息不完全的条件下，企业面临的市场需求可能是不确定的，而且企业也有可能对产量变化所引起的生产成本的变化情况缺乏准确的了解。于是企业长期生存的经验做法也许就是实现销售收入最大化或市场销售份额最大化，以此取代利润最大化的决策。

更为一般的情况是在现代公司制企业组织中，企业的所有者往往并不是企业的真正经营者。企业的日常决策是由企业所有者的代理人经理做出的，企业所有者和企业经理之间是委托人和代理人之间的契约关系。由于信息的不完全性，尤其是信息的不对称性，所有者并不能完全监督和控制公司经理的行为，经理会在一定的程度上偏离企业的利润最大化的目标而追求其他一些有利于自身利益的目标。例如，经理会追求自身效用最大化：他们并不一定很努力工作，而是追求豪华舒适的办公环境，讲究排场；他们也可能追求销售收入最大化和销售收入持续增长，一味扩大企业规模以此来扩张自己的特权和增加自己的收入，并提高自己的社会知名度；他们也可能只顾及企业的短期利益，而牺牲企业的长期利润目标等。

但是，经理对利润最大化目标的偏离会受到制约。例如，如果经理经营不善，企业效率下降，公司的股票价值就会下降，投资者就会抛售公司股票。在这种情况下，企业就有可能被其他投资者低价收购，或者董事会直接解雇经营不善的经理。总之，经理的职位将难以保住，而且被解雇的经理再寻找合适的工作，往往是很困难的。

更重要的是，西方经济学家指出，不管在信息不完全条件下制定实现利润最大化的策略有多么困难，也不管经理偏离利润最大化目标的动机有多么强烈，有一点是很清楚，在长期，一个不以利润最大化为目标的企业终将被激烈的市场竞争所淘汰。所以，实现利润最大化是一个企业在竞争下生存的基本准则。

二、生产函数

(一)生产与生产要素

企业在生产中要投入多种生产要素，并将它们组合起来以生产出产品，所以，企业进行生产的过程，就是从投入生产要素到生产出产品的过程。企业一方面通过生产要素需求与生产要素市场密切联系，另一方面通过产品供给与产品市场紧密联系。

生产要素是指生产中所使用的各种资源。在西方经济学中，生产要素一般被划分为劳动、土地、资本和企业家才能四种类型。第一是劳动，劳动指人类在生产过程中提供的体力和智力的总和。劳动，尤其是劳动者的智力投入是提高生产效率的重要因素，劳动的价格是工资。第二是土地，土地不仅指土地本身，还包括地上和地下的一切自然资源，如森林、江河湖泊、海洋和矿藏等，土地的价格是地租。第三是资本，资本可以表现为实物形态或货币形态。资本的实物形态又称为资本品或投资品，如厂房、机器设备、动力燃料、原材料等；资本的货币形态通常称为货币资本，资本的价格是利息。第四是企业家才能，它是指企业家组织建立和经营管理企业的才能。企业家通过对生产要素的运用，使企业可以提供各种实物产品，如房屋、食品、机器、日用品等，也可以提供各种无形产品即劳务，如理发、医疗、金融服务、旅游服务等，企业家才能的价格是用正常利润来表示的。

(二)生产函数

生产过程中生产要素的投入量和产品的产出量之间的关系，可以用生产函数来表示。生产函数表示在一定时期内，在技术水平不变的情况下，生产中所使用的各种生产要素的数量与所能生产的最大产量之间的关系。假定用 $X_1, X_2, \cdots, X_n$ 顺次表示某产品生产过程中所使用的 n 种生产要素的投入数量，用 Q 表示在一定技术条件下所能生产的最大产量，则该企业生产的生产函数可以写成以下形式：

$$Q=f(X_1, X_2, \cdots, X_n)$$

该生产函数表示，在一定时期内，在既定的生产技术水平下的生产要素组合 $(X_1, X_2, \cdots, X_n)$ 所能生产的最大产量为 Q。

在经济学的分析中，为了简化起见，通常假定生产中只使用劳动和资本这两种生产要素。如果以 L 表示劳动投入量，以 K 表示资本投入量，则生产函数可以表示为：

$$Q=f(L, K)$$

这种描述生产中劳动和资本的投入和产出之间关系的表达式，普遍适用于各种生产过程之中。例如，生产车间里，一定数量的工人与一定数量的机器的组合所能生产的产品数量；一定面积的店面与美甲师的组合所能提供的美甲服务等。一家工厂必然具有一个生产函数，一家饭店也是如此，甚至一所学校或医院同样会存在着各自的生产函数。估算和研究生产函数，对经济理论研究和生产实践都具有一定意义。这也是很多经济学家和统计学家对生产函数感兴趣的原因。

(三)一些具体的生产函数

1. 短期与长期

微观经济学的生产理论可以分为短期生产理论和长期生产理论。如何区分短期生产和长期生产呢？短期指生产者来不及调整全部生产要素的数量，至少有一种生产要素的数量是固定不变的时间周期；长期指生产者可以调整全部生产要素的数量的时间周期。相应地，在短期内，生产要素投入可以区分为不变投入和可变投入。生产者在短期内无法进行数量调整的那部分要素投入是不变要素投入，如机器设备、厂房等。生产者在短期内可以进行数量调整的那部分要素投入是可变要素投入，如劳动、原材料、燃料等。在长期，生产者可以调整全部的要素投入，比如生产者可以根据企业经营状况，缩小或扩大生产规模，甚至还可以加入或退出一个行业的生产。由于在长期，所有的要素投入量都是可变的，因而也就不存在可变要素投入和不变要素投入的区分。

在这里，短期和长期的划分是以生产者能否变动全部要素投入的数量作为标准的。对于不同的产品生产，短期和长期的界限规定是不相同的。例如，变动一个大型炼油厂的规模可能要 3 年的时间，而变动一个包子铺的规模可能仅需要 1 个月的时间。即前者的短期和长期的划分界线为 3 年，而后者仅为 1 个月。微观经济学通常以一种可变生产要素的生产函数考察短期生产理论，以两种可变生产要素的生产函数考察长期生产理论。

2. 柯布-道格拉斯生产函数

柯布-道格拉斯(Cobb-Dauglas)生产函数是由数学家柯布和经济学家道格拉斯于20世纪30年代初一起提出来的。柯布-道格拉斯生产函数被认为是一种很有用的生产函数。由于该函数具有许多经济学分析中所关心的良好性质，因此，它在经济理论的分析和实证研究中得到了普遍使用。该生产函数的一般形式：

$$Q=AL^{\alpha}K^{\beta}$$

式中，Q代表产量；L和K分别代表劳动和资本的投入量。A为规模参数，$A>0$；α为劳动产出弹性，表示劳动所得在总产量中所占的份额($0<\alpha<1$)；β为资本产出弹性，表示资本所得在总产量中所占的份额($0<\beta<1$)。

根据柯布和道格拉斯两人通过对美国1899—1922年有关经济资料的分析和估算，α值约为0.75，β值约为0.25。它说明，在这一期间的总产量中劳动所得的相对份额为75%，资本所得的相对份额为25%。

此外，根据柯布-道格拉斯生产函数中的参数α与β之和，还可以判断规模报酬的情况。若$\alpha+\beta>1$，则为规模报酬递增；若$\alpha+\beta=1$，则为规模报酬不变；若$\alpha+\beta<1$，则为规模报酬递减。

三、短期生产函数——一种可变要素

短期生产函数是可变要素比例生产函数，表示在一些要素不变的条件下，另一些要素的变动与产出的关系。首先，我们来考察一种生产要素可变而其他要素不变的情况。

(一)总产量、平均产量和边际产量

设生产某种产品只需要两种生产要素，劳动和资本，其中劳动是可变的(用L来表示)，资本是固定的(用$\overline{K}$来表示)，那么，短期生产函数可以用以下公式表示：

$$Q=f(L,\overline{K})$$

该函数表示：在资本投入量固定时，由劳动投入量变化所带来的最大产量的变化。由此，我们可以得到劳动的总产量(total product)、劳动的平均产量(average product)和劳动的边际产量(marginal product)这三个概念。总产量、平均产量和边际产量的英文简写顺次是TP、AP和MP。劳动的总产量TP_L指与一定的可变要素劳动的投入量相对应的最大产量；劳动的平均产量AP_L指平均每一单位可变要素劳动的投入量所生产的产量；劳动的边际产量MP_L指增加一单位可变要素劳动投入量所增加的产量。

类似地，对于生产函数$Q=f(\overline{L},K)$来说，它表示，在劳动投入量固定时，由资本投入量变化所带来的最大产量的变化。由该生产函数还可以得到相应的资本的总产量、资本的平均产量和资本的边际产量，分别记为TP_K、AP_K和MP_K。

总产量、平均产量和边际产量的变动规律可以借助表4-1和图4-1来说明。

在表4-1中，第一列是资本投入量，这里假定为10个单位不变；第二列是劳动投入

量，是可变的；第三列表示总产量。根据第二列和第三列数据，可以计算出第四列和第五列的平均产量和边际产量。

表 4-1　生产表

资本投入量 $\overline{K}$	劳动投入量 L	总产量 TP_L	平均产量 AP_L	边际产量 MP_L
10	0	0	0	—
10	1	8	8	8
10	2	20	10	12
10	3	36	12	16
10	4	48	12	12
10	5	55	11	7
10	6	60	10	5
10	7	60	8.6	0
10	8	56	7	-4

图 4-1 是根据表 4-1 绘制的总产量曲线、平均产量曲线和边际产量曲线。在图 4-1 中，横轴 OL 表示可变要素劳动的投入量，纵轴 OQ 表示劳动的产量。TP_L、AP_L 和 MP_L 三条曲线顺次表示劳动的总产量曲线、劳动的平均产量曲线和劳动的边际产量曲线。

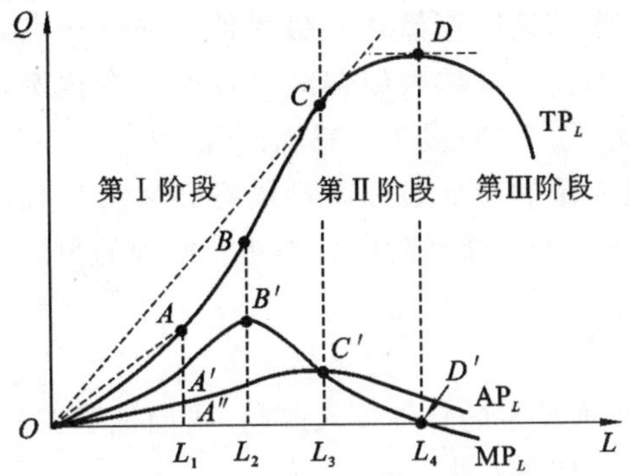

图 4-1　生产曲线

从表 4-1 和图 4-1 中，可以发现生产函数变动的一些基本特征。

(1)随着可变要素 L 的不断增加，最初，总产量、平均产量和边际产量都是上升的，但各自增加到一定程度后就开始下降。

(2)边际产量等于平均产量时，平均产量达到最大；边际产量大于平均产量时，平均产量增加；边际产量小于平均产量时，平均产量减少。

(3)边际产量上升时，总产量以递增的比率增加；边际产量下降时，总产量以递减的比率增加；边际产量等于零时，总产量达到最大；边际产量下降为负数时，总产量减少。

(二)边际报酬递减规律

由表 4-1 和图 4-1 可以清楚地看到，对一种可变生产要素的生产函数来说，边际产量表现出先上升而最终下降的特征，这一特征被称为边际报酬递减规律，有时也被称为边际产量递减规律或边际收益递减规律。

西方经济学家指出，在生产中普遍存在这么一种现象：在技术水平不变的条件下，在连续等量地把某一种可变生产要素增加到其他一种或几种数量不变的生产要素上去的过程中，当这种可变生产要素的投入量小于某一特定值时，增加该要素投入所带来的边际产量是递增的；当这种可变要素的投入量连续增加并超过这个特定值时，增加该要素投入所带来的边际产量是递减的。这就是边际报酬递减规律。边际报酬递减规律是短期生产的一条基本规律。例如，对于给定的10公顷麦田来说，在技术水平和其他投入不变的前提下，考虑使用化肥的效果。如果只使用1公斤化肥，可想而知，这1公斤化肥带来的总产量的增加量，即边际产量是很小的，可以说是微不足道的。但随着化肥使用量的增加，其边际产量会逐步提高，直至达到最佳的效果，即最大的边际产量。但必须看到，若超过化肥的最佳使用量后，还继续增加化肥使用量，就会对小麦生长带来不利影响，化肥的边际产量就会下降。过多的化肥甚至会烧坏庄稼，导致负的边际产量。

从理论上讲，边际报酬递减规律成立的原因在于：对于任何产品的短期生产来说，可变要素投入和固定要素投入之间都存在着一个最佳的数量组合比例。在开始时，由于不变要素投入量给定，而可变要素投入量为零。因此，生产要素的投入量远远没有达到最佳的组合比例。随着可变要素投入量的逐渐增加，生产要素的投入量逐步接近最佳的组合比例，相应的可变要素的边际产量呈现出递增的趋势。一旦生产要素的投入量达到最佳的组合比例时，可变要素的边际产量达到最大值。在这一点之后，随着可变要素投入量的继续增加，生产要素的投入量越来越偏离最佳的组合比例，相应的可变要素的边际产量便呈现出递减的趋势了。边际报酬递减规律强调的是：在任何一种产品的短期生产中，随着一种可变要素投入量的增加边际产量最终必然会呈现出递减的特征，或者说该规律提醒人们要看到在边际产量递增阶段后必然会出现的边际产量递减阶段。

(三)生产的三个阶段

为了确定一种可变生产要素的合理投入区间，我们把可变生产要素投入与生产产量之间的关系分为三个阶段，如图4-1所示。

在生产的第Ⅰ阶段，劳动投入在$O \sim L_3$的范围。在这一阶段，劳动投入增加所带来的总产量、平均产量都在增加，劳动的边际产量MP_L始终是大于劳动的平均产量AP_L的。产量曲线的特征为劳动的平均产量AP_L始终是上升的且达到最大值；劳动的边际产量MP_L上升达最大值，然后开始下降，劳动的边际产量MP_L始终大于平均产量AP_L；劳动的总产量TP_L始终是增加的。这表明，在这一阶段，不变要素资本的投入量相对过多，生产者增加可变要素劳动的投入量是有利的。或者说生产者只要增加可变要素劳动的投入量，就可以较大幅度地增加总产量。因此任何理性的生产者都不会在这一阶段停止生产，而是连续增加可变要素劳动的投入量以增加总产量，并将生产扩大到第Ⅱ阶段。

生产的第Ⅱ阶段，劳动投入在$L_3 \sim L_4$的范围内，劳动的平均产量AP_L达到最大值与劳动的边际产量MP_L为零值的区间。在这一阶段内，边际产量递减，平均产量下降，资本和劳动的边际产量均为正值，资本和劳动得到有效利用。有理性的厂商会选择在第Ⅱ阶段进行生产。

生产的第Ⅲ阶段，劳动投入大于 L_4。在这一阶段，边际产量 MP_L 为负值，平均产量 AP_L 继续下降，劳动的总产量 TP_L 也呈现下降趋势。这说明，在这一阶段，可变要素劳动的投入量相对过多，生产者减少可变要素劳动的投入量是有利的。因此，即使这时劳动要素是免费供给的，理性的生产者也不会增加劳动投入量，而是通过减少劳动投入量来增加总产量，以摆脱劳动的边际产量为负值和总产量下降的局面，并退回到第Ⅱ阶段。

由此可见，任何理性的生产者既不会将生产停留在第Ⅰ阶段，也不会将生产扩张到第Ⅲ阶段，所以，生产只能在第Ⅱ阶段进行。在生产的第Ⅱ阶段，生产者可以得到由第Ⅰ阶段增加可变要素投入所带来的全部好处，又可以避免将可变要素投入增加到第Ⅲ阶段而带来的不利影响，因此第Ⅱ阶段是生产者进行短期生产的决策区间。在第Ⅱ阶段的起点处，劳动的平均产量曲线和劳动的边际产量曲线相交即劳动的平均产量达最高点；在第Ⅱ阶段的终点处劳动的边际产量曲线与水平轴相交，即劳动的边际产量等于零。至于在生产的第Ⅱ阶段，生产者所应选择的利润最大化的最佳投入数量究竟在哪一点，这一问题还有待于以后结合成本、收益和利润进行深入的分析。

四、长期生产函数

接下来，我们学习长期生产理论。我们以两种可变生产要素的生产函数来讨论长期生产中可变生产要素的投入组合和产量之间的关系。

在生产理论中，为了简化分析，通常以两种可变生产要素的生产函数来考察长期生产问题。假定生产者使用劳动和资本两种可变生产要素来生产一种产品，则两种可变生产要素的长期生产函数可以写为：$Q=f(L,K)$。式中，L 为可变要素劳动的投入量，K 为可变要素资本的投入数量，Q 为产量。

（一）等产量曲线

在一定技术水平条件下，某一数量的产量可以由两种生产要素的不同组合进行生产。等产量线就是产出数量相同的两种生产要素的组合点的轨迹，如图 4-2 所示。图中有三条等产量曲线，它们分别代表 50、100、150 单位产量的劳动和资本的组合。例如，生产 50 个单位产量，可以使用 L_1 和 K_1 的组合，也可以使用 L_2 和 K_2 的组合，也可以使用 L_3 和 K_3 的组合等。

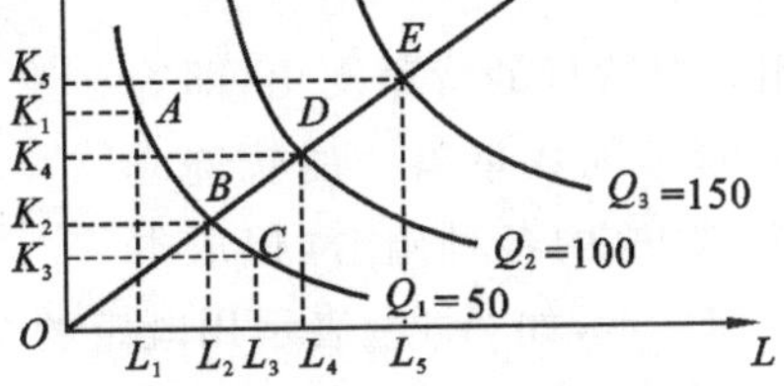

图 4-2 等产量曲线

假定资本和劳动这两种生产要素可以无限细分的话，那么，为了生产 50 单位的产品，资本和劳动可以有无数种不同组合。在坐标图上把这无数种组合的点连接起来，就形成了一条等产量曲线。

等产量曲线具有以下一些特点。

第一，同一坐标图上的任意两条等产量曲线不会相交。因为每一条等产量曲线代表着一种产量水平，两条不同的等产量曲线代表了不同的产量水平，如果它们相交，则意味着交点处的产量水平是一样的，与两条等产量曲线代表不同产量水平相违背。

第二，在同一个坐标图上可以画出许多条等产量曲线，离原点近的等产量曲线所代表的产量较低，离原点较远的等产量曲线代表的产量较高。

第三，等产量曲线向右下方倾斜，其斜率为负。因为，等产量曲线上的每一个点都代表着生产同一产量的两种投入的有效组合；同时，每增加 1 个单位某种投入的使用量，要保持产量不变，就必须相应减少另一种投入的使用量，否则，说明这一点所代表的投入组合是无效率的。

第四，等产量曲线都是凸向原点的，即两种生产要素的边际技术替代率不仅为负，而且是递减的。要生产出一定数量的产量，可以采用劳动和资本两种生产要素的不同配合比例，但是这两种生产要素的互相替代都要受到一定的约束，那就是在用资本替代劳动的时候，可以使劳动逐渐减少，但劳动投入量减少到一定程度后，再增加资本投入便不能使劳动减少。例如，在生产中，设备能代替劳动力，但设备不可能替代所有的劳动力，就属于这种情况。

（二）等成本线

在生产要素市场上，企业对投入要素的购买支付就构成了企业的生产成本。成本问题是追求利润最大化的企业必须考虑的经济问题。在分析企业长期的最优投入组合时，等成本线是一个常用的分析投入要素成本的工具，它与消费者行为分析中的预算线十分相似。等成本线是在某一特定的时期，在既定的生产成本和既定生产要素价格条件下，生产者可以购买到的两种生产要素的各种不同数量组合的轨迹。

假定企业是生产要素市场上的完全竞争者，且只使用劳动(L)和资本(K)两种可变要素。市场上既定的劳动价格即工资率为 w，既定的资本价格即利息率为 r，那么用既定的全部支出成本 C 可以购买到的劳动和资本的各种组合，用公式表示如下：

$$C=wL+rK$$

根据以上公式可以得到等成本线，如图 4-3 所示。

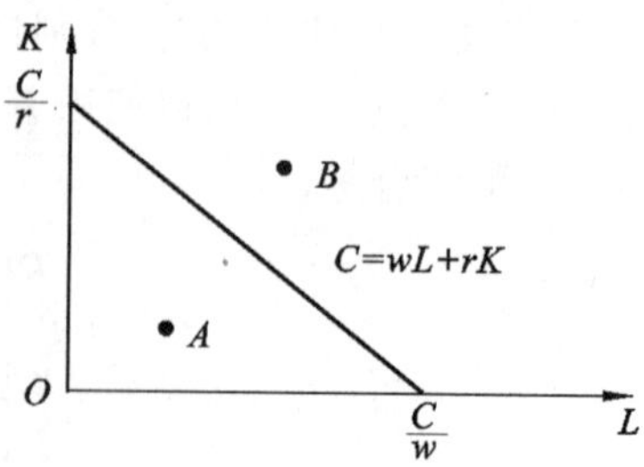

图 4-3　等成本线

等成本线是指企业运用固定数量的货币支出，即等量的成本能够购买的两种要素不同数量组合的轨迹或一条直线。在这条直线上有 L、K 的各种组合，但成本是相同的。成本线以内的任何一点，如 A 点，表示用既定的全部成本购买该点的劳动和资本的组合之后还有剩余；在等成本线以外的任何一点，如 B 点，表示用既定的全部成本购买该点的劳动和资本的组合是达不到的。

(三)生产者均衡

生产者均衡是指在既定成本下,如何实现利润最大化。当某生产者在给定的成本约束下,产出量达到最大时,该生产者就处于均衡状态。或者说,给定总成本,当达到最高的等产量曲线时,生产者就处于均衡状态,此时等产量曲线与等成本线相切。

1. 既定成本条件下的产量最大化

在两种生产要素 K 和 L 价格已知的条件下,总成本既定,就决定了一条成本线 AB,如图 4-4 所示。其中选了三条有代表性的等产量曲线 Q_1、Q_2、Q_3。从图中可以看出,a 点和 b 点所代表的生产要素组合能生产的产量为 Q_1,它比 E 点所代表的生产要素组合所能生产的产量 Q_2 要小。等成本线 AB 与等产量线 Q_3 没有共同点,所以 Q_3 所代表的产量虽然比 Q_2 大,但在既定的成本下,不可能生产出 Q_3 的产量。因此,在总成本既定的条件下,等成本线 AB 与等产量线 Q_2 相切的点 E 所代表的产量最大。

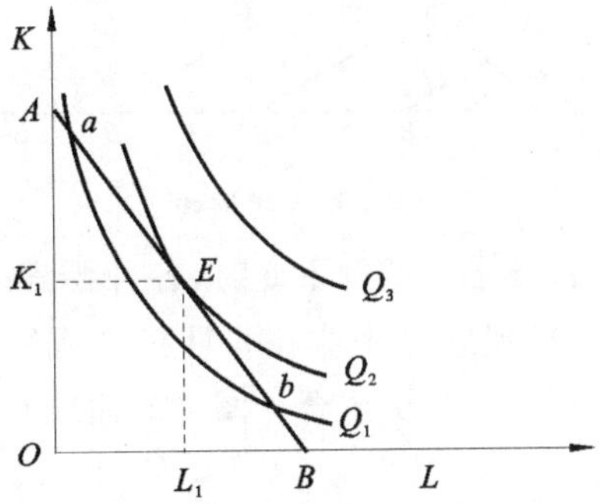

图 4-4　既定成本条件下的产量最大

2. 既定产量条件下的成本最小化

如果企业要生产的产量为既定,就决定了一条等产量曲线 Q。图 4-5 中有三条有代表性的等成本曲线。从中可以看出,对任何总成本小于 $A'B'$ 的生产要素投入,都不可能生产出 Q 产量。AB 所代表的等成本线和等产量曲线 Q 的交点 a、b 所代表的生产要素组合能够生产出 Q 产量,但这些生产要素组合的成本要比 E 点所代表的总成本大。只有等成本线和等产量线相切的 E 点,才是能生产出 Q 产量的最小成本的生产要素组合。

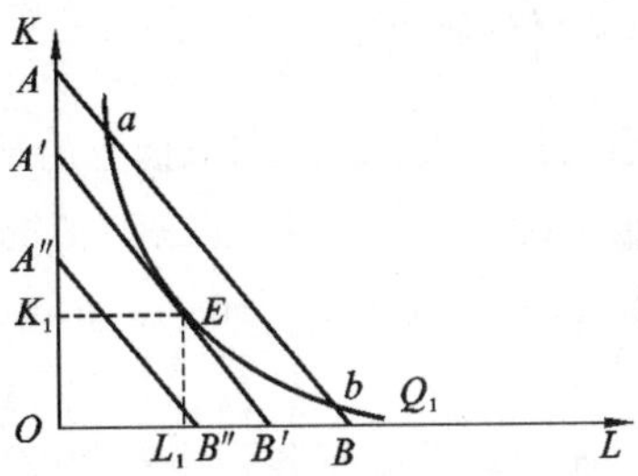

图 4-5　既定成本条件下的产量最小

(四)扩展线

在其他条件不变时,当生产的产量或成本发生变化时,企业会重新选择最优的生产要素组合,在变化了的产量条件下实现最小成本,或在变化了的成本条件下实现最大产量。扩展线(expansion path curve)就是在生产要素的价格、生产函数和其他条件不变时,当生产成本或产量发生变化而形成的生产均衡点的轨迹。如图 4-6 所示,企业的不同产量水平分别用 Q_1、Q_2、Q_3 的等产量线来表示,三条等产量线分别与等成本线 AB、$A'B'$、$A''B''$ 相切于 E_1、E_2、E_3 点,每个切点都是生产相应产量要素的最小成本组合点,连接这些组合点就是扩展线。

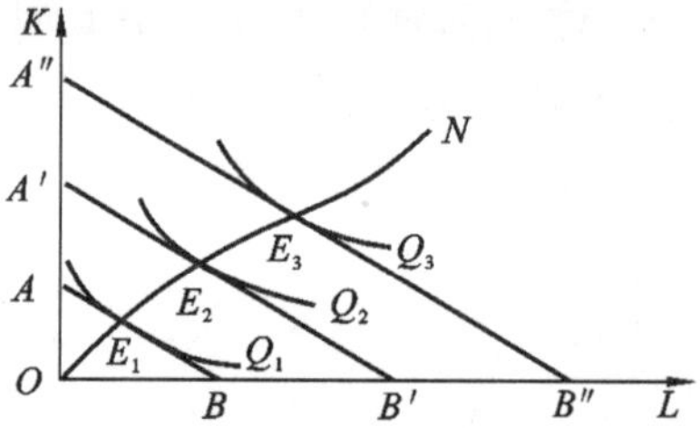

图 4-6 扩展线

扩展线表明,在要素价格、技术等条件不变时,各种要素的投入量是如何随着产量的变化而变化的。同时也表明,扩展线是企业在长期扩大或缩减生产时必须遵循的路线,离开扩展线的生产要素组合都不是最优组合。图中的曲线 ON 就是一条扩展线。

五、什么是规模报酬?

(一)规模报酬的含义是什么?

规模报酬(returns to scale)也称为规模收益,研究的是企业的生产规模变化与所引起的产量变化之间的关系。通常以全部生产要素都以相同比例发生变化来定义企业的生产规模变化。

(二)规模变了,报酬会如何变化?

规模报酬变化是指在其他条件不变的情况下,企业内部各种生产要素按相同比例变化时产量的变化情况。规模报酬变化可分为以下三种情况:规模报酬不变(constant returns to scale)、规模报酬递增(inscreasing returns to scale)和规模报酬递减(decreasing returns to scale)。如图 4-7 所示。

规模报酬不变是指产量增加的比例等于各种生产要素增加的比例,即如果各生产要素投入均增长 t 倍,其产出也增长 t 倍。这说明,所有投入均按照同样的方式重新组织生产,产量会以相等比例增长。在图 4-7(a)中,从 A 点到 B 点,要素 L 和 K 扩大 2 倍,Q 也扩大 2 倍;从 B 点到 C 点,要素 L 和 K 扩大 3 倍,Q 也扩大 3 倍,因此 $OA=AB=BC$。

规模报酬递增是指产量增加的比例大于各种生产要素投入增加的比例，即如果各生产要素投入均增长 t 倍，其产出增长将大于 t 倍。在图 4-7(b)中，从 D 点到 E 点，Q 从 100 增加到 200，要素 L 和 K 的投入量不到 2 倍；从 E 点到 F 点，Q 增加到 300，但要素 L 和 K 投入小于 3 倍，因此 $OD>DE>EF$。产生规模报酬递增的主要原因有以下两点：一是专业分工与协作程度的提高，较大的生产规模可以使工人提高专业化和分工程度，并能够使用更加专门的特殊的机器和工具从事某些特殊工作，这可以大大提高劳动生产率；二是某些技术和投入的不可分性，有些技术和投入，如电子计算机、自动化装配线，只能在经营规模或产量足够大时才有可能使用。所以，一个较大的工厂可能比规模相同的两个小工厂更有效率，因为它可以利用小工厂不能利用的某些技术和投入。

规模报酬递减是指产量增加的比例小于各种生产要素投入增加的比例，即如果各生产要素投入均增长 t 倍，其产出增长会小于 t 倍。在图 4-7(c)中，从 G 点到 H 点，Q 从 100 增加到 200，要素的投入量却大于 2 倍；从 H 点到 I 点，Q 增加到 300，但要素投入大于 3 倍，因此 $OG<GH<HI$。产生规模报酬递减的主要原因是由于企业生产规模过大，使生产的各方面难以协调，从而降低了生产效率。此外，随着管理层次的增加，信息在从工人到最高管理层以及相反的传递过程中会损失或失真，这不仅会使通信联系的渠道变得更加复杂和难以把握，还会出现搭便车的现象，员工的努力程度会下降。

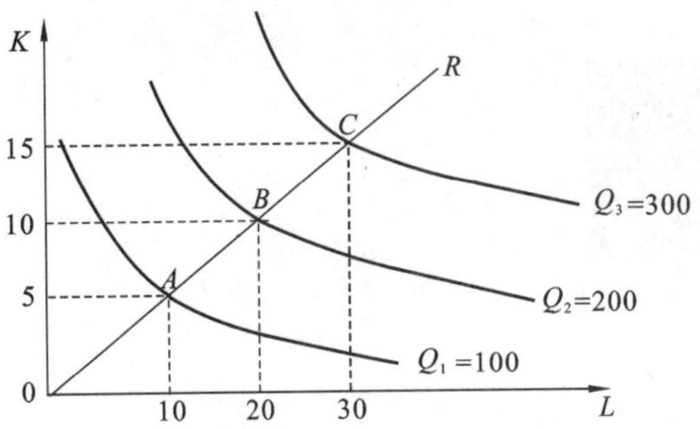

(a) 规模报酬不变：$OA=AB=BC$

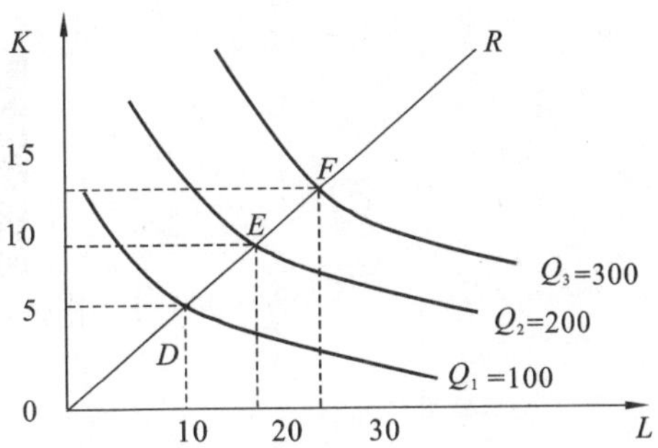

(b) 规模报酬递增：$OD>DE>EF$

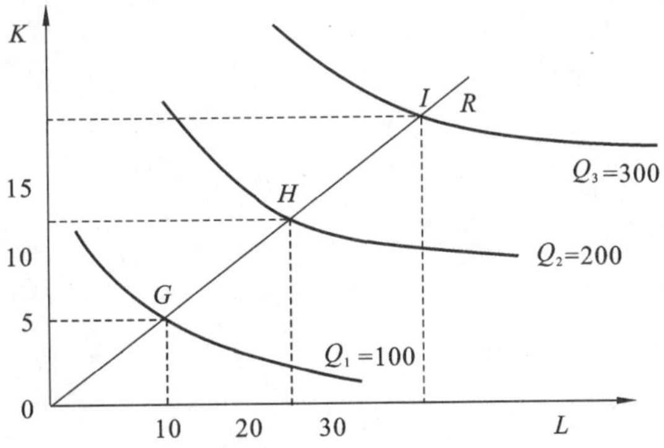

(c) 规模报酬递减：$OG<GH<HI$

图 4-7 规模报酬

需要注意的是，规模报酬递减和边际报酬递减规律之间并不存在任何关系。规模报酬递减发生在所有生产要素的数量都以一定的比例变化时；而边际报酬递减规律则发生在其他要素投入固定不变，仅有一种投入要素改变的时候，它对于不同生产函数具有同样的作用，无论该生产函数是规模报酬不变、规模报酬递增还是规模报酬递减的。

规模报酬变化一般呈现出如下规律：当企业从最初很小的生产规模开始逐步扩大时，面临的是规模报酬递增阶段。在企业得到了由生产规模扩大所带来的产量递增的全部好处后，一般会继续扩大生产规模，将生产保持在规模报酬不变阶段。规模报酬不变阶段可能会比较长，此后，企业若继续扩大生产规模，将进入规模报酬递减阶段。

思考题

1. 用图示说明企业如何在既定成本约束下，实现最大产量？
2. 用图示说明企业如何在既定产量条件下，实现最小成本？
3. 请探讨从企业的角度出发，怎样做才能获取最大利润？

延伸阅读

控制成本的几则小故事

第五章 不同市场类型下的企业行为——市场结构

教学目的:本章分析几种不同类型的市场类型,特别是完全竞争市场和完全垄断市场这两种情况下企业的利润最大化目标是如何实现的。通过本章的学习,让学生了解几种不同类型的市场结构,掌握完全竞争市场和完全垄断市场下企业的利润最大化目标如何实现,理解垄断条件的形成和对垄断企业的管制。

教学重点和难点:几种不同类型市场的特点和定价原则,利润最大化的实现,垄断企业的管制。

主要教学内容及要求:

1. 教学内容

(1)市场结构和利润最大化。

(2)什么是完全竞争市场。

(3)什么是完全垄断市场。

(4)什么是垄断竞争市场。

(5)什么是寡头垄断市场。

(6)不同类型市场间的区别。

厂商涨价是否能如愿?

2. 教学要求

了解:市场结构的含义和区别。

理解:完全竞争和完全垄断行业特征。

掌握:完全竞争,完全垄断,垄断竞争和寡头垄断竞争的含义;完全竞争的个体企业的利润最大化目标,并说明企业通过何种决策原则来实现这一目标;垄断形成的条件,垄断企业的管制。

熟练掌握:完全竞争、完全垄断、垄断竞争和寡头垄断竞争的含义和区别。

一、市场结构和利润最大化

(一)什么是市场? 什么是市场结构?

市场是社会分工和商品交换的产物,哪里有社会分工和商品交换,哪里就有市场。什么是市场? 简而言之,市场就是商品交换的场所。市场可以是有形的,比如超市、商城、商店、菜场等,也可以是无形的,尤其是随着通信技术的发展,很多交易可以直接在网上进行。从本质上讲,市场就是通过交易双方自行商议来确定交易价格和交易数量的一种组织形式或制度安排。

什么是市场结构呢? 市场结构有狭义和广义之分。狭义指买方构成市场,卖方构成行业；广义是指一个行业内部，买方和卖方的数量及其规模分布、产品差别的程度和新企业进入该行业的难易程度的综合状态，也可以说是某一市场中各种要素之间的内在联系及其特征，包括市场供给者之间、需求者之间、供给和需求者之间以及市场上现有的供给者、需求者与正在进入该市场的供给者、需求者之间的关系。

(二)市场结构如何划分?

划分一个行业属于什么类型的市场结构，主要依据以下三个方面。

第一，该行业内部的生产者数目或企业数目。如果该行业就一家企业，那就可以划分为完全垄断市场；如果只有少数几家大企业，那就属于寡头垄断市场；如果企业数目很多，则可以划入完全竞争市场或垄断竞争市场。一个行业内企业数目越多，其竞争程度就越激烈；反之，一个行业内企业数目越少，其垄断程度就越高。

第二，该行业内各企业生产者的产品差别程度。这是区分垄断竞争市场和完全竞争市场的主要方面。

第三，进入障碍大小。进入障碍，是指一个新的企业要进入某一行业所遇到的阻力，也可以说是资源流动的难易程度。一个行业的进入障碍越小，其竞争程度越高；反之，一个行业的进入障碍越大，其垄断程度就越高。

根据这三个方面因素的不同特点，将市场划分为完全竞争市场、垄断竞争市场、寡头垄断市场和完全垄断市场四种市场结构。

四种市场结构中，完全竞争市场竞争最为充分，完全垄断市场不存在竞争，垄断竞争和寡头垄断具有竞争但竞争又不充分。

四种市场结构的划分及其相应特征可以用表 5-1 来概括。

表 5-1　市场结构的划分

市场类型	企业数目	产品差别程度	价格控制程度	进出行业的难易程度	举例
完全竞争	很多	完全无差别	没有	很容易	一些农产品
垄断竞争	很多	有差别	有一些	比较容易	一些日用品
寡头垄断	几个	有差别或无差别	相当程度	比较困难	钢、石油
完全垄断	唯一	唯一的产品且无相近的替代品	很大程度，但经常受管制	很困难，几乎不可能	公用事业，如水、电

(三)企业的经营原则是什么?

企业的经营目标不是追求产量最大化，也不是追求成本最小化，而是追求利润最大化。要使利润达到最大，就需要把企业的成本和收益结合起来综合考虑。成本与企业的供给关系密切，而收益与消费者的需求联系紧密，这样，前几章对需求和供给的分析就形成了企业行为理论的基础。那么，接下来，我们要来具体分析，企业需要怎么做，才可以获得最大利润。

企业进行生产的目的就是追求利润最大化。利润来自企业的产品销售收益减去产品的生产成本后的所得。用 π 表示企业总利润，则企业总利润等于总收益和总成本之差。

$$\pi=\mathrm{TR}(Q)-\mathrm{TC}(Q) \tag{5.1}$$

其中 TR(Q)为总收益，TC(Q)为总成本。

首先，我们先来介绍企业收益这一概念。企业的收益可以分为总收益(TR)、平均收益(AR)和边际收益(MR)。

总收益指企业按一定价格出售一定数量产品时获得的全部收入。以 P 代表价格，以 Q 表示销售数量，总收益的定义公式为：

$$\mathrm{TR}(Q)=P\cdot Q \tag{5.2}$$

平均收益是指企业在平均每一单位产品销售上所获得的收入，则

$$\mathrm{AR}=\mathrm{TR}(Q)/Q \tag{5.3}$$

边际收益指企业每增加一单位产品销售所获得的总收入的增量，则

$$\mathrm{MR}=\Delta\mathrm{TR}(Q)/\Delta Q \tag{5.4}$$

从式(5.4)可知，每一销售数量水平上的边际收益值就是相应的总收益曲线的斜率。

其次，若要实现利润最大化，式(5.1)的一阶导数必为零，即

$$\frac{\mathrm{d}(\pi)}{\mathrm{d}Q}=\frac{\mathrm{d}(\mathrm{TR})}{\mathrm{d}Q}-\frac{\mathrm{d}(\mathrm{TC})}{\mathrm{d}Q}=0\text{，或者 MR}=\mathrm{MC} \tag{5.5}$$

通过上述推导，我们发现，只有当边际收益等于边际成本时，企业的利润才能达到最大。然而，在不同类型的市场结构条件下，不同的企业，面临的需求曲线和供给曲线不同，有差异。因此，我们必须区分不同的市场类型，根据市场结构的不同来分析不同背景下的企业是如何进行利润最大化决策的。

二、什么是完全竞争市场？

根据市场竞争或垄断程度，我们一般把商品市场分为四种结构：完全竞争、完全垄断、垄断竞争和寡头垄断。首先，我们来讨论完全竞争市场的企业行为。

(一)完全竞争市场有哪些特点？

完全竞争市场是指不受任何阻碍和干扰的市场结构，它具有如下特点。

第一，企业数目很多，每一个企业的销售量只占市场极小的份额，因此，没有任何一个企业能左右市场价格。

第二，产品同质。产品同质是指企业提供的是标准化的、同质的、无差别的商品。换句话说，消费者购买任何一家的产品都是一样的。在此情况下，企业只是价格的接受者，它仅能按照既定的市场价格实现属于自己的销售份额，而不可能通过调价对市场需求产生较大的影响，更不可能凭借产品差别对市场实行垄断。

第三，各种生产要素可以自由流动。各种生产要素，比如资本、劳动、土地等，可以在市场中不受阻碍地自由流动。也就意味着，任何一个企业可以自由地扩大或缩小生产规模，选择进入或退出某个行业。市场中现有企业不能任意抬高价格，只能服从于既定的市场价格，否则，其他企业将大量进入市场，随着供给量增加，市场价格将回落至均衡水平。在这样的过程中，低效率的企业将被淘汰，退出市场，保留下的都是具有效率的企业。

第四，信息是完全的。完全竞争市场中，市场信息可以在市场中不受阻碍地完全流动，企业与消费者都对有关商品的信息十分了解。在此情况下，消费者只会按照应有的市场价格选择商品，企业也只能按照应有的市场价格出售商品。信息的自由流动保证了市场活动参与者不会因为信息不通畅而在市场中采用不同的价格进行交易。

具有上述四个特点或条件的市场就叫作完全竞争市场。很显然，现实生活中很少存在这样的市场结构，它是理论上的极端情况。但是，完全竞争的概念可以作为有用的比较基准，分析完全竞争市场的企业行为具有重要的理论意义。现实生活中，有个别农贸市场在市场上的运作比较接近完全竞争。

案例：

完全竞争市场下的农产品案例

20 世纪 80 年代，为了实现“市长保证菜蓝子”的诺言，许多大城市都由政府投资修建了大型养鸡场，结果这些大型养鸡场反而竞争不过农民养鸡专业户或老太太，往往赔钱者多。为什么规模大反而不如小呢？

从经济学的角度看，这首先在于鸡蛋市场的市场结构。鸡蛋市场有三个显著的特点。第一，市场上买者和卖者都很多，没有一个买者和卖者可以影响市场价格。即使是一个大型养鸡场，在市场上占的份额也微不足道，难以通过产量来控制市场价格。用经济学术语说，每家企业都是价格接受者，只能接受整个市场供求决定的价格。第二，鸡蛋是无差别产品，企业也不能以产品差别形成垄断力量。大型养鸡场的蛋与老太太的鸡蛋没有什么不同，消费者也不会为大型养鸡场的蛋多付钱。第三，自由进入与退出，任何一个农民都可以自由养鸡或不养鸡。第四，买者与卖者都了解相关信息。这些特点决定了鸡蛋市场是一个完全竞争市场，即没有任何垄断因素的市场。

在鸡蛋这样的完全竞争市场上，短期中如果供大于求，整个市场价格低，养鸡可能亏本；如果供小于求，整个市场价格高，养鸡可以赚钱。

但在长期中，养鸡企业（包括农民和大型养鸡场）则要对供求做出反应：决定产量多少和进入还是退出。假设由于人们受胆固醇不利于健康这种宣传的影响而减少鸡蛋的消费，则价格下降，这时养鸡企业就要做出减少产量或退出养鸡业的决策。假设由于发生鸡瘟，供给减少，价格上升，原有养鸡企业就会扩大规模，其他人也会进入该行业。在长期中通过供求的这种调节，鸡蛋市场实现了均衡，市场需求得到满足，生产者也感到满意。这时，各养鸡企业实现成本（包括机会成本在内的经济成本）与收益相等，没有经济利润。

在完全竞争市场上，企业完全受市场支配。由于竞争激烈，成本被压得相当低。生产者要对市场供求变动做出及时的反应。换言之，在企业无法控制的市场上，成本压不下来或调节能力弱，都难以生存下去。大型养鸡场的不利正在于压低成本和适应市场的调节能力远远不如农民养鸡者。

资料来源：https://wenku.baidu.com/view/880cbb65094c2e3f5727a5e9856a561252d32137.html。

(二)完全竞争下的企业需求是怎样的?

在完全竞争条件下，企业只是市场价格的接受者，任何企业都不能影响市场价格，也就是说，无论它出售多少产品都不会对产品价格产生影响，它可以按照市场现行价格出售任何数量的产品。这样，完全竞争下的企业需求具有完全的弹性。

完全竞争条件下，企业的需求曲线是一条由既定市场价格出发的水平线。这些企业也是别无选择，因为消费者很容易找到替代品。如果完全竞争企业把产品价格提高1元钱，那么消费者就会去其他企业那里购买同样且更便宜的产品。同样，企业也不能期望通过降价实现薄利多销，因为其他企业也会因为客户的流失同样实施降价以进行报复。

在图5-1(b)中，d 是完全竞争企业的需求曲线，它与产品数量轴平行，其距离 OP_e 即为由行业总需求和总供给均衡决定的市场价格。在图5-1(a)中，S 为总供给曲线，D 为总需求曲线。

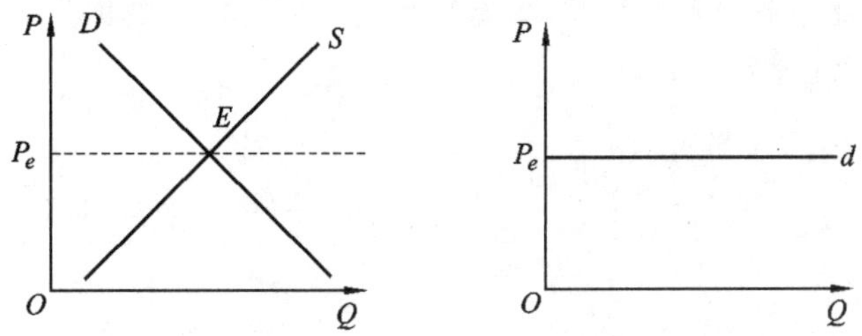

(a)完全竞争市场　　(b)完全竞争厂商

图5-1　完全竞争下的市场总需求与企业需求

在完全竞争市场上，企业出售某一数量的产品所获得的平均收益等于价格，同时，企业每增加1个单位产品销售所获得的边际收益也等于价格，因此，完全竞争企业的边际收益、平均收益与价格相等。在图5-2中可以看出，企业的需求曲线 d、平均收益曲线AR与边际收益曲线MR是同一条直线，如图5-2所示。

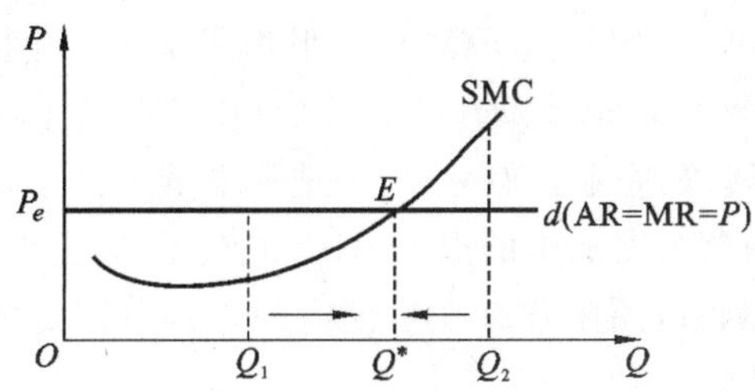

图5-2　利润最大化

(三)完全竞争企业如何实现短期均衡?

完全竞争企业要想实现利润最大化,其生产活动一定要满足 MC=MR=P_e。结合图 5-2 来看,完全竞争企业的短期生产成本曲线 SMC 和由既定价格水平 P_e 出发的水平的需求曲线 d 相交于 E 点。该点就是企业实现最大利润的生产均衡点,对应的产量 Q^* 就是企业实现最大利润时的均衡产量。具体地看,由于在完全竞争市场中,商品价格是给定的,并且在短期企业无法调整生产规模,因此只能选择调整产量来实现均衡条件。当实际产量未达到均衡产量 Q^* 水平,例如为 Q_1 时,企业的边际收益高于边际成本,即有 MR>SMC。这表明企业增加一单位产量带来的收益的增加量高于所付出的成本的增加量,也就是说,如果企业增加产量,将获得更大利润。随着产量的增加,企业的边际收益 MR 保持不变而企业的边际成本 SMC 是逐步增加的,最后,MR>SMC 的状况会趋近至 MR=SMC。在此过程中,企业得到了扩大产量所带来的全部好处,取得了他所能得到的最大利润。相反,当实际产量超过均衡产量 Q^* 水平,例如为 Q_2 时,企业的边际收益小于边际成本,即 MR<SMC,企业将减少产量以取得最大利润。由此可见,在 MR=SMC 时的产量,企业实现了均衡,不再改变其产出行为。

值得注意的是,在该产量水平上,企业并不一定处于盈利状态,也可能处于最小的亏损状态。在图 5-3(a)中,在均衡产量 Q^* 上,平均收益为 EQ^* 大于平均成本 FQ^*,企业获得利润,即图中阴影部分面积。在图 5-3(b)中,在均衡产量 Q^* 上,平均收益等于平均成本,都为 EQ^*,因此企业的利润为零,既无利润,也无亏损,也被称为企业的收支相抵点,但此时企业实现了正常利润。

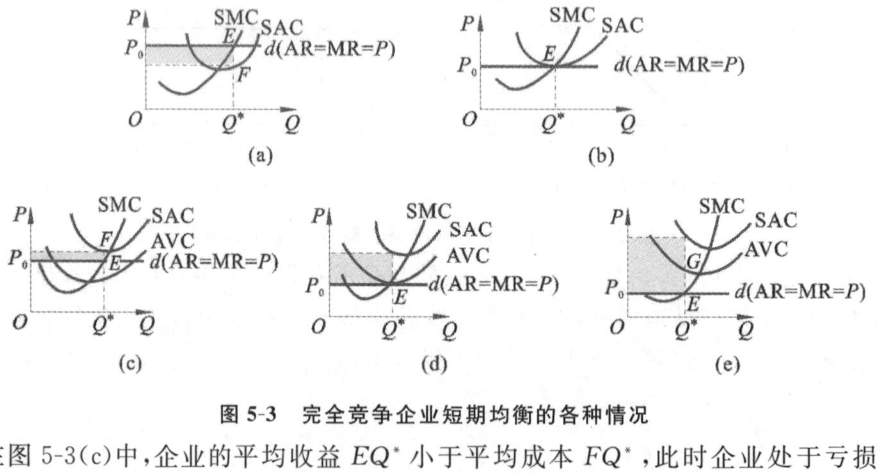

图 5-3 完全竞争企业短期均衡的各种情况

在图 5-3(c)中,企业的平均收益 EQ^* 小于平均成本 FQ^*,此时企业处于亏损状态,亏损量相当于图中的阴影部分的面积。但由于在 Q^* 的产量上,企业的平均收益 AR 大于平均可变成本 AVC,所以,企业虽然亏损,仍选择继续生产。这是因为,如果选择停止生产,将完全不能弥补短期可变成本的损失;只有继续生产,企业才能在用全部收益弥补全部可变成本以后还有剩余,用来弥补在短期内的一部分固定成本。所以,在这种亏损情况下,生产要比不生产强。

在图 5-3(d)中,企业的需求曲线 d 相切于曲线 AVC 的最低点,同时这一点恰好也是

MR＝SMC 的利润最大化的均衡点。在均衡产量 Q^* 上，企业是亏损的，其亏损相当于图中的阴影部分的面积。此时，企业的平均收益 AR 等于平均可变成本 AVC。如果企业生产的话，则全部收益只能弥补全部的可变成本，无法弥补固定成本；如果企业不生产的话，企业虽然不必支付可变成本，但是全部固定成本仍然存在。由于在这一均衡点上，企业处于关闭企业的临界点，所以，该均衡点也被称作停止营业点或关闭点。

在图 5-3(e)中，基于对前面图的分析可知，在均衡产量 Q^* 上，企业的亏损量相当于阴影部分的面积。此时，企业的平均收益 AR 小于平均可变成本 AVC，企业继续生产，所得全部收益连可变成本都无法全部弥补，同时固定成本也完全无法弥补，在此情况下企业将停止生产。

综上所述，完全竞争企业短期均衡时的各种状态，主要取决于均衡价格与平均成本之间的关系。而在短期均衡时，企业的状态可以是盈利，也可以是亏损，或利润为零。

(四)完全竞争企业如何实现长期均衡?

长期均衡，是指企业在长期生产过程中实现的均衡状态，即在长期生产时企业获利润最大化的状态。在企业长期生产过程中，所有的生产要素都是可变的，企业可以通过对全部要素的调整以实现 MR＝LMC 的均衡条件：一是通过对生产规模的调整；二是进入或退出一个行业。

首先，我们分析企业在长期生产中对最优生产规模的选择。在图 5-4 中，假定完全竞争市场的价格为 P_0。在短期内，假定企业已拥有的生产规模以 SAC_1 曲线和 SMC_1 曲线所表示。由于无法调整生产规模，企业根据短期利润最大化原则选择的最优产量为 Q_1，所获得的利润为图中较小部分的面积 FP_0E_1G。而在长期生产过程中，根据 MR＝LMC 长期利润最大化的均衡条件，企业会达到长期均衡点 E_2，并且选择 SAC_2 曲线和 SMC_2 曲线所代表的最优生产规模进行生产，相应的最优产量为 Q_2，所获得的利润为图中较大部分的面积 HP_0E_2I。很清楚，在长期，企业通过对最优生产规模的选择，使自己的状况得到改善，从而获得了比在短期内所能获得的更大的利润。然而，随着企业进出行业的选择，这种利润并不能够长期存在。

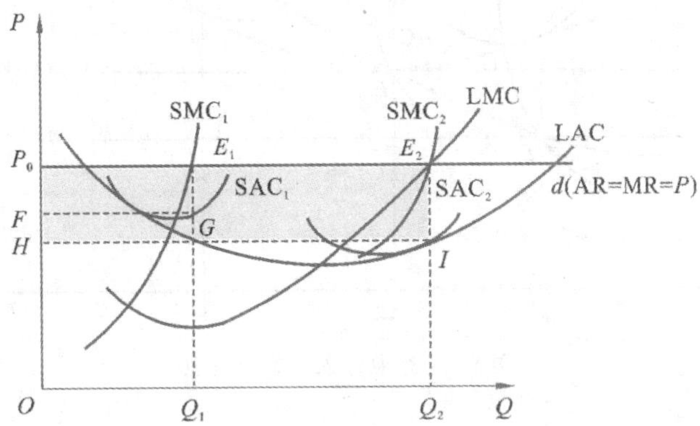

图 5-4　长期生产中企业对最优规模的选择

企业在长期生产中进入或退出一个行业，实际上是生产要素在各个行业之间的调整。生产要素总是流向能获得更大利润的行业，也总是从亏损的行业退出。正是行业之间生产要素的这种调整，使得完全竞争企业长期均衡时的利润为零。具体地说，以图 5-5 为例，如果开始时的市场价格较高为 P_1，根据 MR＝LMC 的利润最大化的原则，企业选择的产量为 Q_1，相应的最优生产规模由 SAC_1 曲线和 SMC_1 曲线所代表。此时，企业获得利润，会吸引一部分新企业进入该行业生产中来。随着行业内企业数量的逐步增加，市场上的产品供给就会增加，市场价格就会逐步下降，相应地，单个企业的利润就会逐步减少。只有当市场价格水平下降到使单个企业的利润减少为零时，新企业的进人才会停止。相反，如果市场价格较低为 P_3 时，则企业根据 MR＝LMC 的利润最大化原则选择的产量为 Q_3，相应的最优生产规模由 SAC_3 曲线和 SMC_3 曲线所代表。此时，企业是亏损的，这使得行业内原有企业中的一部分退出该行业的生产。随着行业内企业数量的逐步减少，市场的产品供给就会减少，市场价格就会逐步上升。相应地，单个企业的亏损就会减少。只有当市场价格水平上升到使单个企业的亏损消失即利润为零时，原有企业的退出才会停止。总之，不管是新企业的进入，还是原有企业的退出，最后，这种调整一定会使市场价格达到等于长期平均成本的最低点的水平，即图中的价格水平 P_2。在这一价格水平，行业内的每个企业既无利润，也不亏损，但都实现了正常利润。于是，企业失去了进入或退出该行业的动力，行业内的每个企业都实现了长期均衡，即图中的 E_2 点。在该点 LAC 曲线达最低点，相应的 LMC 曲线经过该点；企业的需求曲线 d_2 与 LAC 曲线相切于该点；代表最优生产规模的 SAC_2 曲线相切于该点，相应的 SMC_2 曲线经过该点。总之，此时完全竞争企业的生产达到长期平均成本的最低点，商品的价格也等于最低的长期平均成本。由此我们得到完全竞争企业的长期均衡条件为：

$$MR=LMC=SMC=LAC=SAC=P$$

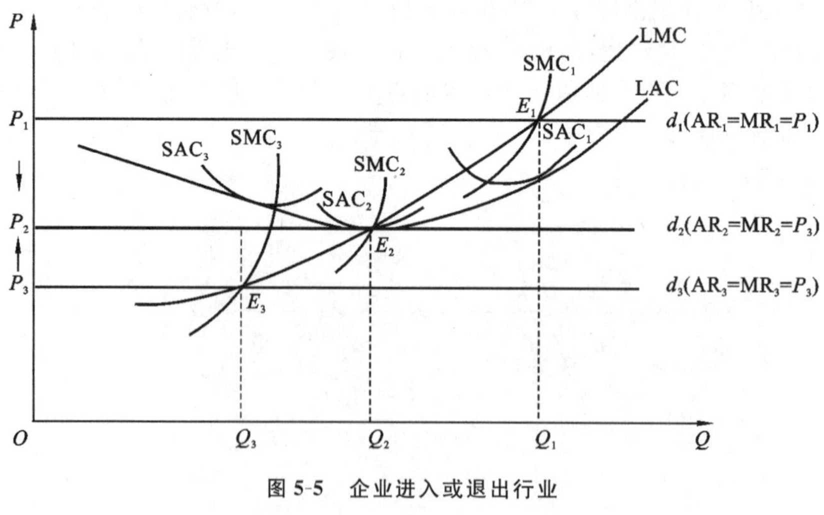

图 5-5　企业进入或退出行业

三、什么是完全垄断市场?

完全垄断市场,是指在市场中仅有唯一的一个企业,并且市场受该企业控制。完全垄断企业不是价格的接受者,而是价格的决定者。实际上,垄断企业本身就构成了一个行业。

具体来说,完全垄断市场主要有三个特点:第一,市场上只有唯一的一个企业生产和销售产品;第二,该企业提供的商品没有任何相近的替代品;第三,市场准入门槛高。排除新企业进入市场,其他任何企业进入该行业都极为困难或不可能。

在这样的市场中,排除了任何的竞争因素,独家垄断企业控制了整个行业的生产和市场的销售,所以,垄断企业可以控制和操纵市场价格。

(一)完全垄断企业的需求曲线是怎样的?

完全垄断企业不是价格的接受者,而是价格的决定者。当它减少销售量时,价格就上升,当它增加销售量时,价格就下降。因此,完全垄断企业的需求曲线不是水平的,而是向右下方倾斜的,如图 5-6 所示。*d* 是完全垄断企业的需求曲线。在完全垄断条件下,平均收益等于价格,因此,平均收益曲线 AR 与需求曲线 *d* 重合。但是,完全垄断企业的边际收益曲线 MR 不再与需求曲线重合了,而是位于需求曲线的下方,而且,随着产量的增加,边际收益曲线与需求曲线的距离越来越大,表示边际收益比价格下降得更快。

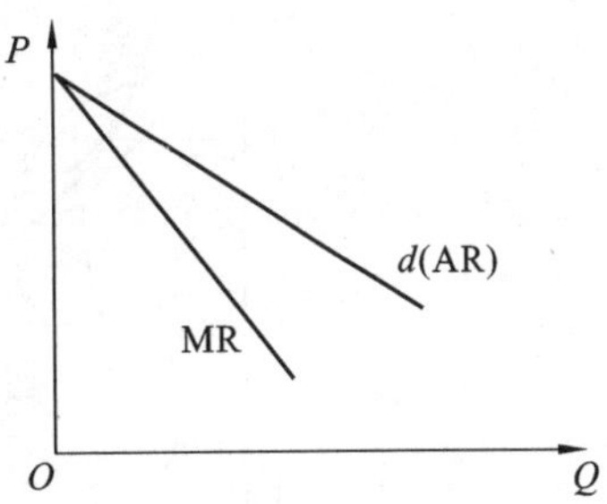

图 5-6　完全垄断下的企业需求

(二)完全垄断企业如何实现短期均衡?

在短期,由于不能改变生产规模,完全垄断企业也可能发生亏损或只获得正常利润。但是,由于垄断者能操纵市场价格,因此,即使在短期,完全垄断企业通常也能获得垄断利润,这种情况如图 5-7 所示。

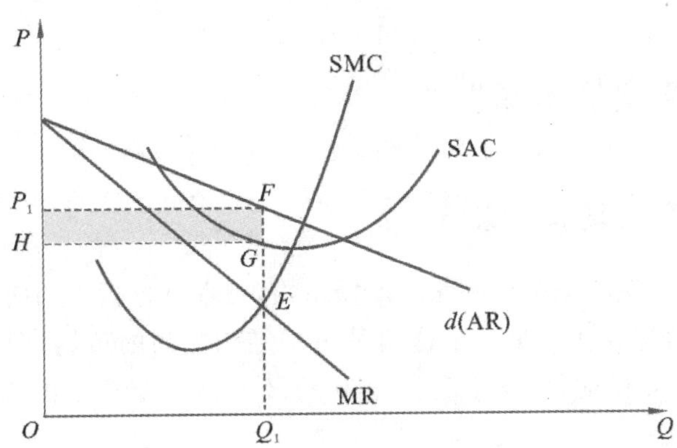

图 5-7　完全垄断企业的短期均衡

垄断企业为了获得最大的利润，也必须遵循 MR＝MC 的原则。在图 5-7 中，边际成本曲线 SMC 与边际收益曲线 MR 相交于 E 点，决定最大利润的产量是 OQ_1。在这个产量水平上，市场价格为 OP_1。总收益等于 $OQ_1 \cdot OP_1$，总成本等于 $OQ_1 \cdot OH$，垄断利润为图中阴影部分，即矩形 P_1FGH 面积。

在短期生产过程中，完全垄断企业无法改变既定的生产规模，因此同完全竞争企业一样，其获利状况也将根据价格 P 与短期平均成本 SAC 的关系而定，呈现出利润最大、利润为零、亏损最小三种情况。

(三)完全垄断企业如何实现长期均衡?

在长期，完全垄断企业的均衡条件为 MR＝LMC(见图 5-8)。在长期生产中由于市场上仅有一家企业，因此完全垄断企业可以自己决定进入或退出一个市场。当盈利或利润为零时，企业将决定留在该市场中；而当出现亏损时，企业将退出市场。因此，对于完全垄断企业而言，长期均衡只存在利润最大或利润为零两种情况。

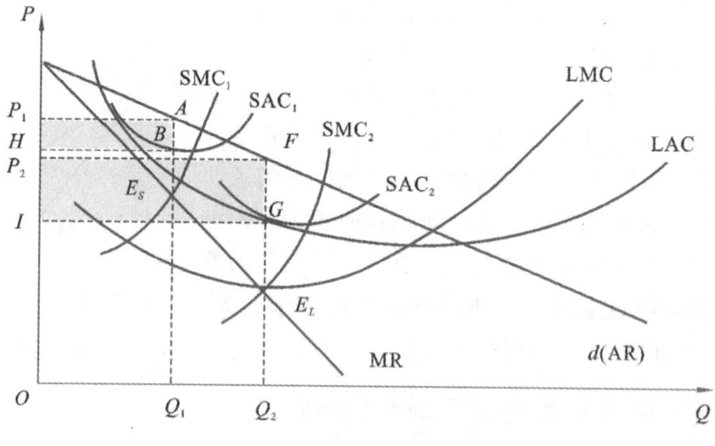

图 5-8　垄断企业的长期均衡

综上所述，完全垄断企业的短期均衡条件是 SMC＝MR，长期均衡条件是 SMC＝MR＝LMC。长期均衡和短期均衡的区别是，后者不要求长期边际成本 LMC 与边际收益相等，而前者则要求它们相等。

四、什么是垄断竞争市场?

(一)垄断竞争市场有什么特点?

完全竞争和完全垄断是两种特殊的市场结构，是理论分析中的两种理想结构。而在现实经济生活中，普遍存在的是介于这两种市场结构之间的市场，即垄断竞争市场。它是指一种既有垄断又有竞争，既不是完全垄断又不是完全竞争的市场结构，具有以下特点。

第一，企业数量众多。大量企业为了取得市场份额而相互竞争，市场上任何一家企业都没有控制市场的绝对优势，也因此没有一家企业能够直接影响市场价格。同时，因为市场上存在大量企业，所以企业间通常无法形成合谋，这也是区别于后面将要介绍的寡头垄断市场的主要特点之一。

第二，产品差异化。与完全竞争市场上商品具有同质性的特点不同，垄断竞争市场上的商品是不完全相同的。企业生产的商品或多或少区别于其他竞争企业，产品间的不完全替代性决定了每个企业都具有一定的定价能力。

第三，企业进入或退出市场较简单，基本无障碍。结合前面所学知识可知，这一特点将使单个企业在长期过程中保持利润为零。

垄断竞争结构是生活中最常见的市场类型，其垄断的特征主要体现于单个企业都具有一定的价格控制能力，而竞争则体现在各种类型的竞争手段。常见的竞争手段包括价格、质量和营销。虽然企业可以通过控制定价来竞争，但是生活中企业往往采用非价格竞争手段的竞争方法。最常见的便是广告和促销等方法，企业期望通过这些途径来增加消费者对自己产品的需求，甚至增加自身产品的区别性。

(二)垄断竞争企业如何实现短期均衡?

由于垄断竞争企业对价格具有一定的控制力，所以企业可以通过调整销售量来影响商品的价格。垄断竞争企业所面临的需求曲线同样是向右下方倾斜的，但是与完全竞争企业不同，垄断竞争企业所生产的产品具有不完全同质性，使得垄断竞争企业的需求曲线具有较大弹性。因此相较于完全竞争企业的需求曲线，垄断竞争企业的需求曲线更为平坦。

由于市场中每个企业都具有一定的控制力，因此每个企业的行为都会对市场活动产生一定的影响。如图 5-9 所示，拥有需求曲线 d_1 的企业希望通过由 P_1 到 P_2 的降价实现需求曲线 d_2 水平上的 Q_2 需求量，而在此时市场上其他企业也会做出相应降价反应以阻止其实现预期产量，导致原企业只能实现 Q_3 水平销售量。同样地，如果企业想提高定价获取更大利润，由于其他企业的反应，也只能实现(P_3Q_5)组合的均衡。将各个实际均衡点相连，就得到了垄断竞争企业的实际需求曲线 D。同样地，可以发现实际需求曲线 D

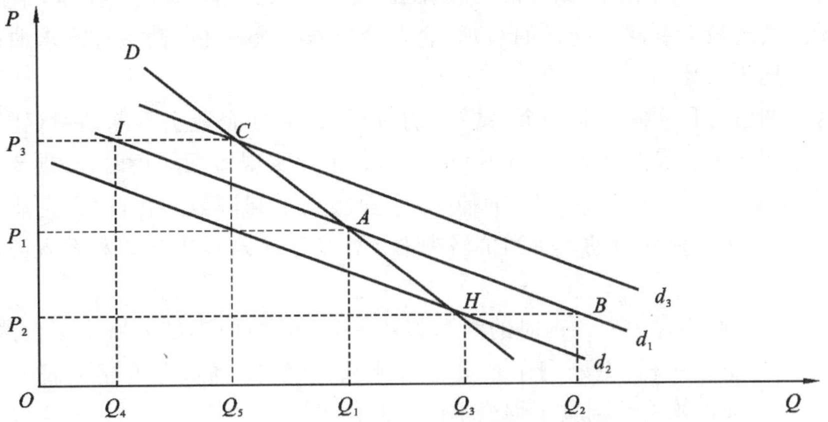

图 5-9　垄断竞争企业的需求曲线

比企业自身需求曲线 d 更为陡峭。

有了上述对垄断竞争企业需求的分析，下面再来看看垄断竞争企业如何实现短期均衡。垄断竞争企业在短期内通过调整它的产量和价格来实现它的利润最大化目标（见图5-10）。

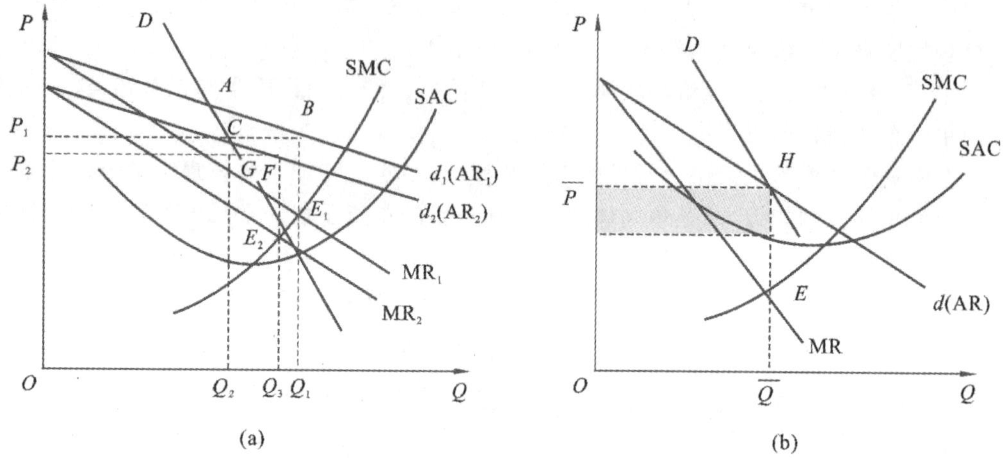

图 5-10　垄断竞争企业的短期均衡

如图 5-10(a)所示，SMC 是代表性企业的边际成本曲线，d_1 是企业的主观需求曲线，D 是企业的客观需求曲线。假定企业一开始处于 A 点。企业为了利润最大化，会按照 $MR_1=MC$ 的原则来调整其价格和产量，即沿着主观需求曲线调整至 B 点，此时价格为 P_1，产量为 Q_1，E_1 是 MR_1 曲线和 SMC 曲线的交点。由于行业中其他企业也面临相同的情况，其他企业也会依据利润最大化原则降低价格。于是，当其他企业降低价格时，代表性企业的实际需求量就无法增加到 Q_1，而只能达到 Q_2 的需求量。企业的主观需求曲线也要修正到 d_2，边际收益曲线也相应调整至 MR_2。由于代表性企业在 P_1 价格下仍无法实现最大利润，所以它会继续调整。按照利润最大化条件，$MR_2=MC$，企业会把价格进一步降低至 P_2，企业预期自己的需求量将会增加至 Q_3，E_2 是 MR_2 曲线和 SMC 曲线的交点，但是由于其他企业也会降低价格，所以代表性企业无法达到预期需求量，企业在 P_2 价格下仍无法实现最大利润。同样的道理，企业会继续调整价格，其主观需求曲线也将沿客观需求曲线不断移动。

而这个调整过程实际上是一个“试错”的过程，代表性企业会不断地“试错”，一直持续到实现短期均衡状态为止，如图 5-10(b)所示。企业实现短期均衡时，必须要满足两个条件：一是企业产量符合 MR＝MC 的原则，企业实现了利润最大化，因而企业不愿改变目前的状态；二是企业此时的产量和价格决策正好位于主观需求曲线和客观需求曲线的交点 H。

垄断竞争企业实现短期均衡时的利润如图 5-10(b)中阴影部分所示。当然，和垄断企业、完全竞争企业一样，垄断竞争企业也可能获得经济利润，也可能利润为零或者亏损，这取决于企业需求曲线与其平均成本曲线的位置。

(三)垄断竞争企业如何实现长期均衡?

在长期,垄断竞争企业不仅能够调整生产规模,还可以选择进入或退出市场。因此与完全竞争企业一样,垄断竞争企业的利润为零。这也意味着在实现长期均衡时,垄断竞争企业需求曲线 d 与长期成本曲线 LAC 相切。

如图 5-11(a)所示,假定垄断竞争市场上某企业拥有既定的生产规模 SAC_1,它在实现短期均衡时对应的产量为 Q_1,价格为 P_1。此时,价格 P_1 高于平均成本,因此企业获得超额利润,利润总额 OP_1IQ_1。由于市场中存在利润,许多企业被吸引进入市场。随着市场内企业数量增加,在市场总需求规模不变的前提下单个企业占有份额会减少,因此该企业面临的实际需求曲线 D 会向左下方移动。这种运动趋势将在市场中企业数量稳定时停止,即不再有新的企业进入市场时停止。这时便实现了长期均衡,即图 5-11(b)中 E_2 点位置。

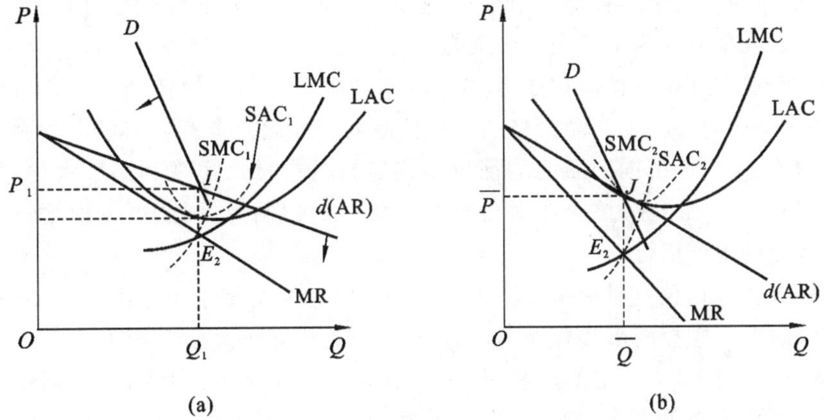

图 5-11　垄断竞争企业的长期均衡

在 E_2 点,企业拥有的 SAC_2 生产规模即为生产 $\overline{Q}$ 产量的最佳生产规模,此时边际收益曲线 MR、长期边际成本曲线 LMC 和短期边际成本曲线 SMC_2 交于均衡点 E_2,需求曲线 d 与 LAC、SAC_2 相切于 J,此时企业超额利润为零,市场上供求相等。

综上所述,垄断竞争企业的短期均衡条件是边际收益等于边际成本。长期均衡的条件是:①边际收益等于边际成本;②预期的需求曲线与长期的平均成本曲线相切;③实际的需求曲线在切点上相交于预期的需求曲线和平均成本曲线。

五、什么是寡头垄断市场?

寡头垄断市场又称为寡头市场,它是指少数几家企业控制整个市场的产品的生产和销售的市场组织。寡头垄断市场是现实生活中较为常见的市场结构类型。例如,在国际体育用品市场上,阿迪达斯(Adidas)和耐克(Nike)等少数几家占据了大部分市场份额;再比如我国即时通信行业,也被腾讯等少数几家企业掌控。

形成寡头市场的主要原因:一是规模经济,在某些需要综合性生产线或大型生产工具资本密集型行业；二是行业中几家企业基本控制了生产所需的基本生产资源的供给；三是市场规模较小，只能容下几家企业等。根据形成原因，寡头垄断市场和完全垄断市场相似，但是寡头垄断市场对市场的控制力不如完全垄断市场强。

寡头行业可按不同方式分类。根据产品差异性，可以分为纯粹寡头行业和差别寡头业两类。在纯粹寡头行业中，企业之间生产的产品没有差别，例如，可以将生产石油、钢铁、水泥等行业看成是纯粹寡头行业。在差别寡头行业中，企业之间生产的产品是有差别的，例如可以将汽车、机械、飞机等行业看成是差别寡头行业。此外，寡头行业还可按企业的行动方式，区分为有共谋行为的寡头行业和独立行动的寡头行业两种类型。

六、不同市场间有什么区别呢？

在本章开头就已经提到，对于市场类型和市场结构的划分是通过市场中企业数量、产品差异度、企业对价格的控制力和企业进出行业的难易程度等标准进行的。同样地，下面仍通过这几个方面为本章做一个简短的总结。

市场中企业的数量直接决定了各类市场结构中企业面临的竞争程度。市场的竞争性越强，单个企业对市场上产品价格的掌控就越弱。因此完全竞争市场上的企业都是价格的被动接受者，只能根据产品的均衡价格确定自身产量以实现利润最大化；而完全垄断市场上只存在一家企业，该企业对价格具有绝对的控制力，因此可以根据自身需要选择利润最大化的生产组合。

产品的异质性是企业对价格控制力的又一来源。完全竞争企业由于产品完全同质，因此无法通过产品来控制市场价格。垄断竞争企业和寡头垄断企业由于生产的产品有所不同，因此对价格具有一定的控制力，而由于两个市场的竞争性不同，垄断竞争企业往往倾向于采取非价格手段参与竞争；寡头垄断企业由于对价格的控制力更强，往往会通过价格手段参与竞争。完全垄断市场中由于只存在一家企业提供产品来满足整个市场的需求，所以对市场价格完全掌控。但是，多样化的产品往往能够满足消费者的不同需求，而完全竞争市场提供的同质产品则不能，从这个角度来看，产品的差异化反而对消费者更有利。

企业进出行业的难易程度影响企业实现长期生产过程的均衡方式，进而决定企业在实现长期均衡时的盈利状态。能够自由进出市场的企业在实现长期均衡时利润一定为零，否则就会有新的企业进入或退出市场，通过改变市场总供给以使整个市场不存在超额利润。

不同类型的企业会根据自身特性在短期生产和长期生产过程中做出不同选择，以实现利润最大化的目的。但是，由于市场结构的不同，企业对经济资源利用的效率也不一样，由此产生了不同水平的经济效率。对资源的充分利用或通过最有效的生产方式进行生产会产生高的经济效率，反之则会产生低的经济效率。经过研究发现，完全竞争市场的经济效率最高，垄断竞争市场次之，寡头垄断市场较低，完全垄断市场最低。可见，竞争程度越高往往经济效率越高。

表 5-2 从市场特征、供求曲线、均衡状态和经济效率四个方面对四种市场结构进行了

对比和分析。

表 5-2 四种市场结构的经济特征比较

<table>
<tr><td rowspan="2" colspan="3">经济特征</td><td colspan="4">市场结构</td></tr>
<tr><td>完全竞争</td><td>垄断竞争</td><td>寡头垄断</td><td>完全垄断</td></tr>
<tr><td rowspan="3">市场特征</td><td colspan="2">厂商数目</td><td>很多</td><td>较多</td><td>很少</td><td>一个</td></tr>
<tr><td colspan="2">进入难度</td><td>非常容易</td><td>很容易</td><td>很难</td><td>非常难</td></tr>
<tr><td colspan="2">产品差异</td><td>同质</td><td>有差异</td><td>同质或有差异</td><td>—</td></tr>
<tr><td rowspan="2">供求曲线</td><td colspan="2">需求曲线</td><td>水平线，完全弹性</td><td>向右下方倾斜，但平坦</td><td>向右下方倾斜，较陡峭</td><td>向右下方倾斜，陡峭</td></tr>
<tr><td colspan="2">供给曲线</td><td>向右上方倾斜</td><td>无</td><td>无</td><td>无</td></tr>
<tr><td rowspan="6">均衡状态</td><td rowspan="2">均衡条件</td><td>短期</td><td>SMC=P=MR</td><td>SMC=MR</td><td>—</td><td>SMC=MR</td></tr>
<tr><td>长期</td><td>LAC=LMC=P</td><td>LMC=MR
LAC=AR</td><td>—</td><td>LMC=SMC=MR</td></tr>
<tr><td colspan="2">均衡价格</td><td>最低</td><td>较低</td><td>较高</td><td>最高</td></tr>
<tr><td colspan="2">均衡数量</td><td>最大</td><td>较大</td><td>较小</td><td>最小</td></tr>
<tr><td colspan="2" rowspan="2">经济利润</td><td colspan="4">短期内有经济利润、收支相抵或亏损</td></tr>
<tr><td colspan="2">长期内收支相抵</td><td colspan="2">长期内有经济利润或收支相抵</td></tr>
<tr><td colspan="3">经济效率</td><td>最高</td><td>较高</td><td>较低</td><td>最低</td></tr>
</table>

思考题

1. 画图说明完全竞争企业短期和长期均衡的形成及其条件。
2. 画图说明完全垄断企业短期和长期均衡的形成及其条件。
3. 举例说明垄断竞争市场的特征。
4. 举例说明寡头市场的特征。

延伸阅读

阿里垄断处理：平台经济需规范

第六章 劳动力的经济学思维——收入分配

教学目的：本章以劳动力市场为例，分析生产要素市场上生产要素价格的决定，让学生明确劳动这一生产要素价格决定的有关基本理论；理解劳动力要素价格决定的特点以及现实生活中劳动力供给的规律；在掌握基尼系数的基础上，能正确看待我国的贫富差距问题。

教学重点和难点：劳动市场的均衡与工资的决定，劳动供给曲线的形状与位置的决定因素，收入效应，替代效应，基尼系数及应用。

主要教学内容及要求：

1. 教学内容

(1)四大生产要素与四种基本收入形式。

(2)单个厂商对劳动力的需求原则。

(3)单个劳动力的供给曲线。

(4)劳动的市场供给曲线和均衡工资的决定。

(5)洛伦兹曲线。

(6)基尼系数。

2. 教学要求

了解：要素需求的特点，要素的供给者，完全竞争企业的需求曲线，劳动力供给曲线的决定，基尼系数的含义。

理解：用替代效应和收入效应解释劳动力供给曲线的形状。

掌握：劳动市场的需求与供给，劳动力供给曲线形状的决定，劳动市场的均衡，洛伦兹曲线和基尼系数的含义及意义，用基尼系数进行收入分配的分析。

熟练掌握：用替代效应和收入效应解释劳动力供给曲线的形状，基尼系数的含义及意义。

在第一章里我们已经知道，资源的稀缺性决定生产出来的产品也是稀缺的，稀缺的产品是为谁生产的呢？——这就是分配问题。为谁生产取决于人们的货币收入；而人们货币收入的多寡取决于他们所提供的生产要素的数量和价格。我们通过学习劳动力的供求及价格决定来了解生产要素市场上的收入分配问题。在西方经济学里，要素价格理论也叫分配理论，分配理论的基本逻辑是：分配问题——为谁生产，为谁生产取决于人们的货币收入，而人们货币收入的多寡取决于他们所提供的生产要素的数量和价格。

一、四大生产要素与四种基本收入形式

关于经济的分配方式，法国经济学家萨伊首先提出“三位一体公式”：资本创造利润、

土地产生地租、劳动取得工资。萨伊把利润分解为两个部分：一是资本的利息；二是使用资本的企业家的报酬，即企业家本人的工资。也就是后来经济学里常说的四大生产要素：劳动、土地、资本和企业家才能。生产要素所有者按照所提供的生产要素得到自己的收入：劳动者得到工资，土地所有者得到地租，资本家得到利息，企业家得到正常利润（工资），如图 6-1 所示。

图 6-1　四大生产要素与四种基本收入形式

厂商运用生产要素生产出商品与劳务，生产要素的价格如何决定？生产要素价格决定的主要理论基础是边际生产力理论。它由德国经济学家杜能首先提出，后经美国经济学家约翰·克拉克发展而来的。该理论认为，在其他条件不变时，一种生产要素的价格取决于其边际生产力，而生产要素的边际生产力是递减的。比如，当劳动要素投入量不变而资本要素的投入量不断增加时，每增加一单位资本的投入量所生产的产量增加量是递减的，即所谓生产力递减规律。这里，最后增加的一单位资本投入量所生产的产量或价值，称为资本的边际生产力，它决定了利息的高低。同样，当资本的投入量不变而劳动的投入量不断增加时，劳动的边际生产力也是递减的，并且也决定了劳动力工资的多少。因而资本越多，利息越低；劳动力越多，工资越低[①]。

后来，马歇尔对这一理论进行了综合与改进，形成了要素的供求均衡价格理论，现代微观经济学就是在此基础上形成的。现代微观经济学理论认为，生产要素的价格不仅取决于要素的边际生产力（生产要素的边际生产力仅决定生产要素的需求），还取决于其他一些因素，如生产要素的供给、边际成本等因素。生产要素的均衡价格由其供给与需求共同来决定；当使用要素的边际成本等于边际收益（MC＝MR）时，厂商在要素使用上达到利润最大化。因此，对于生产要素市场价格的分析，与其他商品是一样的，也要从它的供给和需求两个方面来考虑。

收入分配理论涉及以经济学的术语来解释各种人群的收入是否正当或公平合理的问题，因此，它含有强烈的时代意识色彩，时代意识的差别会形成不同的收入分配理论。西方学者承认，收入分配理论的作用在于从该理论中提炼出特点，用以解释各种人群或阶级的收入的社会意义，并不存在“一个为经济学者普遍接受的分配论”[②]，而边际生产力

① 张卫东．微观经济学[M]．武汉：华中科技大学出版社，2019：177．

② 沙玛尼．微观经济学[M]．纽约：布拉克威尔公司，1987：459．

分配理论不过是较流行的一种。但作为生产要素的价格，无论是工资、利息还是地租，在市场经济中都必须由供求的力量来决定，至少在表面现象是如此[①]。

下面就以劳动力市场上劳动力的价格——工资的决定为例，来分析生产要素市场上怎样由生产要素的供给和需求来共同决定生产要素的价格。

二、单个厂商对劳动力的需求原则

在生产要素市场上，需要雇佣劳动力并支付工资的是厂商。这里以完全竞争的厂商为例说明。所谓完全竞争厂商是指同时处于完全竞争的产品市场和完全竞争的要素市场中的厂商。完全竞争的产品市场的基本性质：产品的供求双方人数很多，产品没有任何区别，产品供求双方具有完全信息，产品价格由市场决定。完全竞争要素市场的基本性质：生产要素的供求双方人数都很多，生产要素没有任何区别，生产要素供求双方都具有完全的信息，生产要素可以充分自由地流动。比如，大米加工厂 A 是完全竞争厂商，就意味着在产品市场上，A 作为大米的生产和售卖方，在大米市场上处于完全竞争的状态，即：市场上有很多厂家生产并销售完全一样的大米，也有很多消费者需求大米；单个的生产者和消费者都不能决定大米的价格，只能被动接受市场上大米的价格。同时，A 作为生产要素的需求方(要购买劳动力)，在劳动力市场上也是完全竞争的，即：劳动力的需求方厂商和劳动力的供给方都很多；劳动力的劳动熟练程度都没有区别；单个的劳动力供求方都不能决定劳动力的价格，只能被动地接受市场上的工资水平。

在这样的前提下，A 厂商应该雇佣多少劳动力才能保证自己利润最大化呢？假定要素市场上每单位劳动力的工资是 2000 元，产品市场上每公斤大米的价格是 50 元(单个厂商和劳动力都不能改变既定的市场价格)。A 厂商已经雇佣到第 5 位工人，这时 A 厂商增加的成本是第 5 位工人的工资 2000 元；而这第 5 位工人相对于第 4 位工人，增产了 60 公斤大米，给厂商增加了 3000 元的收益(劳动的边际产量(MP_L)60 公斤×大米的单价(P)50 元/公斤＝3000 元)；厂商雇用这第 5 位工人增加的收益＞增加的成本，赚了 1000 元，说明厂商应该继续增雇工人到第 6 位。厂商雇佣到第 6 位工人，这时厂商增加的成本是第 6 位工人的工资 2000 元；根据劳动的边际报酬递减规律，随着工人数量增加，工人带来的边际产量(MP_L)是递减的，相对于第 5 位工人，第 6 位工人增加的产量只有 40 公斤大米，增加的收益是 40 公斤×50 元/公斤＝2000 元；厂商雇佣第 6 位工人的收益＝成本，不赚不赔。如果再增雇到第 7 位工人，厂商增加的成本仍是 2000 元工资；但第 7 位工人只增加产量 30 公斤，增加的收益只有 30 公斤×50 元/公斤＝1500 元；厂商雇佣第 7 位工人的收益＜成本。所以厂商要使利润最大化，只能雇佣 6 位工人：多了，则厂商亏损；少了，厂商没有达到利润最大化的工人数量。理解这个例子的关键是生产要素的边际生产力递减规律：在技术给定和其他要素投入不变的情况下，连续增加某一种要素的投入所带来的总产量的增量在开始阶段可能会上升，达到最高点后会出现下降的趋势，这就是边际生产力递减规律，也称之为边际报酬递减规律。以上举例分析见表 6-1。

① 高鸿业.西方经济学(微观部分)[M].6 版.北京：中国人民大学出版社，2014：253.

表 6-1　A 厂商的劳动力需求的成本-收益分析

劳动力数量	劳动的边际产量 MP_L(公斤)	大米的单位价格 P(元)	企业每增雇一位工人的成本 W(元)	企业新增的收益($VMP=MP_L\cdot P$)
1	30	50	2000	1500
2	35	50	2000	1750
3	45	50	2000	2250
4	50	50	2000	2500
5	60	50	2000	3000
6	40	50	2000	2000
7	30	50	2000	1500

从这个例子可以得出单个厂商为了追求利润最大化，对劳动力的需求原则是：要素的边际成本＝要素的边际收益。即：完全竞争厂商每增加一单位劳动力所增加的成本(工资 W)＝这单位劳动力所创造的边际产品价值($VMP=MP_L\cdot P$)。

单个厂商对劳动力的需求曲线是一条右下倾斜的曲线，即：如果劳动力的价格——工资越高，企业对劳动力的需求越少；如果劳动力的价格——工资越低，企业对劳动力的需求越多，如图 6-2(a)所示。假定完全竞争要素市场中包含有 n 个厂商，每个厂商对劳动力的需求都具有相同的规律：劳动力的价格——工资越高，企业对劳动力的需求越少；劳动力的价格——工资越低，企业对劳动力的需求越多。因此，将所有这些厂商的劳动力需求曲线水平相加，就得到整个劳动力市场总的需求曲线，如图 6-2(b)所示。

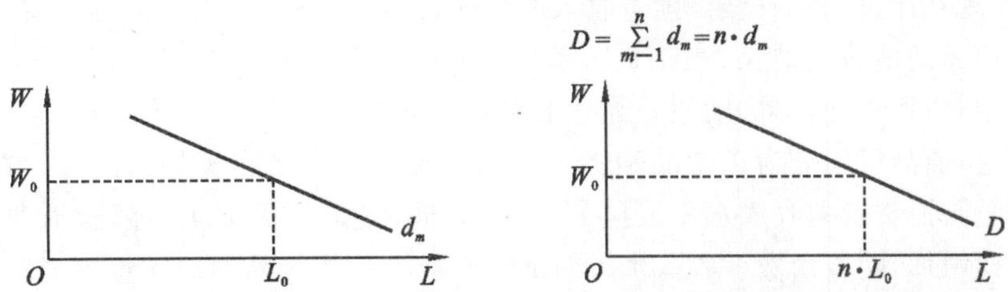

图 6-2　单个劳动力需求曲线(a)和整个劳动力市场需求曲线(b)

三、单个劳动力的供给曲线

工资越高你越愿多干活吗?

我们消费者在供给劳动得到工资时，是工资越高越愿意多劳动吗？下面我们来分析一下单个劳动力的供给曲线。

作为劳动者，我们可以提供劳动的时间资源是有限的。一天 24 小时，如果 16 小时用于睡眠和闲暇，那用于劳动供给的只有 8 小时；如果 14 小时用于睡眠和闲暇，则用于劳动供给的就有 10 小时，因此，我们可以把劳动供给问题看成是消费者决定其全部的时间资源在闲暇和劳动供给两种用途上的分配。

就实质而言，消费者并非是在闲暇和劳动二者之间进行选择，而是在闲暇和劳动收入之间进行权衡取舍。劳动的价格即工资就是闲暇的机会成本，因为你增加一小时的闲暇，就失去了本来可以得到的一小时劳动的工资，因此可将工资看成是闲暇的价格。每小时工资收入越高，意味着消费者选择闲暇的机会成本就越高，也就是闲暇的价格越高。

那么假定工资上涨，消费者是选择更多的闲暇，还是选择供给更多的劳动，从而得到更多的收入呢？这取决于两种心理效应：替代效应和收入效应。

所谓替代效应(substitution effect)，指由商品的价格变动所引起的商品相对价格的变动，进而由商品的相对价格变动所引起的商品需求量的变动。比如，消费者张三的收入 500 元不变，他需要买鱼和芒果的商品组合。当芒果价格上涨而鱼价格不变时，他心理上会认为鱼相对于芒果更便宜，从而会多买相对便宜的鱼来替代相对昂贵的芒果，这就是替代效应。我们回到劳动和闲暇的替代效应上来。消费者一天的时间资源只有 24 小时不变，当闲暇的价格即工资上涨，假定由原来的 100 元/小时上涨到 200 元/小时，相对于其他商品而言，闲暇这个商品现在变得更加“昂贵”(其机会成本上升了)，于是消费者会减少闲暇，宁可多劳动。也就是说，当工资上涨时，替代效应会使消费者用更多的劳动替代相对昂贵的闲暇。

所谓收入效应(income effect)，指由商品的价格变动所引起的实际收入变动，进而由实际收入水平变动所引起的商品需求量的变动。还是以张三买鱼和芒果的商品组合为例。假定张三的收入 500 元不变，但芒果价格下降而鱼价格不变，这时因为芒果价格下降使他的实际收入水平(购买力)上升了，他可以购买更多的鱼和芒果了，这就是收入效应。我们再来看劳动和闲暇的收入效应。一天 24 小时不变，假定闲暇价格即工资由 100 元/小时上涨到 200 元/小时时，同样工作 8 小时，消费者会觉得现在的实际收入比过去翻了一倍，现在比过去更有钱。随着收入的增加，消费者将增加对商品的消费，从而也增加对闲暇商品的消费。结果，当工资上涨时，由于收入效应，消费者会增加闲暇。当然，上述例子中，假设鱼和芒果、闲暇等都是正常品。

事实上，商品可以分为正常品和劣等品两大类。正常品和劣等品的区别在于：正常品的需求量与消费者的收入水平成同方向变动，即：正常品的需求量随着消费者收入水平的提高而增加，随着消费者收入水平的下降而减少。劣等品的需求量与消费者的收入水平成反方向变动，即：劣等品的需求量随着消费者收入水平的提高而减少，随着消费者收入水平的下降而增加。比如，消费者对某名牌服装的需求，随着消费者收入的增加而增加，随着消费者收入的下降而减少，那么，某名牌服装就属于正常品；地摊货随着消费者收入的减少而增加，随着消费者收入的增加而减少，地摊货就是劣等品。

替代效应对于正常品和劣等品的影响都是一样的：当一种商品的价格变化时，无论是正常品还是劣等品，消费者都会多买相对便宜的另一种商品来替代相对昂贵的商品。收入效应对正常品和劣等品的影响是不同的：当一种商品价格下降引起消费者的收入相对上升时，正常品的需求会相对增加，而劣等品的需求会相对减少；反之，当一种商品价格上升引起消费者的收入相对下降时，正常品的需求会相对减少，而劣等品的需求会相对增加。

综合起来，当闲暇是正常品时，工资上涨意味着闲暇的价格(机会成本)上升，一方面替代效应会使消费者多劳动少闲暇；另一方面，收入效应又使消费者增加闲暇。这两种心理效应同时起作用，最终当工资上涨时，消费者到底是多劳动还是多闲暇呢？这取决于两种效应的力量对比。

西方经济学认为，如果消费者处于低工资即闲暇价格较低条件下，随着工资的上升，消费者为较高的工资吸引将减少闲暇，此时工资稍稍上涨的替代效应大于收入效应，消费者会更多地减少闲暇即增加劳动供给，从而劳动供给曲线向右上方倾斜；但是当工资上涨到很高时，消费者的劳动供给量达到最大，此时如果继续增加工资，劳动供给量非但不会增加，反而会减少，工资继续上涨引起的闲暇的收入效应会超过替代效应，消费者会更多地增加闲暇，于是劳动供给曲线在较高的工资水平上开始向后弯曲。

如图 6-3 所示，我们用横坐标表示劳动供给量（L），纵坐标表示劳动的价格，即工资（W）。可以看到，当工资较低时，随着工资的上涨，意味着闲暇的价格（机会成本）上升，替代效应会使消费者多劳动少闲暇，收入效应又使消费者增加闲暇；但这时由于工人的工资较低，通俗来讲，这时工人的手里差钱，所以工资上升会吸引他多劳动赚钱，这时替代效应会大于收入效应，劳动供给量增加；当工资已经涨到一定高度后，再继续上涨工资，通俗来讲，工人的收入已经很高了，手里不差钱了，高工资对工人的吸引力下降，这时替代效应小于收入效应，劳动供给量是减少的，所以单个劳动力的供给曲线是一条先上升而后向右后弯折的曲线。

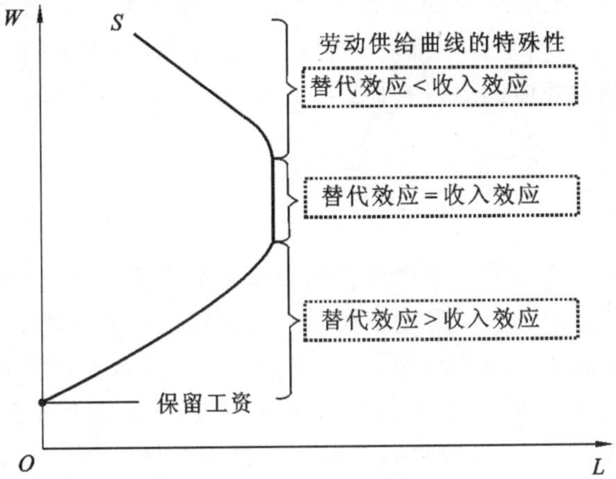

图 6-3　单个劳动力供给曲线

四、劳动的市场供给曲线和均衡工资的决定

尽管单个消费者的劳动供给曲线可能会向后弯曲，但劳动的市场供给曲线却不一定也是如此。市场供给曲线是由无数条单个劳动供给曲线加总的结果。在较高的工资水平上，现有的工人也许提供较少的劳动，但高工资也会吸引新的工人进来，因而总的市场劳动供给一般还是随着工资的上升而增加，从而市场劳动供给曲线仍然是向右上方倾斜。

向右下方倾斜的劳动需求曲线和向右上方倾斜的劳动供给曲线共同决定了劳动力市场的均衡工资水平 W_0 和均衡的劳动力供求量 L_0，此时劳动力市场出清，不存在非自愿性失业，也就是此时劳动力市场上实现了充分就业的理想状态，如图 6-4 所示。

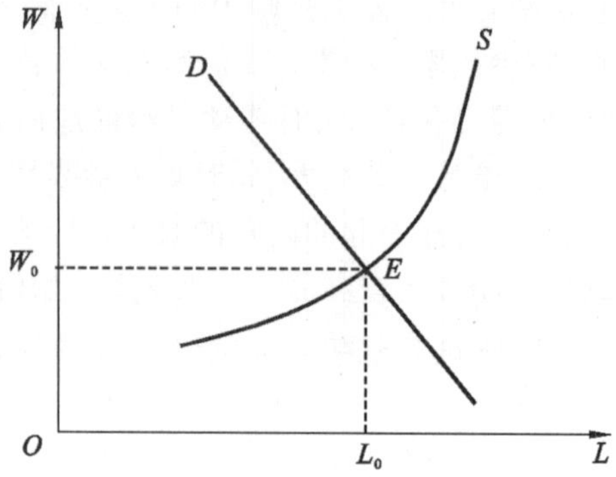

图 6-4　劳动力市场均衡工资的决定

综上所述，虽然在完全竞争的要素市场上，单个的劳动力需求方（企业）和单个的劳动力供给方（单个工人）不能决定工资水平，都只是劳动力市场上既定工资的接受者；劳动力市场上的工资水平由整个劳动力市场的供给曲线和市场需求曲线共同决定。

归纳起来，上述内容主要介绍了生产要素市场上四大生产要素与四种基本收入形式，特别是以劳动力市场为例，介绍了单个劳动力的供求曲线及劳动力的价格——均衡工资水平的形成；理解了当工资上涨时，消费者到底是多劳动还是多闲暇要取决于替代效应和收入效应这两种效应的力量对比。

五、洛伦兹曲线

边际生产力分配理论说明了生产要素的价格是如何决定的，但是它并未对社会的收入分配平等程度进行说明。为了研究国民收入在国民之间的分配，美国统计学家洛伦兹提出了著名的洛伦兹曲线（Lorenz curve）。洛伦兹将一国总人口按收入由低到高进行排列，从计算收入最低的任一百分比人口所得到的收入百分比，直至最高收入的任一百分比人口所得到的收入百分比，最后将得到的人口累计百分比和收入累计百分比的对应关系描绘在图形上，便得到了洛伦兹曲线。洛伦兹曲线是指人口累计百分比和收入累计百分比的对应关系的曲线。

比如某国收入 1000 元的 6 人，2000 元的 5 人，3000 元的 3 人，5000 元的 1 人，共 15 人，收入共 30000 元。收入最少的是 1000 元的 6 人，占总人口的 40%（6/15），占总收入的 20%（1000×6/30000）；其次为 2000 元的 5 人，占总人口的 33.33%（5/15），人口累计百分比为 73.33%（40%+33.33%），占总收入的 33.33%（2000×5/30000），收入累计百分比为 53.33%（20%+33.33%）；3000 元的 3 人，占总人口的 20%，人口累计百分比为 93.33%，占总收入的 30%，收入累计百分比为 83.33%；5000 元的 1 人，占总人口的 6.67%，人口累计百分比为 100%，占总收入的 16.67%，收入累计百分比为 100%。表 6-2 是根据上面计算的数据绘制成的表格。

表 6-2　人口累计百分比和收入累计百分比

分组	人口百分比	人口累计百分比	收入百分比	收入累计百分比
a	40%	40%	20%	20%
b	33.33%	73.33%	33.33%	53.33%
c	20%	93.33%	30%	83.33%
d	6.67%	100%	16.67%	100%

一般地，我们用横轴 OH 表示人口（按收入由低到高分组）的累计百分比，纵轴 OM 表示收入的累计百分比，根据表 6-2，将点（40%，20%），（73.33%，53.33%），（93.33%，83.33%），（100%，100%）在图上一一描出，所连成的弧线 ODL 就是该表的洛伦兹曲线（见图 6-5）。

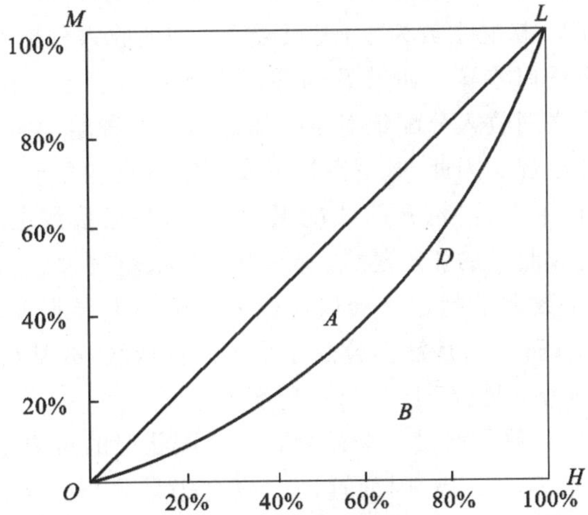

图 6-5　洛伦兹曲线

整个的洛伦兹曲线是 $OHLM$ 围成的一个正方形，其底边即横轴代表收入获得者在总人口中的百分比，正方形的左边即纵轴显示的是各个百分比人口所获得的收入的百分比。洛伦兹曲线就是，在一个总体（国家、地区）内，从"最贫穷的人口计算起一直到最富有人口"的人口累计百分比对应的收入累计百分比的点组成的曲线。

洛伦兹曲线的弯曲程度具有重要意义。一般来说，洛伦兹曲线的弯曲程度反映了收入分配的不平等程度。洛伦兹曲线弯曲程度越大，收入分配越不平等；反之，洛伦兹曲线弯曲程度越小，收入分配越平等。如果任一人口的百分比均等于其收入的百分比，即人口累计百分比等于收入累计百分比，这时洛伦兹曲线为正方形对角线（如图 6-5 所示，通过原点的 45°线 OL）时，这是完全平等的收入分配；如果所有的收入都集中在一人手中，而其余人口均一无所有时，洛伦兹曲线为图 6-5 中对角线下面三角形的两个直角边（折线 OHL），这时收入分配达到完全不平等。

一般来说，一个国家的收入分配，既不是完全不平等，也不是完全平等，而是介于两者之间。相应的洛伦兹曲线，既不是折线 OHL，也不是 45°线 OL，而是像图 6-5 中那样向横轴突出的弧线 ODL，尽管突出的程度有所不同。

六、基尼系数

贫富差距有多大？

为了更好地反映社会的收入平等程度，意大利经济学家 C. 基尼根据洛伦兹曲线，计算出一个反映国家贫富差距的指标，称为基尼系数。将图 6-5 中洛伦兹曲线 ODL 与收入分配绝对平等曲线 OL 之间的面积 A，称为“不平等面积”；洛伦兹曲线 ODL 与完全不平等曲线 OHL 之间的面积用 B 表示。用 A 除以 $(A+B)$ 的商表示不平等程度，这个数值被称为基尼系数或称洛伦兹系数。设 G 为基尼系数，则基尼系数 G 就可表示为：$G=A\div(A+B)$。显然，基尼系数不会大于 1，也不会小于零，即有 $0\leqslant G\leqslant 1$。

基尼系数的经济含义是，在全部居民收入中，用于进行不平均分配的那部分收入所占的比例。如果 A 为零，基尼系数为零，表示居民之间的收入分配绝对平均，即人与人之间收入完全平等，没有任何差异。如果 B 为零则系数为 1，表示 100％的收入被一个单位的人全部占有了，居民之间收入分配绝对不平等。但这两种情况只是理论上的绝对化形式，在实际生活中不会出现。因此，基尼系数的实际数值只能介于 0～1。

收入分配越是趋向平等，洛伦兹曲线的弧度越小，基尼系数也越小；反之，收入分配越是趋向不平等，洛伦兹曲线的弧度越大，那么基尼系数也越大。

国际上常用基尼系数定量测定社会居民收入分配的差异程度。认为基尼系数低于 0.2 表示收入过于公平；而 0.4 是社会分配不平等的警戒线，故基尼系数应保持在 0.2～0.4。低于 0.2，社会动力不足；高于 0.4，社会不安定。

洛伦兹曲线和基尼系数是衡量一个社会收入分配状况的重要工具。在当今世界，收入分配日益呈现出不平等的趋势，因而这两个概念仍是分析经济现实的有力工具。据《华尔街日报》报道，2016 年全球 1％的巨富占有了全球 82％的财富。2017 年，37 亿贫困人口的财富零增长，而亿万富豪的财产则增长了 17％，这主要是由股票的价格上涨所致。托马斯・皮凯蒂在《21 世纪资本论》中通过对自 18 世纪工业革命至今的财富分配数据进行了分析，认为不加制约的资本主义导致了财富不平等的加剧，自由市场经济并不能完全解决财富分配不平等问题。他把世界经济分为两个基本要素——资本和劳动力，并且认为由于资本回报率总是倾向于高于经济增长率，所以贫富差距是资本主义固有现象。具体来说，在可以观察到的 300 来年的数据中，投资回报维持在每年 4％～5％，而 GDP 平均每年增长 1％～2％。5％的投资回报意味着每 14 年财富就能翻番，而 2％的经济增长意味着财富翻番要 35 年。在 100 年的时间里，拥有资本的人的财富翻了 7 番，是开始的 128 倍，而整体经济规模只会比 100 年前大 8 倍。虽然拥有资本和没有资本的人都变得更加富有，但是贫富差距变得非常大。他由此预测，发达国家贫富差距将会继续扩大，而且很快会变得更加严重，因此，他建议征收全球性财富税，通过民主制度制约资本主义，这样才能有效降低财富不平等现象[①]。

---

① 张卫东. 微观经济学[M]. 武汉：华中科技大学出版社，2019：199.

2020 年 10 月 29 日，中国共产党在十九届五中全会中明确提出“城乡区域发展差距和居民生活水平差距显著缩小”、“全体人民共同富裕取得更为明显的实质性进展”，这实际上表明，建立有效的生产要素市场，形成合理的生产要素价格形成机制和合理的分配机制，仍是当今世界亟待解决的共同重要课题。

思考题：

1. 单个劳动力供给曲线为什么是向右后方弯曲的？

2. 20 世纪 70 年代初，由于受海湾盛产石油的阿拉伯国家高工资的吸引，大约一半的埃及建筑工人离开了本国前往这些国家打工，而同时埃及的住宅建设也逐渐繁荣，这些变化使埃及建筑工人的工资水平仅在 5 年内就上升了 53%。请运用本章的相关理论来分析这些变化。

3. 为什么第一流的教师、第一流的纺织工和第一流的球星之间的收入差别会很大？

延伸阅读

1. 基尼系数；2. 共同富裕

第七章　市场不是万能手——市场失灵

教学目的:通过本章的学习,让学生理解市场机制并不能自动实现资源的最优配置,因为垄断、外部性、公共产品和信息不完全等原因,会导致市场失灵,从而为政府运用微观经济政策干预经济运行奠定理论基础。

教学重点和难点:市场失灵的原因,为什么正外部性导致产量过少而负外部性会导致产量过多,公共物品如何导致市场失灵,如何理解逆向选择,政府如何纠正市场失灵;利用经济学术语从理论上理解“搭便车”行为,为什么边际社会成本等于边际社会收益是帕累托最优的条件。

主要教学内容及要求:

1. 教学内容

(1)垄断。

(2)外部性。

(3)公共物品和公共资源。

(4)信息不完全和不对称。

2. 教学要求

了解:垄断是如何造成市场失灵,西方国家应对垄断的对策,外部性的有关概念以及政府采取的相应措施,公共产品、公共资源的有关概念以及政府采取的相应措施,不完全信息的有关概念以及政府采取的相应措施。

理解:外部性的干预方案,公共产品、公共资源的含义,信息不对称。

掌握:外部性失灵的表现、原因与对策,公地悲剧的解决,逆向选择的经济学原理。

熟练掌握:市场失灵的几种表现、各自原因和对策。

通过前几章的学习,我们知道在完全竞争市场中,资源能够得到有效配置,从而达到帕累托最优状态。但是在现实生活中,完全竞争市场理论的假设前提很难满足,因此完全竞争市场几乎不存在。这意味着,市场机制有时并不能起到资源有效配置作用,这种情况被称为“市场失灵”。那么什么原因会导致“市场失灵”?我们又该如何应对?

一、为什么企业巨头总面临着被拆分的风险?——垄断

19世纪末,随着经济危机与技术革命的发展,世界进入了垄断资本主义时代。各行各业的巨头如春笋般强势崛起,他们通过资本输出、企业兼并等形式争夺全球商品销售市场、原材料产地,利用其市场支配地位对中小企业进行打压排斥,种种行为对市场竞争的公平性、消费者福利的提高、市场价格信号的导向性产生了严重的影响。“石油大王”约翰·洛克菲勒出身贫穷,但从小表现出了强烈的创业愿望。他不满足于现状,从农产

品代销中赚取了第一桶金后，又将目标盯上了石油。当人们趋之若鹜地奔向原油区时，洛克菲勒却明白资源的过度开采会导致油价大幅下降，因此洛克菲勒与合伙人成立了炼油厂，并与铁路大王范德比尔特合作。他通过与铁路公司组建联盟，表面上付出昂贵的运费，暗地里却将盈利的 50%作为回扣；同时在市场上，他大打价格战，甚至不惜低过成本价，以此迫使对手无法经营，再将其收购。洛克菲勒的标准石油公司在全盛时期控制了全美 80%的炼油业和 90%的油管生意。在当时，大企业纷纷开始学习洛克菲勒进行疯狂的并购垄断，获得了远超地方政府的权势。1890 年共和党大卫沃森对俄亥俄州标准石油公司提出反垄断调查，但最终被洛克菲勒通过贿赂官员、迁移、名义退出托拉斯等方式解决。直至 20 世纪初爆发的"黑幕揭发运动"，人们对反垄断、反大资本家的舆论达到了高潮，此时继任总统罗斯福终于痛下决心，坚决要将垄断市场、勾结铁路的标准石油公司彻底瓦解。当标准石油公司无法通过贿赂解决问题时，他们开始了长达数年的司法大战，一路上诉到最高法院。1911 年美国最高法院判决标准石油公司败诉。在长达 2 万字的判决书中，最高法院称标准石油公司为"不合理"的托拉斯，命令解散 38 家分支机构，并把当初用以交换托拉斯的股票交还原股东，各自成立董事会。洛克菲勒为之辛苦经营 40 年、耗尽毕生精力的石油王国轰然倒塌。

而今，在互联网的急速发展下，部分科技公司也逐渐形成垄断趋势，苹果、微软、谷歌以及脸书等美国科技公司均因涉嫌非法垄断被众议院"同台受审"，而中国部分"广为人知"的互联网企业也有类似行为。2021 年 1 月 14 日上午市场监管总局根据举报，依法对唯品会（中国）有限公司、广州唯品会电子商务有限公司涉嫌实施不正当竞争行为立案调查。根据相关报告，唯品会要求旗下商家不得与爱库存合作，并强迫下架相关商品。而这一行为显然违反了《网络交易监督管理办法（征求意见稿）》的相关规定。近年来，随着互联网经济的蓬勃发展，一大批网络平台迅速崛起，在创新商业模式、给市场经济注入大量新鲜血液、给消费者带来便利的同时，同质化竞争和多领域竞争也日趋激烈，不正当竞争问题愈加凸显：线上搞广告屏蔽、流量劫持、数据杀熟、骗取点击、捆绑软件、恶意侵犯；线下逼迫平台商家"二选一"、削减员工应有福利，导致线上不正当竞争的影响向线下传导。种种不正当竞争行为危害性大、隐蔽性强，正在悄然侵蚀着市场经济健康发展的基底。[①]

那我们就来聊聊什么是垄断？垄断会对市场造成什么样的损害？

（一）垄断与低效率

垄断（monopoly）通常指一个行业里有且只有一家企业（或卖方）交易产品或者劳务。该企业可以凭借自身的市场势力，根据自己的利益需求，调节价格与产量。垄断的产生会在一定程度上限制市场机制的作用，使资源无法得到有效配置，从而导致市场失灵。我们通过图 7-1 来分析垄断为什么会造成市场失灵。在图 7-1 中，横轴表示产量，纵轴表示价格。如果产业是完全竞争的，那么在 $P=\text{MC}$ 处的 E 点将会出现均衡，此时产

① 新华网：规则面前，大小平等．http://www.xinhuanet.com/fortune/2021-01/14/c_1126980729.html.

量为 6，价格为 100。现在假设一个垄断企业进入，那么根据 MC＝MR，均衡点将移动到点 A 处，此时产量为 3，价格为 150。显然，垄断企业以更高的价格生产了更少的产品，这是低效率的行为。图中 ABE 部分我们称之为无谓损失，这种损失是由于垄断、税收等一系列对价格和产量决策造成扭曲的经济行为带来的。例如，一种新上市的止痛药以边际成本出售，消费者可以获得大量的消费者剩余。但是，如果这种产品为某一家企业所垄断，企业将价格抬高到垄断价格水平，则由此带来的消费者剩余的损失就会大于垄断者获得的垄断利润，这种经济福利的纯耗费我们称之为无谓损失。简单来说，就是由于垄断等原因，使得企业和消费者的福利都受到损失的部分。正是垄断导致无谓损失的存在，使得市场呈现出低效率，资源无法进行最优配置。

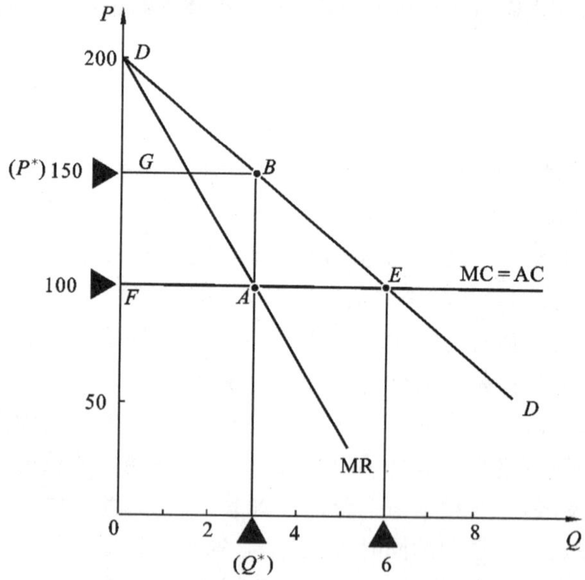

图 7-1　垄断者限制产量造成无谓损失

(二)应对垄断的公共政策

经济学家通常鼓励政府采用经济管制和反托拉斯政策两种方式来降低垄断带来的负面影响。

1. 经济管制

经济管制包括控制价格、市场准入与退出条件，以及控制服务标准。对行业进行监管的主要原因：一是防止寡头和垄断的市场力量滥用。自然垄断者相对其潜在的竞争对手而言拥有强大的成本优势，而且面对的是缺乏价格弹性的需求，因此它可以大幅度地抬高价格，获取巨额垄断利润，导致严重的国民经济非效率。例如地方上的水资源分配。无论是在取水加工、配水机制，还是自来水管道接入千家万户等环节，水资源分配的成本都是相当之高，以至于它只适合由某一个大企业来提供服务，否则成本只会更高。在实行经济监管条件下，政府专门机构将授权某个企业在特定区域内拥有供水专营权。这样，该企业承诺给该地区所有用户供水，而政府则审批该企业供水价格水平和其他服务条款。二是矫正信息不灵。在没有监管的情况下，消费者通常都没有足够的产品信息。如药品的测试都是昂贵的、复杂的。一方面政府监管药品，只允许销售那些通过了检验的药品；另一方面政府禁止虚假的误导性广告。在这两种情况下，政府所试图做的工作都是在提供一种自身有效的信息，以矫正市场不灵。

2. 反托拉斯政策

反托拉斯政策又称反垄断政策，其目的在于使消费者得以享用激烈的市场竞争带来的经济利益。西方的《谢尔曼法》《克莱顿法》《联邦贸易委员会法》都对垄断及其他不公平的竞争手段做了严格的规定。我国《反垄断法》于 2008 年 8 月 1 日正式实施，在实施期间，我国依法打击垄断行为，查处山西电力案等垄断协议案件 165 件、查处高通案等滥用市场支配地位案件 55 件，累计罚款金额超过 110 亿元人民币。2020 年国家市场监管总局就《反垄断法》修订草案公开征求意见，这次修订首次将互联网新业态列入其中，并大幅提高处罚标准。这次修订，符合我国经济社会快速发展、全球经济环境不断变化的需要，重点在于解决执法实践中遇到的最迫切问题。①

二、为什么你抽烟我受害？——外部性

为什么你吸烟我受害？

（一）外部性的定义

在生活中，我们经常碰见这些现象：在某一室内环境里，我们被动吸入二手烟；在大街上，我们被汽车的尾气熏晕；在夜晚，我们会被噪音打扰休息。而这些吸烟者、车主以及噪音制造者却不会对此负责，这就是所谓的“外部性”。用经济学理论来解释，外部性是指某一经济主体的经济行为对社会上其他人的福利造成了影响，但并没有为此承担后果。为什么吸烟者等经济主体没有为此付出代价呢？这一问题的关键在于这些经济主体的行为没有经过市场过程，对被动吸烟者的影响不是通过价格机制起作用的，而相关受害者是没有通过市场参与到该经济行为的第三方，属于路人甲。一般来说，经济主体的经济行为对社会的影响有两部分。一部分影响是通过生产、交换等市场行为实现的，另一部分影响是没有经过市场行为而实现的。比如烟民要买烟、烟草企业生产香烟、商店卖出香烟，这是市场上香烟的供给行为，烟民购买香烟则是市场的需求行为，我们可以利用之前所学的供求模型来分析烟民吸烟对香烟供求的影响，这属于市场行为；而烟民选择什么时间、什么地点吸烟以及吸烟对周围人产生的影响是没有经过市场交易的，价

---

① 新华网：反垄断法迎来大修罚金最高拟涨百倍. 2020-01-04. http://www.xinhuanet.com/legal/2020-01/04/c_1125420952.htm

格机制没有起作用，所以烟民不需要对这个影响负责，这就是外部性。再比如，免费的露天电影带给观影者的享受属于外部性，而付费观看电影带给观影者的享受就不属于外部性，因为付费的行为使观影者成为市场的交易主体，而不再是第三方路人甲。由此，我们可以归纳出正确理解和判断外部性的关键就是经济主体的经济行为对其他人的影响是否经过市场过程，没有经过市场过程的外部性不需要承担责任或得到补偿。

从上面的例子中我们可以看到，外部性有好的影响也有坏的影响。如果某项经济活动对社会上其他人带来了不利的影响，我们称之为负外部性。比如 2020 年的新冠疫情就具有强烈的负外部性：新冠病毒的烈性传染及长期潜伏性使得感染者成为行走的感染源，给社会上其他民众带来了危险。相反，如果某项经济活动对社会上其他人带来了有利的影响，则称之为正外部性。比如免费的露天电影、自家花园里种上美丽芳香的花朵可以让周围人欣赏等。这里提出一个小问题，请大家思考：我们常说的乐善好施、一人得道鸡犬升天是外部性吗？

通过上述的例子，我们可以感受到外部性在生产生活中无处不在、无时不在。但这些外部性的存在会造成一个严重的后果：在完全竞争条件下的资源配置将偏离帕累托最优。具体来说，像生产排污这类具有负外部性的行为可能会超出社会最优量，而乐善好施这类具有正外部性的行为却远远少于社会最优量，这将会导致资源配置偏离帕累托最优。

为什么外部性的存在会导致资源配置失当呢？我们先来通过例子看看负外部性的情况。假定企业在排放污水中产生的私人成本 C_P 是 1 万元（企业通常排污只需要几根排污管道），企业的排污行为给社会带来了巨大危害，产生的社会成本（政府需要净化污水，维护环境等）S_P 为 10 万元，而排污给企业带来的私人收益（企业节省了购买专业的净水设备等治污成本）V_P 为 6 万元。在这个过程中，企业的私人收益是大于私人成本而小于社会成本的（即 $C_P < V_P < S_P$，见图 7-2）。也就是说，企业从排污中得到了高于私人成本的收益，却没有承担所造成的社会成本的责任，而是由社会大众为此买单，这是典型的“损人利己”。在图 7-3 中，根据完全竞争市场的均衡条件，边际成本与边际收益所确定的产量是 X^*，在考虑了社会成本后，总的边际成本线包括了私人成本与社会成本，导致原 MC 向左上方移动，此时市场上理想的最优量是 X^{**}。可以看出，具有负外部性的经济活动，往往市场上的实际产量 X^* 大于帕累托最优量 X^{**}，导致资源配置失当。

图 7-2　企业排污下的负外部性

相反，我们再来看看正外部性的情况。假定某个人采取一项行动的私人成本为 C_P，所获私人收益为 V_P，所产生的社会收益为 V_S。由于存在正外部性，故社会收益 V_S 大于私人收益 V_P。当私人成本 C_P 大于私人收益 V_P 而小于社会收益 V_S 时(即 $V_P<C_P<V_S$)，尽管会对社会有益，但对于经济主体来说是赔本的。依照理性人假设，经济主体不会着手该项行动。分析可得，对于具有正外部性的经济行为，市场配置量往往小于帕累托最优量。通过图 7-4 我们也可以得出相应的结论。此时的 MR 包括了私人收益与社会收益，故 MR 向上平移。在 MC 保持不变的情况下，帕累托最优量为 X^{**}，市场实际产量为 X^*，显然 $X^*<X^{**}$。

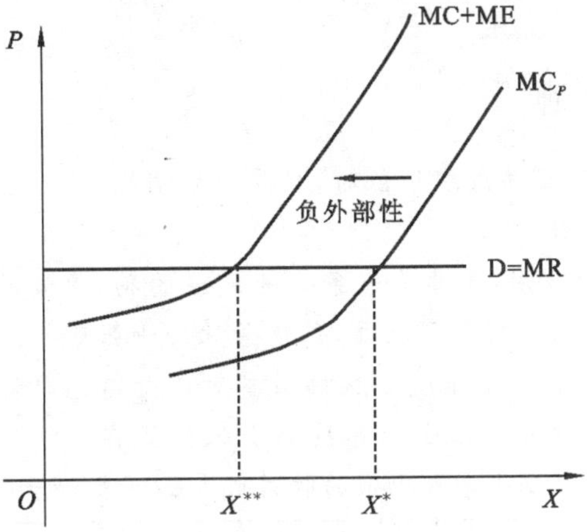

图 7-3 负外部性下的帕累托

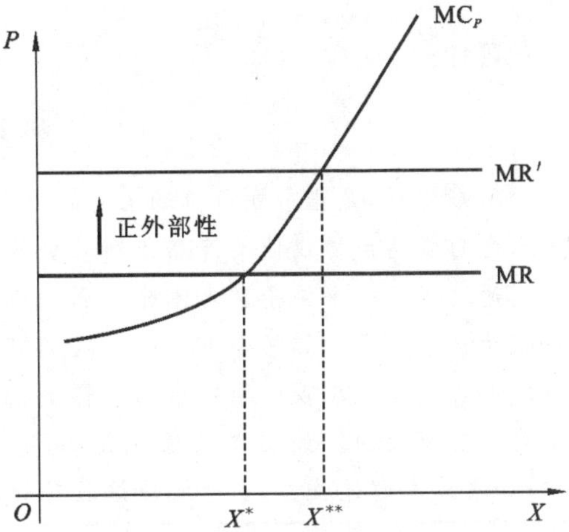

图 7-4 正外部性下的帕累托

(二)外部性的解决方案

如何解决外部性导致的市场资源配置不当呢？我们把握的核心在于“外部性内部化”，具体来说有以下几种方法。

第一，使用税收和津贴。对具有负外部性的经济行为进行征税，征税数额等于其给社会造成的损失，从而使得私人成本等于社会成本。例如 1920 年英国经济学家庇古提出应当根据污染所造成的危害对排污者征税，征税数额等于治理污水的费用，企业内部承担了这笔费用，使得外部效应内部化。现在人们把针对污染物排放所征收的各种税费统称为庇古税，并且在经济活动中得到广泛的应用。相反，对具有正外部性的经济行为，政府可以通过津贴或奖励的方式，使得行为者的私人收益与社会收益一致，从而资源配置能够达到帕累托最优状态。

第二，使用企业合并的方法。当一个企业的生产影响到另一个企业的生产时，如果影响是正，则第一个企业的生产水平就会低于社会最优水平；反之，如果影响是负的，则第一个企业的生产就会超过社会最优水平。如果将两个企业合并成为一个企业，这时的外部影响就被“内部化”。合并后的企业为了自己的利益最大化，将会使生产数量确定在 MR＝MC 的水平上，资源配置达到帕累托最优状态。

第三，使用规定财产权的方法。在许多情况下，外部影响之所以导致资源配置失当，是由于财产权不明确。如果财产权在完全确定并得到充分保障的前提下，有些外部影响就不会发生。例如，某条河流的上游污染者使下游用水者受到损害。如果给予下游用水者以使用一定质量水源的财产权，则上游的污染者将因把下游水质降到特定质量之下而受罚。在这种情况下，上游污染者便会同下游用水者协商，将这种权利从他们那里买过来，然后再让河流受到一定程度的污染。同时，遭到损害的下游用水者也会使用他出售污染权而得到的收入来治理河水污染。由于污染者为其不好的外部影响支付了代价，故其私人成本与社会成本之间不存在差别，实现了外部性内部化。这种方法实际上是“科斯定理”的一个应用。

知识延伸：

科斯定理

科斯定理，是指当竞争市场上存在外部性且交易成本很低时，只要产权明晰，有关当事人会自觉达成协议使某产品达到社会最优产出。

通过下面一个例子来具体介绍科斯定理的应用：小李有一条名为波波的狗，波波的狂吠干扰了小李的邻居小张。小李从拥有一条狗中得到了收益，但这条狗给小张带来了负外部性。通过比较小李从养狗中得到的收益和小张承受狂吠的成本可以知道怎样做是对社会有效的。如果收益超过成本，有效的做法是让小李养狗而小张生活在狂吠声中；如果成本超过收益，小李就应该放弃养狗。假设小李和小张的收益成本如下表所示：

状况	小李养狗的收益	小张受狗吠的成本	协商结果
1	500 元	800 元	小李放弃养狗
2	1000 元	800 元	小李继续养狗

假设小李在法律上有养狗的权利，则只要小张付出高于小李养狗收益的成本就能使其放弃养狗；假设小张在法律上有权要求和平与安宁，结果会不同吗？虽然这种权利对小张有利，但结果不会改变。在这种情况下，如果小李养狗的收益大于狗吠对于小张的成本，小李可以向小张付钱，让小张同意他养狗。总之，在两种情况下，双方都可以通过互相协商来解决外部性问题。

思考题：科斯定理能够完美解决外部性问题吗？

三、为什么期末的自习室总没有我的位置？——公共产品

每当期末的时候，学校图书馆总是排满了人，不少同学常常为了一方书桌早早起床排队，为什么期末的自习室总没有我的位置呢？其实，这个问题就涉及接下来我们要分析的市场机制失灵问题。

新闻报道：

海南考研座位要提前一年抢 出租 40 天可收 200 元[①]

为方便考研的学生自习，不少高校都在图书馆专门开辟了“考研自习室”。其中，最壮观的当属海南大学（简称海大）图书馆一楼的“超级大教室”，面积达数百平方米，里面摆了很多桌子，每张桌子上都堆满了学习资料。这间自习室常年无休，每天从 7:40 到 22:40 都对学生开放。

9 月 20 日，正值中秋放假，教学区停电，自习室里有些闷热，但海大“考研自习室”内依然坐满了人，大家都在全神贯注地看书做题。

“在此处找到一席之地是非常幸运的事。”该校机电工程专业应届毕业生刘同学说，这间自习室的座位相对固定，早在 2013 年寒假，便被备战 2014 年全国硕士研究生考试的学子们“瓜分殆尽”了。“我这个座位，是从上一届一名相熟师兄那里继承下来的。”刘同学以分享经验的口吻说，如果你想考研，要从大一开始做规划，从大三开始在自习室里找座位。

因为“僧多粥少”，考研的学生年年增加，自习室的座位却是有限的。经常会看到一些没能占到座位的同学，在各高校的论坛上发布高价求租座位的贴子。“放寒假时有一些同学回家过年，又不愿意自己的位置空着被别人占走，于是主动租给了不回家的同学，租期 40 天，一般收 200 块左右。等于找了一个人帮自己看守座位，又有钱赚，多划算。”海大的刘同学笑着说。

（一）物品分类

在微观经济学中，我们将生活中的产品按照是否具有排他性与竞用性来划分。首先，我们来了解一下什么是排他性与竞用性。排他性是指只有对商品支付价格的人才能够使用该商品；竞用性是指如果某人已经使用了某个商品（如某一飞机座位），则其他人就不能再同时使用该商品。依据这两种特性，我们将生活中的物品分为了私人物品、俱乐部物品、公共资源、公共物品这四类（见表 7-1）。

首先，私人物品是最常见的，它具有排他性与竞用性。显然，我们吃的水果、穿的衣服、用的私人电脑都属于这个范畴。在上述新闻报道中，学生显然是将自己的座位当作私人物品租给了其他人。其次，俱乐部物品具有排他性与非竞用性，比如时下流行的超前点播，如果你不支付一定的费用，你就无法提前观看相应的节目（排他性），但你在观看节目的时候并不妨碍其他付费用户同时在线观看（非竞用性）。再次，公共资源具有非排他性与竞用性，比如公海中的鱼。即使某处的渔业资源归一方所拥有，但要阻止其他人享用此处的渔业资源是很难做到的，或者说要付出高昂的成本（非排他性），而一旦过度捕捞则会导致其他人享有的渔业资源减少（竞用性）。最后，公共物品具有非排他性与非竞用性，比如绿化、国防等，一个公民即使拒绝为国防付费，也可以享受国防的好处（非排他性），而新生人口在享受国防提供的安全服务时，原有人口对国防的“消费”水平不会因

① 人民网，2013-10-11. http://edu.people.com.cn/n/2013/1011/c1053-23159404.html

此而降低(非竞用性)。在此,我们特别提到我国生产的新冠疫苗也是属于公共物品。当新冠疫苗产量增加至充足时,每一个人对它的消费,并不导致其他人可消费量的减少(非竞用性),同时,由于国家对疫苗进行统一购买分配,免费提供给居民,故所有成员都有资格消费(非排他性)。物品分类见表 7-1 所示。

表 7-1　区分物品类别

		竞用性	
		有	无
排他性	有	私人物品	俱乐部物品
	无	公共资源	公共物品

(二)为什么公共物品不能完全由私人企业来提供?

在了解了什么是公共物品与公共资源后,我们回到本节最开始的问题,为什么公共物品不能完全由私人企业来提供?

首先,我们对公共物品与市场失灵进行探讨。实际上,出于利己主义或公益动机,社会上的部分公共物品是可以由私人企业来提供。例如,企业对周围环境进行绿化工程就属于公益行为。但很明显,这部分公共物品的供给是远远达不到社会需求的。究其根本,公共物品存在非排他性,即消费者不用付费就能享受产品,我们称这一行为为“搭便车”。我们在生活中经常能遇见“搭便车现象”,如熟人开车顺路将我们送达目的地、团队合作中偷懒的人与做出更多贡献的人都享受到了最后的荣誉等。在“搭便车”现象存在下,企业难以从公共物品中获取更多的收益,因此无法提供足够的产品,市场机制无法实现资源有效配置。

在市场机制失灵的情况下,政府必须承担提供公共产品的任务。西方经济学家通常使用成本-收益分析这种方法来确定某公共物品是否值得生产以及应该生产的数量。它首先估计一个项目所需花费的成本以及它所可能带来的收益,然后对二者加以比较,最后根据比较结果来决定该项目是否值得。近年来,我国在提供公共产品方面采取了许多创新举措,如 PPP 模式(public-private partnership),它是指由社会资本承担设计、建设、运营、维护基础设施等主要工作,并获得合理投资回报;政府部门负责基础设施及公共服务价格和质量监管,确保公共利益最大化。如北京地铁 4 号线就是我国城市轨道交通领域的首个 PPP 项目,该项目由北京市基础设施投资有限公司具体实施,不仅有效缓解了北京市政府的投资压力,也形成了同业激励格局,促进了技术进步,创新了市场化合作模式。

其次,我们对公共资源与市场失灵进行分析。大海里的渔业资源,山林里的林木资源都是自然界给予我们的公共资源,由于这些产品不具有排他性,在出于自身利益的情况下,都会尽可能多地去利用它,可是一旦过度使用,就会造成灾难性的后果。下面我们以西方学者经常使用的“公地的悲剧”为例来说明公共资源面临的困境。在一片牧地上,人们会争相放牧,使得实际的均衡奶牛数量远远超过牧地所能承受的最优水平,由此导致牧地日益衰落,最终牧民的利益受损。换句话说,人们尽管都在追求自己利益最大化,但最终结果是每个人的利益都受损。我们可以看到，在没有政府的干预下，市场机制使得公共资源无法持续有效地进行配置。

如何解决“公地的悲剧”这一问题呢？政府毫无疑问要充分发挥自己的职能对市场进行规范。首先政府需要建立并明确产权，同时制定相应的政策法规，确认责任与义务。当资源被企业或个人私有化后，他们就有动力对相应的资源进行保护；其次，公地悲剧可以类比为一个具有负外部性影响的行为，那么通过征税、发放许可证等方式使其私人成本等于社会成本，就能有效控制公有资源的使用；最后政府可以直接介入，对公有资源进行保护，如前文中提到的禁捕政策、退耕还林政策等，都能使资源得到补充与保护。

四、为什么“只有买错，没有卖错的”？——信息不对称

(一)什么是信息不对称?

在当今这个“信息大爆炸”的时代，我们的任何行为与决策都取决于对信息的掌握与判断。信息，是一种有价值的资源，它能够提高经济主体的效用和利润。我们在点外卖的时候是否会查看平台上商家的评价与评分？消费者对商家的评价就是信息的一种表现形式，我们会根据评分的高低来判断外卖的品质。但同时，我们也会陷入“信息漩涡”，我们无法判断对商家的评价是否客观公正，无法判断是否存在同业恶意差评现象。由此可见，在现实经济中，信息常常是不完全的。

进一步观察，我们还能发现不同的经济主体缺乏信息的程度往往是不一样的。市场经济的一个重要特点是，产品的卖方一般要比产品的买方对产品的质量有更多的了解。疫情期间，众多“宅家”消费者压抑许久的消费欲望在各种电商平台中找到了宣泄出口，让电商直播行业逆势上涨。据中国消费者协会 2020 年 3 月 31 日在北京发布的《直播电商购物消费者满意度在线调查报告》显示，越来越多的消费者能够接纳直播电商。但随着电商直播购物的兴起，其中存在的多项问题也不容小觑。调查显示，有 37.3%的受访消费者在直播购物中遇到过消费问题：消费者容易受到直播氛围影响而冲动购物；由于信息不对称，消费者被夸大宣传或虚假信息误导，购买到假冒商品和“三无”产品等①。例如 2020 年 11 月的“辛巴燕窝门”事件中，厂家产品本身属于假冒伪劣产品，而辛巴团队在选品过程中并未识别，同时在直播过程中存在虚假宣传等行为，不仅对直播团队声誉造成影响，也使得消费者受到损失，这就是“信息不对称”的表现，即有些人比其他人拥有更多的相关信息。

(二)市场失灵的具体表现

1. 逆向选择

逆向选择又称不利选择，是指发生在交易之前，那些最有可能造成不利后果的交易

① 中国消费者协会. 直播电商购物消费者满意度在线调查报告，2020-03-31. http://www.cca.org.cn/jmxf/detail/29533.html

对象，往往最有可能被选中。如美国经济学家阿克洛夫首开逆向选择理论研究的先河。1970 年，他在《柠檬市场：质量不确定性与市场机制》一文中解释了为什么在信息不对称的情况下，假冒伪劣产品会充斥整个市场。我们通过二手车市场的例子来更加清楚地解释逆向选择：假如在一个二手车市场上买卖双方各有 100 人，他们都了解二手车中优等车和劣等车各占一半。卖家对优劣车的预期售价分别为 2 万元和 1 万元，买家的预期支付价格分别为 2.4 万元和 1.2 万元。由于二手车的质量信息在买卖双方之间是不对称的，买家不得不对每辆旧车的质量进行推测。因此他已经知道好车和坏车各占一半，故买家将以 $2.4\times1/2+1.2\times1/2=1.8$ 万元的预期值购买。显然，平均质量的预期价格为 1.8 万元，低于优等车的最低预期售价，部分优等车的卖家在不接受 1.8 万元的售价下退出市场。部分优等车在退出市场后，假若市场上的优等和劣等车比例变化为 2∶3，买家也会感觉到这一变化，其预期价格将不再是 1.8 万元，而是 $2.4\times2/5+1.2\times3/5=1.68$ 万元。对于劣等车主来说，在售价远高于最低支付价格时，乐于成交；但对优等车主来说，在售价低于最低支付价格时，他只能选择退出市场。随着二手车的平均质量不断下降，买家愿意支付的价格越来越低，且无限接近 1 万元时，二手车市场上只有劣等车出售，这样劣等车就把优等车挤出市场（见图 7-5）。将优等车与劣等车替换成正品与伪劣品，运用二手车模型可以得到同样的结论：与优胜劣汰相反，伪劣品会将正品驱逐出市场，这种劣币驱逐良币现象大量出现在信息不对称市场中，因此逆向选择会导致市场失灵。

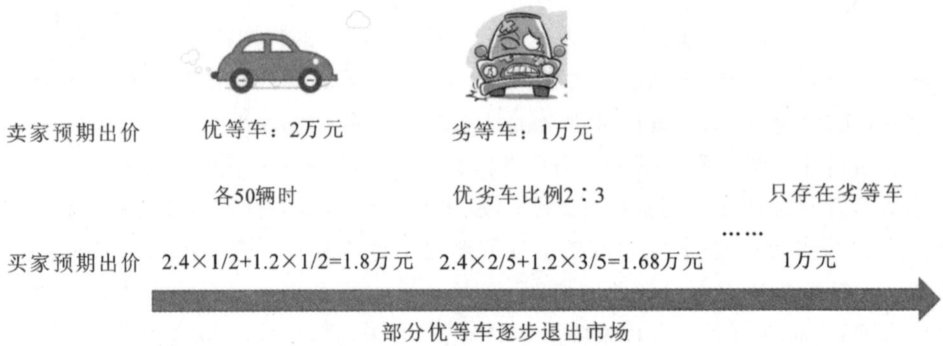

图 7-5　二手车市场逆向选择推导过程

2. 道德风险

不同于逆向选择，道德风险则是发生在签订合同或交易之后。所谓道德风险并不等于道德败坏，它是 20 世纪 80 年代西方经济学家提出的经济哲学范畴的概念，即从事经济活动的人在最大限度地增进自身效用的同时做出不利于他人的行为。通常，经济人会隐藏自己的私人信息，而他人难以知晓这些信息，由此形成了信息不对称。信息优势的一方，自然会做出利于自己的行为，这将会损害到信息劣势一方的利益。以财产保险为例，当保险合同签订之后，客户能否像以前那样精心保管自己的财产？保险公司难以知情；而客户会刻意隐瞒这一信息，并利用信息优势，不愿再像以前那样劳神费力地保管自己的财产。于是，财产损失的风险就转嫁给了保险公司。当发生了财产损失时，就由保险公司进行理赔。如果信息是对称的,财产损失原本有可能不会发生,因此道德风险也带来了资源配置失当。

新闻报道:

土耳其男子将孕妻从悬崖推下殒命 被控“杀妻骗保”①

据英国《镜报》报道,土耳其一名男子近日受到警方指控,称其在度假时,将在1000英尺(约304米)高的悬崖边拍完照的妻子推下悬崖。报道称,该男子的妻子当时已怀孕七个月,被推下悬崖后连同她未出生的孩子一起殒命。警方称,现年40岁的哈坎·艾萨尔于2018年6月在土耳其城市穆拉东南部的蝴蝶谷度假时,将其32岁的妻子塞姆拉·艾萨尔从悬崖推下杀害,并试图向保险公司索要他不久前为妻子购买的人身意外伤害保险赔偿金。

检方为艾萨尔所犯“蓄意谋杀”罪准备的起诉书称,哈坎·艾萨尔出于经济动机策划并谋杀了他的妻子。他先给妻子购买了保额为40万土耳其里拉(约合37万元人民币)的人身意外伤害保险,唯一的受益者是他自己。

起诉书还指出,艾萨尔不久后要求支付保险金,但在他被警方调查的消息披露后遭到保险公司拒绝。

3. 委托-代理问题

在信息经济学中,委托人与代理人的概念和法律意义上的委托人与代理人不同,这二者与信息在交易双方的分布密切相关。我们称交易活动中信息优势的一方(知情人)为代理人,而信息劣势的一方(不知情人)为委托人。例如在进行网购的过程中,消费者是委托人,卖家是代理人。在现实生活中,委托-代理关系非常普遍,例如,雇主和雇员,股东和经理,被告和律师等。在这些例子中,前者是“委托人”,后者是“代理人”。由于二者的利益不一致,因此对委托人来说,如何确保代理人按照自己的要求行事是十分重要的问题。而这就是所谓的“委托-代理”问题,即由于委托人不能确切地了解代理人的行为,代理人可能追求他们自己的目标,而以牺牲委托人的利益为代价的情况。

利用委托-代理模型,我们可以解释为什么我国20世纪70年代的家庭联产承包责任制使得农村面貌焕然一新。众所周知,农产品的收成主要取决于两大因素:主观上农民是否努力干活,客观上自然环境是否适合农作物生长,但主观因素和客观因素各自的作用究竟有多大,我们很难区分。实施承包责任制之前,农村实行的是集体劳动和平均分配劳动成果。对于农民来说,是否努力劳动只有自己最清楚,所以农民是代理人,而生产队是委托人。由此农民与生产队之间存在着委托-代理问题:农民会凭借信息优势,普遍地消极怠工,出勤不出力。而农业活动分散在广袤的田间地头,生产队很难时刻监督农民耕作情况,此时,信息不对称难以消除。而劳动成果的平均分配加剧了农民的偷懒行

---

① 上游新闻,2021-02-18,
https://baijiahao.baidu.com/s?id=1692002211890107526&wfr=spider&for=pc

为，对于农民来说“干多干少一个样、干好干坏一个样、干与不干一个样”，久而久之，农产品人为歉收的情形大量存在，吃不饱穿不暖的事情比比皆是。在上述案例中，我们可以看到委托人对代理人的情况缺乏了解，也很难有效“监控”代理人的一举一动。那么，采取什么方式可以确保代理人能够按照约定为委托人的利益服务呢？经济学家开出了一个妙方：通过机制设计以实现激励兼容，可以解决劳动监督问题，摆脱委托-代理问题的困扰。经济学家赫维茨创立了“激励相容”的机制设计理论：设计一种制度安排，使代理人追求个人利益的行为恰好与委托人的价值最大化目标相吻合。家庭联产承包责任制就体现了这种“激励相容”，因为大包干的制度要求“保证国家的，留足集体的，剩下都是自己的”，这保证了代理人与委托人的利益一致，极大地激发了农民的生产积极性，有效地解决了监督难的问题。辛勤耕耘，农产品的收获就越多，在完成了国家和集体的定额任务之后，归自己分享的劳动成果也就越多。这样，小岗村一年就大变样：1979 年秋收时，粮食总产量由 1978 年的 1.8 万公斤猛增到 6.6 万公斤。

思考题：

1. 你认为新冠疫苗属于公共产品吗？如果是的话，你会如何安排接种顺序？
2. 你认为该如何减少网购中“买家秀”与“卖家秀”差别巨大的问题。

延伸阅读

莫让互联网平台变垄断收租平台

第八章　宏观财富的核心指标——GDP

教学目的：通过本章的学习，让学生熟知代表一国收入的 GDP 总量指标，掌握 GDP 的内涵及其核算方法，能客观评价 GDP 这一指标的弊端。

教学重点和难点：GDP 的内涵，核算 GDP 的支出法和收入法，名义 GDP 和实际 GDP 的区别，GDP 和 GNP 以及 NI 的区别。

主要教学内容及要求：

1. 教学内容

(1)GDP 的含义和衡量。

(2)名义 GDP 和实际 GDP 的区别，GDP 和 GNP 的区别。

(3)与 GDP 相关的宏观经济问题。

(4)对 GDP 的客观评价。

2. 教学要求

了解：GDP 这一宏观经济指标。

理解：GDP 的内涵，核算 GDP 的收入法和支出法，名义 GDP 和实际 GDP 的区别，对 GDP 的正确评价。

掌握：GDP 的概念，核算 GDP 的支出法、收入法，GDP 和 GNP 的区别，正确看待 GDP 的缺陷，正确看待中国名义 GDP 和人均 GDP 在世界的排名。

熟练掌握：GDP 的概念理解，收入法和支出法的 GDP 核算。

同学们对 GDP 并不陌生吧？我们每年都能从统计局和政府工作报告中看到全国各省的 GDP。作为“经济成绩单”C 位的 GDP 一直备受关注，那么其背后代表的究竟是什么？为什么大家如此重视 GDP？GDP 又是如何计算出来的呢？本章我们将带领大家更加深刻和全面地认识 GDP。

一、GDP 为什么总占“经济成绩单”的 C 位？——GDP 的含义

(一)理解 GDP 概念

对于企业来说，它某年的真正产出是生产经营所新增的价值；对于国家而言，该地区的总产出(GDP)是各行业新增价值的总和。那么什么是新增价值呢？举个例子，一件上衣从生产到消费者最终使用共要经过 5 个阶段：种棉、纺纱、织布、制衣、销售。假设棉花价值为 15 元，并假定它都是当年新生产的价值，不再包含为生产棉花所费的肥料、种子等的价值。再假定棉花纺成纱售价 20 元，于是纺纱厂生产的价值是 5 元，即增值 5 元。

20 元纱织成布售价 30 元，于是织布厂生产的价值是 10 元，即增值 10 元。30 元布制成成衣卖给售衣商为 45 元，于是制衣厂生产的价值是 15 元，即增值 15 元。售衣商卖给消费者为 50 元，于是售衣商在售卖过程中使得上衣增值 5 元（见表 8-1）。可见，这件上衣在 5 个阶段中的价值创造即增值共计 15＋5＋10＋15＋5＝50 元，正好等于这件上衣的最后售价。现在这件上衣不再出售，由其最后使用者即顾客消费了。像这样一种在一定时期内生产的并由其最后使用者购买的产品和劳务就称为最终产品，而棉花、纱、布等则称中间产品，中间产品是指用于再出售而供生产别种产品用的产品。

表 8-1　一件上衣从生产到销售各阶段的市场价值和新增价值　　单位：元

	种棉	纺纱	织布	制衣	销售
市场价值	15	20	30	45	50
新增价值	15	20－15＝5	30－20＝10	45－30＝15	50－45＝5

上衣的例子说明，一件最终产品在整个生产过程中的价值增值，等于该最终产品的价值。一个国家在一定时期内（通常指一年）生产千千万万种最终产品。按照西方经济学的说法，这些最终产品的价值总和就等于生产这些最终产品的各行各业新创造的价值的总和。因此，我们可以得到结论一：

总产出（GDP）＝新增价值总和＝全部最终产品市场价值总和

新增价值又是如何分配的呢？以制衣厂新增价值 15 元为例，假设制衣厂缴纳间接税 2.5 元，提取折旧 0.5 元，支付工资 7 元，支付利息 1 元，支付租金 1 元，获得税前利润 3 元，所以制衣厂新增价值 15 元＝2.5＋0.5＋7＋1＋1＋3。所有行业新增价值均如此分配。这样我们可以得出：总产出（GDP）＝新增价值总和＝间接税＋折旧＋工资＋利息＋租金＋税前利润（其中税前利润＝企业所得税＋社会保障税＋股东红利＋未分配利润）。我们将上述公式进行归纳总结，那么总产出（GDP）由三部分收入组成：一是由工资、利息、租金和股东红利构成的家庭收入；二是含未分配利润的企业盈余收入；三是包括间接税、企业所得税和社会保障税的政府税收收入。这三者收入之和称之为总收入。所以可得结论二：

总产出（GDP）＝新增价值总和＝总收入

在上述例子中，作为最终产品的上衣的市场价值为 50 元，与购买该件最终产品的支出相等。上衣是这样，千千万万件产品都是这样。因此，生产的所有最终产品市场价值总和等于购买最终产品的总支出。如果最终产品的生产和销售不相等，差额部分以存货投资作为企业购买自己生产产品的投资支出计入 GDP，该等式仍然成立。比如生产最终产品 100 元，其中销售 80 元，存货 20 元，则总支出等于销售 80 元加上存货投资支出 20 元，生产的最终产品市场价值仍然等于总支出。因此，我们应该将 GDP 的统计口径界定在生产端而不是销售端，它衡量了一个国家的总支出，可得到结论三：

总产出（GDP）＝全部最终产品市场价值总和＝总支出

经过上面的推理，我们可以界定 GDP 即国内生产总值的含义为：经济社会（一个国家或地区）在一定时期内（通常指一年）生产的全部最终产品（物品和劳务）的市场价值。在这里，我们还需要注意以下几点。

（1）GDP 是一个市场价值的概念，测度的是最终产品的价值，中间产品价值不计入 GDP，否则会造成重复计算。

（2）GDP 衡量的是生产的而不是销售的最终产品价值。

（3）GDP 是一定时期内发生的流量，而不是时点上的存量。

（4）GDP 是一国范围内生产的最终产品的市场价值，从而是一个地域概念，而与此相联系的国民生产总值（GNP）则是一个国民概念，乃指某国国民所拥有的全部生产要素在一定时期内所生产的最终产品的市场价值。因此，一个在日本工作的美国公民的收入要计入美国的 GNP，但不计入美国的 GDP，而计入日本的 GDP。反之，一个在美国制造业中开设公司的日本老板取得的利润是日本 GNP 的一部分，而不是美国 GNP 的一部分，但它是美国 GDP 的一部分。因此，若某国一定时期内的 GNP 超过 GDP，说明该时期该国公民从外国获得的收入超过了外国公民从该国获得的收入，而 GDP 超过 GNP 时，说明的情况则正相反。在 1991 年 11 月之前，美国均是用 GNP 作为对经济总产出的基本测量指标。后来改用 GDP，原因是大多数国家都用 GDP，同时，由于国外净收入数据不足，GNP 不易衡量，GDP 则较易测量，再加上 GDP 相对于 GNP 来说是国内就业状况的更好衡量指标（本国使用外资时解决的是本国就业问题）。当然，对美国来说，GDP 和 GNP 的差异较小。

（5）GDP 一般仅指市场活动导致的价值。家务劳动、自给自足生产等非市场活动不计入 GDP 中。

知识延伸

破窗理论[①]

法国著名经济学家巴斯夏在其著作《看得见的与看不见的》中描述：假设一个人砸碎了理发店玻璃窗，这一行为虽然对社会造成了破坏，但是理发师的不幸却是社会的福音，它将为玻璃生产商制造商机，生产商拿到钱后又去购买其他生产商的产品。在乘数效应的作用下，他给社会造成的损害只是一次性的，可是给社会带来的机会却是连锁性的。结论是：打碎一块玻璃，提供了无数金钱和就业机会，得大于失。

（二）其他重要的经济衡量指标

GDP 是衡量国家经济的核心指标，但与之相关的还有一些指标需要我们了解，本节我们将掌握它们之间的关系。

1. 国内生产净值（NDP）

NDP（net domestic product）是一个国家（或地区）所有常住单位在一定时期（通常为

---

① 经济参考报，2008-05-21. http://www.jjckb.cn/gc/2008-05/21/content_98193.htm

一年)内运用生产要素净生产的全部最终产品(包括物品和劳务)的市场价值。NDP在考虑了"折旧"后,能够明确诠释生产、增长及总价值与消耗、效率、净价值之间的关系。但NDP也有其缺陷,因为我们无法客观计算折旧数额,故NDP结果可能存在误差。其计算公式如下:

$$\text{NDP}=\text{GDP}-\text{资本折旧} \tag{8.1}$$

2. 国民收入(NI)

当我们把蛋糕做好做大时,我们还需要考虑分配问题,这里的国民收入指按生产要素报酬计算的国民收入。由于国家需要资金维持整个国家的运转,故"蛋糕"不可能完全分给每个人,我们需要从国内生产净值中扣除各种税收。当然,政府对企业、行业会进行补贴,这部分属于生产之外的收益,同样可以分配给所有生产者,我们在扣除税收并加上政府补贴后就得到一国生产要素在一定时期内提供生产性服务所得报酬。间接税虽构成产品价格,但不成为要素收入;相反,政府给企业的补助金虽不列入产品价格,但成为要素收入。故前者应扣除,后者应加入。

3. 个人收入(PI)

生产要素报酬意义上的国民收入并不会全部成为个人的收入。例如,利润收入中要给政府缴纳公司所得税,公司还要留下一部分利润,只有一部分利润会以红利和股息形式分给个人。职工收入中也有一部分要以社会保险费的形式上缴有关机构。此外,人们也会以各种形式从政府那里得到转移支付,如退伍军人津贴、工人失业救济金、职工养老金、职工困难补助等。因此,从国民收入中减去公司未分配利润、公司所得税及社会保险税(费),加上政府给个人的转移支付,就得到个人收入。

4. 个人可支配收入(DPI)

个人收入不能全归个人支配,因为要缴纳个人所得税,税后的个人收入才是个人可支配收入,即人们可用来消费或储蓄的收入。

二、GDP的C位是怎么来的?——GDP的核算

根据国家统计局发布的数据,截至2019年末,我国国民生产总值达到98.42万亿元,比2010年增加了54.44万亿元,增长了123.78%,稳居世界第二位,对世界经济增长贡献率达30%,持续成为推动世界经济增长的主要动力源。那么GDP是如何核算的呢?

在上一节中,我们认识到国内生产总值是全部最终产品的市场价值总和,但由于最终产品种类繁杂,且最终产品与中间产品难以区分,故一般不按其定义来进行核算。根据上文所归纳的三个结论,我们将核算方法分为支出法、收入法与生产法,接下来我们分别对这三种方法进行介绍。

(一)支出法

支出法的理论依据为结论三,即总产出等于总支出,是指通过核算一定时期整个社会购买最终产品的总支出来计量GDP。在现实生活中,产品和劳务的最后使用,除了居

民消费[①]，还有企业投资[②]、政府购买[③]及净出口[④]。因此用支出法核算 GDP，就是核算经济社会在一定时期内消费、投资、政府购买以及净出口等方面的支出的总和。我们通常将消费支出用 C 表示，企业投资用 I 表示，政府购买用 G 表示，净出口用 NX 表示，因此得出支出法公式：

$$\mathrm{GDP}=C+I+G+\mathrm{NX} \tag{8.2}$$

如果我们将政府购买划分为政府消费与投资，则 GDP 就可以分为消费、投资（又称资本形成）、净出口三个方面，也就是所谓的“三驾马车”；这三项也同样可以对应为消费需求、投资需求与国外需求，前面两种需求统称为内需，国外需求又称外需。2020 年我国提出“深化供给侧结构性改革，充分发挥我国超大规模市场优势和内需潜力，构建国内国际双循环相互促进的新发展格局”，其中双循环就是要求挖掘国内市场需求潜力，提高国内大循环效率，同时发挥对外贸易大国优势，发展高水平开放型经济，促进内外市场和规则对接。支出法 GDP 的项目构成，反映了一国或地区需求结构及其变化。

（二）收入法

收入法的理论依据为结论二，即总产出（GDP）＝总收入，是指通过核算一定时期所有要素的收入，包括政府收入来计量 GDP。收入法的公式：

$$\mathrm{GDP}=\text{间接税}+\text{折旧}+\text{工资}+\text{利息}+\text{租金}+\text{税前利润} \tag{8.3}$$

$$\text{税前利润}=\text{企业所得税}+\text{社会保障税}+\text{股东红利}+\text{未分配利润} \tag{8.4}$$

在结论二的介绍中，我们已经阐述了 GDP 其实就等于家庭收入、企业盈余收入和政府收入之和，即 GDP 在家庭、企业和政府之间的分配。与支出法不同，收入法 GDP 的构成反映了一国或地区的收入分配结构及其变化。

（三）生产法（增加值法）

生产法的理论依据为结论一，即总产出（GDP）＝新增价值总和，是指通过核算三产业（三大产业）的增加值来计量 GDP，生产法 GDP 的构成反映了一国或地区的产业结构及其变化。其公式：

$$\mathrm{GDP}=\text{第一产业增加值}+\text{第二产业增加值}+\text{第三产业增加值} \tag{8.5}$$

尽管三种计算方法都是用来衡量 GDP，但由于在数据统计过程中，部分口径统计难度较大，故实际核算中数据仍有所差异，如 2019 年我国生产法 GDP 为 90.03 万亿元，而支出法 GDP 为 88.44 万亿元，其中相差了 1.59 万亿元。需要注意，目前我国是以生产法数值为基础。

---

① 消费支出：指居民消费，包括购买耐用消费品、非耐用消费品以及劳务的支出，建造住宅支出不包括在内

② 企业投资：包括固定资产投资和存货投资

③ 政府购买：指政府购买支出，政府支出的另一部分如政府转移支出不计入 GDP

④ 净出口：出口是国外购买本国产品的支出，进口是本国购买国外产品的支出，净出口是出口减去进口后的部分

(四)实际 GDP 与名义 GDP

我们在计算 GDP 时提到过最终产品的“市场价值”,在通货膨胀的影响下,最终产品的市场价值每年是不一样的。但我们需要用一根固定不变的尺子来衡量国民产出和收入,经济学家的方法是从国民产出中剔除价格增长的因素,以得到国民产出的实际值。由此我们引出实际 GDP 与名义 GDP 的概念。

所谓名义 GDP 是用生产产品和劳务的当年价格计算的全部最终产品的市场价值;实际 GDP 是用从前某一年的价格作为基期价格计算出来的全部最终产品的市场价值。假设某国最终产品以草莓和跑鞋代表。两种产品在 2019 年(现期)和 2009 年(基期)的价格和产量分别如表 8-2 所示,则以 2009 年价格计算的 2019 年的实际国内生产总值为 530 万美元。

表 8-2　以 2009 年为基期,计算出的 2019 年的名义和实际 GDP

	2009 年名义 GDP	2019 年名义 GDP	2019 年实际 GDP
草莓	30 万单位×2 美元/单位=60 万美元	40 万单位×2.5 美元/单位=100 万美元	40 万单位×2 美元/单位=80 万美元
跑鞋	10 万单位×30 美元/单位=300 万美元	15 万单位×40 美元/单位=600 万美元	15 万单位×30 美元/单位=450 万美元
合计	360 万美元	700 万美元	530 万美元

2019 年名义国内生产总值和实际国内生产总值的差别,可以反映出这一时期和基期相比价格变动的程度。在上例中,700/530=132.08%,说明 从 2009 年到 2019 年该国物价水平上升了 32.08%。在这里,132.08%称为 GDP 折算指数或平减指数。可见,GDP 折算指数是名义 GDP 和实际 GDP 的比率。如果知道了 GDP 折算指数,就可以将名义 GDP 折算为实际 GDP,其公式:

$$\text{实际 GDP}=\text{名义 GDP}\div\text{GDP 折算指数} \tag{8.6}$$

在上例中,从 2009 年到 2019 年,GDP 名义上从 360 万美元增加到 700 万美元,实际只增加到 530 万美元,即如果扣除物价变动因素,GDP 增长了 47.22%,而名义上却增长了 94.44%。

(五)中国的 GDP 发展

改革开放以来 40 年,我国坚持以经济建设为中心,锐意推进改革,全力扩大开放,经济发展步入快车道。从 1978 年到 2017 年,我国国内生产总值按不变价计算增长 33.5 倍,年均增长 9.5%,平均每 8 年翻一番,远高于同期世界经济 2.9%左右的年均增速,在全球主要经济体中名列前茅。

经济总量连上新台阶,增量规模显著扩大。1978 年,我国国内生产总值只有 3679 亿元,之后连续跨越,1986 年上升到 1 万亿元,1991 年上升到 2 万亿元,2000 年突破 10 万亿元大关,2006 年超过 20 万亿元,2017 年首次站上 80 万亿元的历史新台阶,达到

827122 亿元，当年经济增量折合 1.2 万亿美元，相当于 2016 年全球第十四大经济体澳大利亚的经济总量。

人均国内生产总值不断提高，成功由低收入国家跨入中等偏上收入国家行列。2017 年，我国人均国内生产总值 59660 元，扣除价格因素，比 1978 年增长 22.8 倍，年均实际增长 8.5%。我国人均国民总收入（GNI）由 1978 年的 200 美元提高到 2016 年的 8250 美元，超过中等偏上收入国家平均水平，在世界银行公布的 217 个国家（地区）中排名上升到第 95 位。对于我们这样一个经济发展起点低、人口基数大的国家，能够取得这样的进步难能可贵。

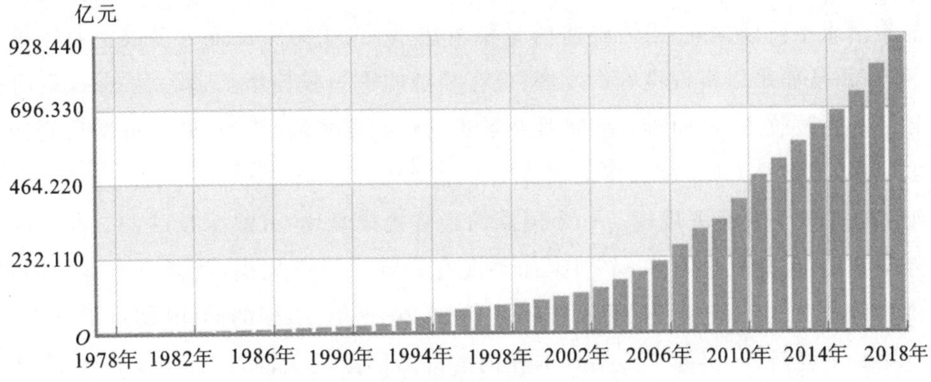

图 8-1　1978—2018 年中国 GDP 发展趋势图

资料来源：国家统计局。

经济规模跃居世界第二位，对世界经济增长的贡献不断提高。1978 年，我国经济总量居世界第十一位；2000 年超过意大利，居世界第六位；2007 年超过德国，居世界第三位；2010 年超过日本，成为世界第二大经济体。2017 年，我国国内生产总值折合 12.3 万亿美元，占世界经济总量的 15%左右，比 1978 年提高 13 个百分点左右。近年来我国对世界经济增长的贡献率超过 30%，日益成为世界经济增长的动力之源、稳定之锚。①

三、GDP 这个 C 位名副其实吗？——GDP 的评价

GDP 产生于美国经济大萧条时期，美国总统罗斯福及其政府在面对失业率急速上升、股市暴跌的情况下，没有一份能够对经济进行完整描述和分析的材料。于是诺贝尔经济学奖得主库兹涅茨在商务部的委托下创立了一套能够描述经济运转的国民经济账户，该系统就是以 GDP 为核心。时至今日，GDP 仍被人们认为是 20 世纪最伟大的发明之一。但是，随着经济理论研究的深入以及现实经济生活的快速发展，不少人认为 GDP 也有其自身缺陷。

① 国家统计局：波澜壮阔四十载 民族复兴展新篇——改革开放 40 年经济社会发展成就系列报告之一，2018-08-27. http://www.stats.gov.cn/ztjc/ztfx/ggkf40n/201808/t20180827_1619235.html

(一)GDP 的作用

萨缪尔森在其著作《经济学》中,对 GDP 是这样描述的:宏观经济学的所有概念中,最重要的指标是国内生产总值。这个指标能够帮助政策制定者据此判断经济是紧缩还是扩张,还能据此判断是否会面临严重衰退或通货膨胀的威胁。仿佛卫星能探知整个大陆的天气情况一般,GDP 也可以显示一国的经济全貌。因此 GDP 在当代仍然十分重要。

第一,GDP 反映经济增长。每个国家都希望保持经济平稳较快增长,因为没有经济的平稳较快增长,就无法保证大多数居民的收入平稳较快增长,从而就无法保证大多数居民的生活水平持续提高;没有经济的平稳较快增长,就无法保证大多数企业持续获得较好的收益,从而难以实现良好的发展;没有经济的平稳较快增长,就无法保证政府持续获得较好的财政收入,从而难以满足日益增长的公共服务需求。反映经济增长的指标是经济增长率,也就是 GDP 增长率。

第二,GDP 反映经济规模。一个国家的经济规模是用 GDP 来反映的。经济规模不等于经济实力,但是反过来,一个国家如果没有一定的经济规模,就谈不上有经济实力,这是许多国家关注经济规模的重要原因。例如,2010 年,中国的 GDP 超过了日本,成为世界上第二大经济体,引起了包括日本在内的许多国家的关注;2016 年,中国 GDP 超过了美国 GDP 的 60%,引起了包括美国在内的许多国家的广泛关注。

第三,GDP 反映人均经济发展水平。人均经济发展水平是一个国家富裕程度和人民生活水平高低的重要标志之一。一些国家比较小,经济规模不大,例如新加坡、挪威、瑞士、瑞典、丹麦,但国际上都认为这些国家比较富裕,人民生活水平比较高。为什么?主要原因之一是这些国家的人均经济发展水平比较高。人均经济发展水平是用人均 GDP 来衡量的。

第四,GDP 反映经济结构。仔细分析 GDP 的构成,可以窥见一个经济体的内在结构。比如第一、二、三产业的规模总量,消费、投资和净出口的三大需求构成,不同区域间的经济状况。这些重要的经济结构也主要是用 GDP 来反映的。

第五,GDP 反映通货膨胀。大家都习惯于利用居民消费价格指数,即 CPI 来反映通货膨胀情况。CPI 反映了居民购买的消费品,包括货物和劳务的价格变化,这个价格指数得到广泛关注,因为它与人民的生活密切相关。在居民名义收入水平保持基本不变的情况下,如果 CPI 明显上涨,就会影响到居民的实际收入水平和实际生活水平。但是,这个指标没有反映政府提供的公共服务的价格变化、投资品的价格变化和进出口产品的价格变化。更全面地反映全部最终产品价格变化的指标是 GDP 折算指数,它是包含价格变动因素的名义 GDP 与不含价格变动因素的实际 GDP 之比。

综上所述,GDP 从经济增长、经济规模、人均经济发展水平、经济结构和通货膨胀等多个方面反映了经济运行的基本情况,所以,GDP 是反映经济运行情况的重要工具,制定经济政策的重要依据,同时,它也是检验政策实施效果和政策的科学性、有效性的重要手段[①]。

在2020年新冠疫情的冲击下,全球经济遭受重创,中国经济一季度时增速较上年同期下降了6.8%,而四季度时同比增长6.5%。中国经济能够在疫情期间得到明显恢复,离不开政府对GDP的精确核算。通过GDP,政府能够全面观察经济的增长波动,预测经济发展趋势,制定科学的宏观调控政策。透过GDP核算,我们能发现当前经济最薄弱的环节仍然是消费需求恢复不足。在总需求内部,相对于投资和出口,消费整体疲弱乏力,仍未恢复到常态和均值[②]。同时,透过GDP我们还能观察到各行业受疫情冲击的程度,如住宿和餐饮业在一季度时同比下降35.3%,交通运输、仓储和邮政业同比下降17.8%,而信息服务业同比增长了13.2%,这与疫情期间,民众隔离在家进行网上办公、娱乐的现实情况相符合。

(二)GDP的局限性

我们在肯定GDP为经济社会发挥重要作用的同时,也必须看到它的局限性。

第一,GDP作为总量指标,不能反映产品和服务质量的提高和技术进步的状况。由于它来源于生产的概念,由产品和服务数量与价格的乘积构成,所以关于产品的质量、结构、价格垄断以及行业产能等状况都难以反映。结构与高新技术和战略性新兴产业的发展密切相关,这些状况不清楚,对相对精准科学的宏观调控体系建设及有效调控就会产生较大影响[③]。

第二,GDP没有全面反映经济社会福利的变化。在这个指标中,没有体现国民生活质量、贫富差距及幸福感等社会问题,民众常常认为经济上去了,获得感却还在"原地踏步"。

第三,GDP没有反映经济发展对资源的消耗及对生态环境的影响。GDP是反映经济发展的重要指标。但是,经济发展往往消耗自然资源,经济发展也往往造成环境损失,GDP没有反映经济发展所带来的资源消耗的成本和环境损失的代价。在很长一段时间里,中国经济的发展忽视了人与自然的和谐,直到习近平总书记提出绿水青山才是金山银山后,各地才将经济发展与生态环境建设紧密联系。中国创造性地提出绿色GDP的概念,是把发展循环经济作为经济社会发展的一项重大战略的体现,推进建立"可量化、可操作、可考核"的循环经济指标体系能够对GDP理论发展建立实践基础。

针对GDP的合理性与局限性,经济学家们还在激烈探讨中。有些专家认为应当全面取消GDP增长目标,而把稳定就业和控制通货膨胀作为宏观政策的最重要目标;而有

---

① 新浪财经:如何看待中国GDP数据的质量 2020-01-13. http://finance.sina.com.cn/china/gncj/2020-01-13/doc-iihnzhha2223476.shtml

② 和讯网:英媒:中国经济登上全球唯一正增长高点 新冠疫情下罕见经济正常化国家,2021-01-19.得虚名 http://news.hexun.com/2021-01-19/202853920.html

③ 杨庆育.如何看待备受关注的GDP[J].改革,2015(12):26-32.

些专家认为尽管 GDP 不是一个完美的指标，但是目前还没有一个能够得到社会各界公认的指标来替代。那同学们是如何认为的呢？学完本章后，你认为 GDP 还是否需要存在呢？

思考题：

1. 如何看待 2020 年中国人均 GDP 超过 1 万美元？
2. 你认为 GDP 与我们的生活息息相关吗？

延伸阅读

1. 绿色 GDP；2. GDP 增长目标之争

第九章　宏观财富的决定之一——总需求

教学目的：通过本章学习，让学生掌握总需求曲线的含义、推导和影响因素，总需求的重要构成部分——消费、消费函数及凯恩斯消费理论。

教学重点和难点：总需求的构成，总需求函数，边际消费倾向，总需求曲线及影响因素，绝对收入消费理论，凯恩斯的国民收入决定理论。

主要教学内容及要求：

1. 教学内容

(1)有效需求决定论是凯恩斯宏观经济学的核心。

(2)总需求及其组成部分。

(3)总需求函数和总需求曲线。

2. 教学要求

了解：总需求(AD)的含义，AD的构成部分，特别是消费函数和凯恩斯消费理论。

理解：AD曲线的推导，凯恩斯的消费理论，节约悖论。

掌握：AD的构成部分，AD曲线的利率效应，AD曲线的实际余额效应(财富效应)，消费函数及边际消费倾向。

熟练掌握：凯恩斯消费理论，总需求量的影响因素，财政和货币政策变动对总需求曲线的影响，节约悖论。

宏观经济学的中心问题是：什么决定了GDP增长率和水平？生产者如何决定生产多少？他们如何决定生产过程中使用多少劳动力和资本？当然，只有当生产者能够销售掉自己的产出时才能获利，可见，市场需求直接决定了生产者利润最大化的实现。在宏观经济学中，凯恩斯宏观经济学理论的核心是有效需求，他认为有效需求决定均衡的国民收入水平。而有效需求也就是目前在众多宏观经济学教材中所指的总需求。人们是怎样对支出多少进行决策的呢？总需求有哪些部分构成？总需求受哪些因素影响？总需求又是怎样决定国民收入的呢？

一、有效需求决定论是凯恩斯宏观经济学的核心

20世纪30年代的经济大萧条，使古典学派经济理论受到了挑战。按照古典经济学理论，价格、工资等都具有伸缩性，经济活动有其内在的调节机制，经济大萧条是不可能产生的。那么，是什么原因造成了大萧条呢？在回答这个问题中，凯恩斯的理论应运而生。凯恩斯从社会总需求入手，寻找经济大萧条产生的原因，因此凯恩斯的理论一开始就是从宏观经济层面上展开的。凯恩斯认为，由于市场机制本身存在着某种缺陷(如价格、工资刚性)，供给并不一定就能创造需求，而总需求是起决定性作用的，它决定着国民

收入的波动。总需求的大小又主要取决于三个心理因素，即"边际消费倾向"、"资本的预期收益"和"流动性偏好"。如果人们对未来预期产生悲观情绪，或者说这些心理因素发生了不正常波动，就会影响人们的经济行为从而导致总需求不足。

在总需求不足又不能通过市场机制来调节的情况下，国民经济就会偏离充分就业的自然水平，从而导致经济波动。他还认为，尽管在长期内，国民经济受价格机制的作用有回到自然水平的趋势，但这个过程是相当缓慢的，而且谈论长期是没有意义的，因为"在长期，我们都会死去"。这样，凯恩斯提供了一个对大萧条的理论解释，也产生了以研究总需求为核心内容的宏观经济理论。

为了论证有效需求，凯恩斯引进了许多新的概念，这些概念构成了现代宏观经济理论的基石，如乘数原理、流动性偏好、预期因素等。这样，从凯恩斯开始，宏观经济学引起了越来越多的经济学家的关注，成为了一门独立的经济学科。而宏观经济问题又往往与经济政策联系在一起，因此宏观经济学比较强调理论的政策含义，这也是宏观经济学与微观经济学的重要区别之一。凯恩斯理论的政策含义也是十分清楚的：由于产生经济波动的原因实际上是总需求不足，因此政府通过有效地运用财政政策来刺激总需求，能够使经济回到充分就业的自然水平，政府干预经济是必要的。这样，凯恩斯理论也就奠定了政府干预经济的理论基础。

二、总需求及其组成部分

总需求(aggregate demand，AD)是经济社会对产品和劳务的需求总量，这一需求总量通常以支出水平来表示。总需求由消费需求(consume，C)、投资需求(invest，I)、政府需求(government purchases，G)和国外需求净出口(net export，NX)构成，即：一年内对产出的总支出 $AD=C+I+G+NX$。

其中，总需求(AD)中的消费需求(C)、投资需求(I)、政府需求(G)这三部分就是一国的国内需求，通常称为内需，是指在价格、收入和其他经济变量既定条件下，本国国内家庭部门、企业部门和政府部门将要支出的数额。因此，总需求衡量的是经济中各种行为主体的总支出：家庭购买的电视机、企业购买的卡车、政府购买的办公设备等。而国外部门对本国最终产品和劳务的需求，通常称为外需，也就是本国的出口，但通常计算的是净出口(NX)，它是出口减去进口后的差额。

为什么富人比穷人的消费意愿低?

(一)总需求的第一个组成部分：消费需求(C)

从总需求的构成来看，首先是消费需求。消费是国民收入决定的重要经济力量。因为，消费是总需求(AD)中最主要的部分，是决定一国或一地区总产出的"三驾马车"之一($Y=C+I+NX$)。家庭部门的消费需求(C)包括家庭部门对耐用消费品的支出(如汽车、电视机等)、非耐用消费品支出(如衣服、食品等)，还包括劳务支出(如医疗、旅游等)；但不包括家庭部门建造或购买住宅的支出。在国际上，一般将建造或购买建筑物(不管是商用建筑还是民用住宅)都作为投资来计算，而不当作是消费。一般情况下，在美国，消费支出的总额占到 GDP 的 2/3 左右；2016 年我国的消费支出总额也大约占到 GDP 的 44.7%[①]。因此，对总需求的分析就从分析消费支出开始。

大家有没有观察这么一个现象：增加同样数目的收入，富人用来消费的比例与穷人用来消费的比例是不一样的，究竟哪个要高些呢？家庭部门消费支出的数量多少由什么决定呢？不同的经济学家对此有不同的解释。凯恩斯用绝对收入消费函数解释了这一现象。凯恩斯用家庭消费的影响因素为例予以说明。在现实生活中，影响家庭消费的因素有很多，例如收入水平(y)、商品价格水平(p)、消费偏好、社会保障制度、风俗习惯等。凯恩斯认为，这些因素中有决定性意义的是家庭收入，并提出了绝对收入消费理论。凯恩斯认为：消费是由当期收入决定；随收入的增加，消费也会增加，但消费的增加不及收入增加的多，消费与收入间的这种关系称为消费函数，用公式表示：$C=C(y)$。

表 9-1　典型家庭消费-收入变化　　单位：美元

状态	(1)收入	收入增加量	(2)消费	消费增加量	(3)边际消费曲线 MPC
A	9000		9110		
B	10000	1000	10000	890	890/1000=0.89
C	11000	1000	10850	850	850/1000=0.85
D	12000	1000	11600	750	750/1000=0.75
E	13000	1000	12240	640	640/1000=0.64
F	14000	1000	12830	590	590/1000=0.59
G	15000	1000	13360	530	530/1000=0.53

表 9-1 列示了 A、B、C、D、E、F、G 7 种状态下典型家庭的消费和收入数量情况，其中第三列和第五列分别展示了收入和消费的增加情况。例如，A 状态下，家庭收入为 9000 美元，消费需求 9110 美元；到 B 状态下，收入有所增加，变为 1 万美元，消费也有所增加，为 1 万美元。依表 9-1 可以看到，该家庭的消费是随着收入增加而不断增加的，但消费的增加幅度小于收入增加的幅度。我们把增加的消费量与增加的收入量之间的比率，即每增加 1 单位收入中用来增加消费的部分称为边际消费倾向(MPC)，用公式可表示：$MPC=\Delta C/\Delta Y$ 或 $\beta=\Delta C/\Delta Y$(增加的消费与增加的收入之比)

式中，ΔC 代表消费额的增加量，ΔY 代表可支配收入额的增加量。

当 ΔC、ΔY 均为极小时，上述公式可写成表达式：$MPC=dC/dY$。

平均消费倾向(APC)是指任一收入水平上消费支出在收入中所占的比率，用公式表示：$APC=C/Y$

假定消费函数是连续的，根据凯恩斯绝对消费-收入理论，消费随收入的增加而增加，就可以大致画出消费和收入之间同向变动的一条向右上方倾斜的消费函数曲线(见图 9-1)。

① 《西方经济学》编写组．西方经济学(下册)[M]．2 版．北京：高等教育出版社、人民出版社，2020：36.

在图 9-1 消费曲线中，横轴表示可支配收入 y，纵轴代表消费 c，45°线（虚线）上任意一点到纵轴和横轴的垂直距离都相等，表示可支配收入全部用于消费。$C=C(y)$是消费函数曲线，表示消费和可支配收入之间的函数关系。B 点是消费曲线和 45°线的交点，它表示，这时候消费支出和可支配收入相等。B 点左方（如 A 点），表示消费大于收入；B 点右方（如 D 点），表示消费小于收入。随着消费曲线向右延伸，这条曲线与 45°线的距离越来越大，表示消费随收入增加而增加，但增加的幅度越来越小于收入增加的幅度。

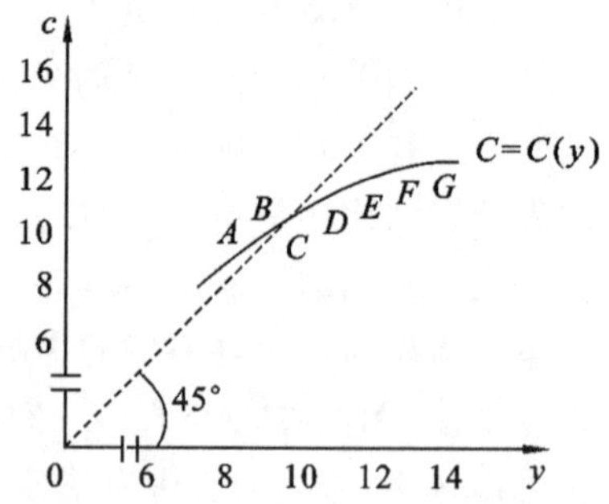

图 9-1　消费曲线

消费曲线上任意一点的斜率，就是与这一点相对应的边际消费倾向（MPC）；而消费曲线上任意一点与原点相连而成的射线的斜率，就是这一点相对应的平均消费倾向（APC）。从图 9-1 中消费曲线的形状可以看到，随着这条曲线向右延伸，曲线上各点的斜率越来越小，说明边际消费倾向有递减的趋势[①]；同时，曲线上各点与原点的连线的斜率也越来越小，说明平均消费倾向也有递减的趋势，但平均消费倾向始终大于边际消费倾向。由于消费增量只是可支配收入增量的一部分，因此边际消费倾向总是大于 0 而小于 1（$0<MPC<1$），而平均消费倾向则可能大于、等于或小于 1（$APC>1$ 或 $APC=1$ 或 $APC<1$），因为消费可能大于、等于或小于可支配收入。

如果消费和可支配收入之间存在线性关系，则消费曲线是一条直线，这时边际消费倾向就是一个不变的常数，这时消费函数可用下列方程表示：$c=\alpha+\beta y$。
式中，α 为必不可少的自发消费部分，即收入为 0 时举债或动用过去的储蓄也必须要有的基本生活消费；β 为边际消费倾向；β 和 y 的乘积表示收入引致的消费。例如，若已知 $\alpha=200$，$\beta=0.6$，则 $c=200+0.6y$，这个消费函数说明若可支配收入增加 1 单位，其中就有 60% 用于增加消费，只要 y 已知，就可算出全部消费支出量。

线性消费函数 $c=\alpha+\beta y$ 是一条向右上方倾斜的直线，消费函数上每一点的斜率都相等，并且大于 0 小于 1，如图 9-2 所示。

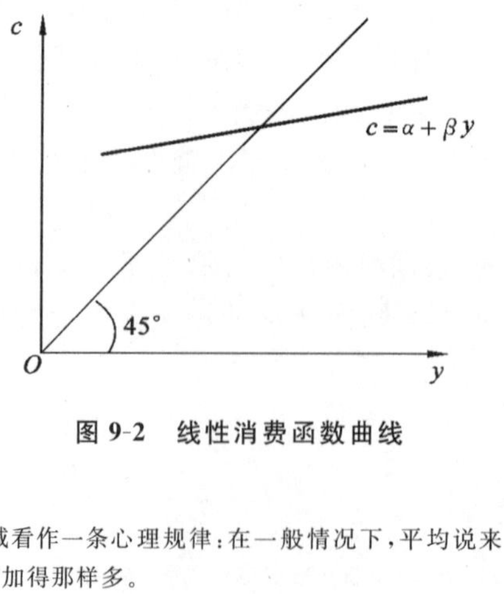

图 9-2　线性消费函数曲线

① 凯恩斯把边际消费倾向递减看作一条心理规律：在一般情况下，平均说来，当人们收入增加时，他们的消费也会增加，但消费增加不会像收入增加得那样多。

当消费函数为线性时，APC>MPC 更容易被看清，因为消费函数上任意一点与原点相连所形成的射线的斜率都大于消费曲线（这里是直线）的斜率。这一点，从公式上也可以证明：$APC=c/y=(\alpha+\beta y)/y=\alpha/y+\beta$，这里的 β 即 MPC，由于 α 和 y 都是正数，所以 APC>MPC。随着收入 y 的增加，α/y 的值会越来越小，这说明 APC 逐渐趋近于 MPC。

回到前面的问题：富人的消费倾向比穷人的高一些吗？答案是富人的消费倾向要低一些。这是因为富人家庭在满足了生活上的基本需求品消费以后，所增加的收入中用来购买这些必需品的比例会越来越少，会把更多的收入用于投资或慈善项目上，这样，消费增加量占收入增加量的比例就比较小。但是在穷人家庭，随着收入增加，仍然会不断增加对生活必需品的消费，因而，消费增加量占收入增加量的比例仍然比较大。这种现象用经济学语言概括为：富人的边际消费倾向比穷人的边际消费倾向低一些。（$MPC_{富人}<MPC_{穷人}$）

总之，边际消费倾向递减规律和消费函数理论是凯恩斯经济理论体系中重要部分，理解了它就理解了消费，也就理解了一国政府如何通过平抑社会不平等来刺激消费，进而扩大总需求、推动国民经济增长。

可支配收入中没有被消费的部分是储蓄(S)。储蓄量的大小不仅可以反映消费量的大小，也可以在可支配收入既定情况下影响消费量。

储蓄函数是与消费函数相联系的。当可支配收入一定时，由于消费随可支配收入增加而增加的比率是递减的，可推论出储蓄是随可支配收入增加而增加的比率是递增的。储蓄与可支配收入的这种关系就是储蓄函数，其公式是：$s=s(y)$。
式中，s 代表储蓄函数（储蓄倾向），y 代表可支配收入。

由线性消费函数 $c=\alpha+\beta y$，而 $s=y-c$，可以得出线性储蓄函数：$s=y-c=y-(\alpha+\beta y)=-\alpha+(1-\beta)y$，如图 9-3 所示。

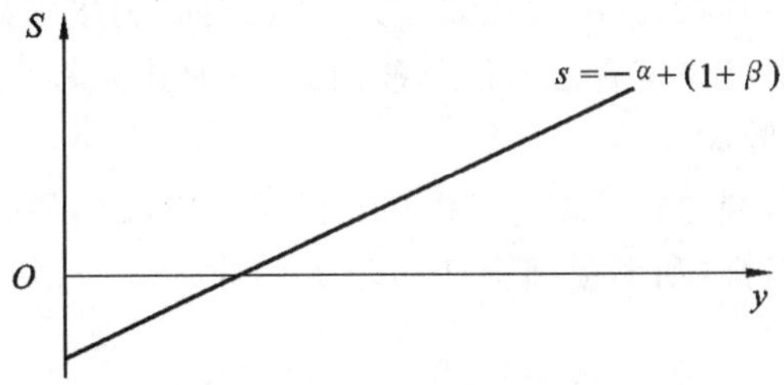

图 9-3　线性储蓄函数曲线

边际储蓄倾向 $MPS=\Delta s/\Delta y$，当 Δs、Δy 极小时，$MPS=ds/dy$，即储蓄函数曲线上任一点的斜率；平均储蓄倾向 $APS=s/y$，表示任一收入水平上储蓄在收入中所占的比率。

消费函数和储蓄函数的关系：

(1)消费函数和储蓄函数互为补数，二者之和等于收入。

因为 $c=\alpha+\beta y$，$s=-\alpha+(1-\beta)y$

所以 $c+s=\alpha+\beta y-\alpha+(1-\beta)y=y$

(2)若 APC、MPC 都随收入增加而递减，且 APC>MPC，则 APS、MPS 都随收入增加而递增，但 APS<MPS。

(3) APC+APS=1 且 MPC+MPS=1。

证明：因为 $y=c+s$

所以 $y/y=c/y+s/y$

即 APC+APS=1

可知：APS=1-APC；APC=1-APS

又因为 $\Delta y=\Delta c+\Delta s$

所以 $\Delta y/\Delta y=\Delta c/\Delta y+\Delta s/\Delta y$

即 MPC+MPS=1

所以 MPS=1-MPC；MPC=1-MPS

根据以上性质，消费函数和储蓄函数只要有一个被确定，另一个就会随之被确定。当消费函数已知时，可求出储蓄函数；当储蓄函数已知时，可求出消费函数。

宏观经济学关心的是整个社会的消费函数，即总消费与总收入的关系。社会消费函数是家庭消费函数的总和。不过，西方经济学家认为，社会消费函数并不等于家庭消费函数的直接、简单加总，还受国民收入的分配状况、政府税收政策、企业未分配利润所占利润的比例等很多条件的限制。不过，在考虑各种限制条件后，社会消费曲线的基本形状仍与家庭消费曲线有很大的相似之处。

在日常生活中，除了可支配收入对消费的决定性影响外，还有以下主要影响消费的因素。

第一，利率。提高利率可以刺激储蓄，从而在可支配收入既定情况下减少消费。但现代经济学家认为，提高利率是增加了消费还是抑制了消费，需针对不同收入的家庭情况，最终取决于利率的替代效应和收入效应。

一方面，当利率提高时，人们认为减少当前消费、增加将来的消费比较有利，这就是利率提高导致储蓄替代当前消费的替代效应。另一方面，利率提高会使人们将来的利息收入增加，他们会认为自己更富有而增加当前消费，这种由于利率提高导致储蓄减少、当前消费增加的就是收入效应。

就中低收入者而言，利率较高时，主要发生替代效应，故利率提高会增加储蓄、减少当前消费；就高收入者而言，利率提高会产生较大的收入效应，从而可能会减少储蓄、增加当前消费。

就全社会总体而言，利率提高究竟是增加储蓄还是减少储蓄，由人们增加或减少储蓄的总和来决定，受到储蓄的用途等多种因素影响，因此难以事前判断究竟会增加储蓄还是减少储蓄。

第二，价格水平的变动。当货币收入（名义收入）不变时，物价上升，则实际收入下降，消费者要维持原有消费水平，必须花费更多的钱，则平均消费倾向就会提高；反之，则平均消费倾向就会下降。如果物价和货币收入以相同比例提高，则实际收入不变，不会影响消费。

第三，收入分配公平与否。由于高收入家庭消费倾向较小，低收入家庭消费倾向较大，因此，国民收入分配越平均，全国性平均消费倾向就越大；而收入分配越不平均，全国性平均消费倾向就会越小。

第四,预期对消费的影响。强调预期作用的经济学家认为,人们可以运用所有可以得到的信息做出对未来消费的适当预期。如果消费者遵循恒久收入假说[①],并且有理性预期,那么只有未预期到的政策变动会影响消费,因为这些政策变动会影响人们的预期,从而影响消费。

以上简要说明了影响消费的非收入因素,为分析简单起见,本书主要采用凯恩斯的绝对收入决定理论[②]。

私人凭什么决定投资?

(二)总需求的第二个组成部分:投资需求(I)

下面我们学习凯恩斯总需求理论中的投资决定理论。凯恩斯认为,投资是经济的主要拉动力量。从我国改革开放以来的投资、消费和 GDP 的增长率的变动情况,可以看到,投资与 GDP 波动几乎是同步的,投资上升,GDP 亦上升;投资下降,GDP 也下降。图 9-4 展于了我国投资、消费和名义 GDP 增长率(1978—2018 年)的变动情况。

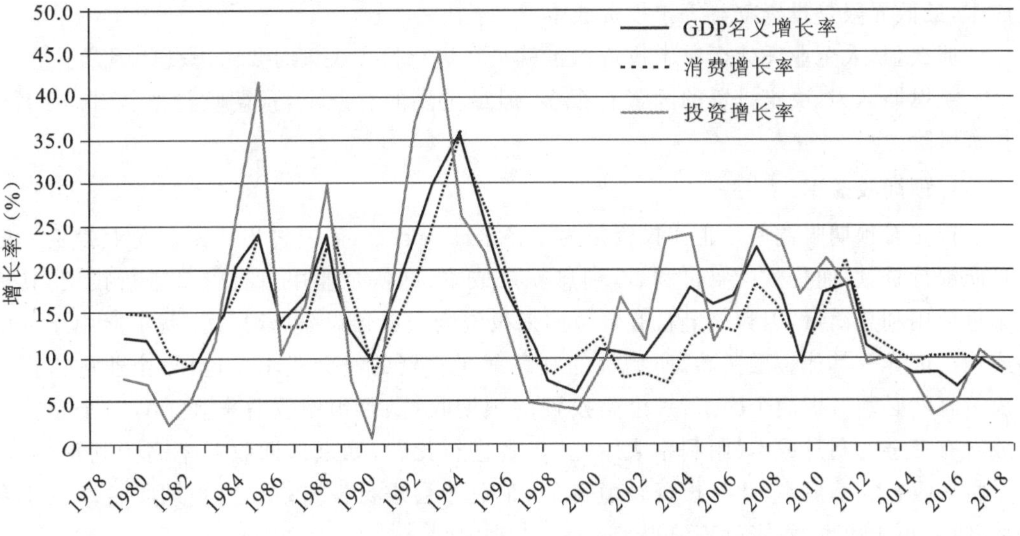

图 9-4 中国投资、消费和名义 GDP 增长率(1978—2018 年)

企业的主要支出是投资,它是总需求的重要组成部分,而且它比消费需求更具变化性,因而对均衡国民收入的影响更大。可以说,投资是经济的托底力量。那么,投资是由什么决定的呢?大家设想一下,如果你是一名企业家,在进行投资决策时,会考虑什么因素呢?

首先,我们要界定一下投资这个概念,这里讲的投资(I),是指工商企业增加或更换资

① 恒久收入是指消费者可以预期到的长期可支配收入。

② 其他消费理论还包括:①美国经济学家杜森贝利的相对收入消费理论,认为消费者会受自己过去的消费习惯以及周围消费水准的影响来决定自己的现期消费水平,从而人们的现期消费是相对固定的;②弗朗科·莫迪利安尼的生命周期消费理论,强调人们会在更长时间范围内计划他们的生活消费开支,以达到在整个生命周期内消费的最佳配置;③美国经济学家米尔顿·弗里德曼的恒久收入消费理论,认为消费者的消费支出不由现期收入决定,而由他的永久收入决定(可预计到的长期收入);家庭偏好稳定消费,使每一期的消费都等于永久收入。

本资产的支出，它也是一种需求。不过，它不同于前面我们讲过的消费需求，投资这种需求，是可以转化为未来的供给，因而也称为“资本形成”。值得提出的是，这里讲的投资，与大家所说的购买证券、土地和其他资产的“金融/资产投资”概念有所区别，也与政府对基础设施建设的“政府投资支出”有一定区别。

其次，凯恩斯经济学里讲的投资，主要指私人企业和家庭的投资，它包括固定资产投资和存货投资两大类。固定资产投资又分为企业固定资产投资和住房投资两种。其中企业固定资产投资，是企业对新资本品的购买，即购买用于生产的机器设备和建筑厂房之类的活动，此项投资是主要支出，约占总投资支出的3/4；住房投资，是指家庭对住宅的购买、新建、改造维修，以及企业进行的房地产开发活动。

存货投资则是指企业根据销售预期储存产成品或者生产所需的原材料，它由三部分组成：生产过程中的原材料积累、半成品积累和生产过程结束后的产成品积累，它是经济变化的“晴雨表”。

最后，企业投资需求的目的是追求利润最大化，因此投资的利润收益一定要大于其成本，最低界限是投资收益等于投资成本。

那么，私人企业凭什么决定投资？也就是在进行投资决策时要考虑哪些因素？

凯恩斯认为，决定投资的因素有很多，但最主要的有三个：预期收益率、实际利率和投资风险。

1. 预期收益率

首先看预期收益率。企业投资是为了将来获得收益，需要付出成本。企业投资一般是向银行贷款，而贷款就要付利息，利息就是成本；即使企业用自有资金进行投资，其成本也可用利息衡量，因为这笔自有资金用来投资购买机器设备、建厂房，就不能用于存款或购买证券等其他金融活动，所牺牲的利息就是投资的机会成本。这样，企业进行投资决策时就必须考虑两个因素：一个是投资的预期收益（用预期收益率表示），一个是借款或自有资金的利息成本（用利率表示）。二者进行比较，如果预期收益率高于利率，也就是将来收益大于成本，此时投资是值得的、企业才会进行投资；反之，预期收益率低于利率，收益小于成本，投资就不值得了。

预期收益率，凯恩斯用资本边际效率（MEC）来解释：就是这笔资金经过投资后若干年内获得的收益总值至少要等于这笔资金的现值，这样，预期收益率就可以用贴现率表示为：

$$R_0=\frac{R_1}{1+r}+\frac{R_2}{(1+r)^2}+\frac{R_3}{(1+r)^3}+\cdots+\frac{R_n}{(1+r)^n}+\frac{S}{(1+r)^n} \tag{9.1}$$

在式(9.1)中，R_0 表示现值，R_1、R_2……R_n 表示不同年份的预期收益，r 表示资本边际效率（MEC），即贴现率，实际上可用利率 r 表示。

影响预期收益率的因素也是多方面的，例如产品的市场需求量、原材料和劳动力工资等生产成本、政府税收政策等，在这里就不再展开讨论了。但它提醒我们，对于企业或者政府来说，要扩大投资需求，就要在市场开拓、劳动力成本节省以及税收减免方面做一些工作。

2. 实际利率

再来看实际利率，即名义利率减去通货膨胀率。凯恩斯认为，在投资的预期收益率既定的情况下，企业是否进行投资，首先取决于实际利率的高低。利率上升时，投资需求量就会减少，因为投资成本增大了；利率下降时，投资需求量就会增加。总之，投资是利率的减函数。投资与利率间的这种反方向变动关系称为投资函数，可表示为：

$$I=I(r)=e-dr \tag{9.2}$$

式(9.2)中，e——自主投资(即使利率为零时的投资量)；

$-d\gamma$——与利率有关的部分；

d——投资系数，是投资需求对于利率变动的反应程度，表示利率每增减一个百分点，投资减增的量。

用曲线图表示，投资函数是一条向右下倾斜的曲线(见图 9-5)。当预期利润率一定时，实际利率上升，投资会减少；相反，实际利率下降，投资会上升。

投资函数可用图 9-5 中的投资需求曲线来表示，该曲线也称投资的边际效率[①]曲线。

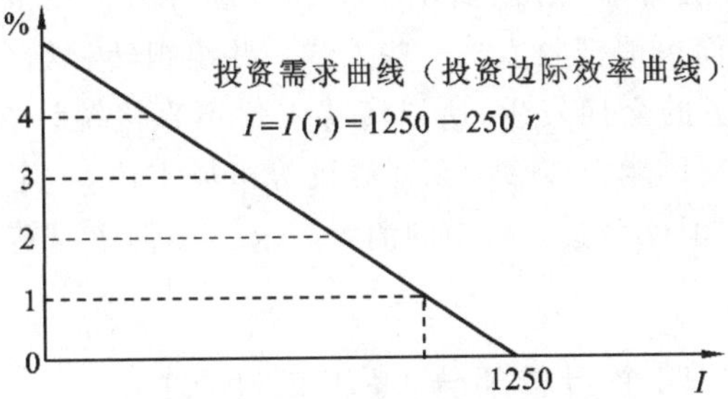

图 9-5　投资函数及投资需求曲线

3. 投资风险

再来说说决定投资需求的第三个因素：投资风险。这里所说的风险，包括未来的市场走势、产品价格变化、生产成本的变动、实际利率的变化、政府宏观经济政策的变化等，它们都具有不确定性，使得企业投资将来面临遭受损失或者获得更多收益的可能性。一般来说，整个经济趋于稳定繁荣，企业会看好未来，认为未来投资风险较小，从而加大投资量；当经济呈下降衰退趋势时，企业对未来的看法比较悲观，从而认为投资风险较大，不愿进行投资。这就是凯恩斯所说的，投资需求与投资者的乐观或悲观的情绪大有关系。

4. 托宾 q 理论

除了以上三个影响投资的因素外，美国经济学家詹姆斯・托宾还提出了“股票价格会影响企业投资”的理论。按他的说法，企业的市场价值与其重置成本之比，是企业衡量是否进行新投资的标准，他把这个比率称为 q，即：q＝企业的股票市场价值(每股价格×总股数)/新建造企业的成本。

① 投资的边际效率(MEI)：当利率下降时，如果每个企业投资都增加，资本品供给价格会上涨($R\uparrow$)，在相同的预期收益 R_n 下，贴现率 r 必须下降；由于 $R\uparrow$ 而被缩小的 r 的数值称 MEI。它代表了企业投资的预期利润率。

当 $q<1$，即旧企业市场价值<新建企业成本时，买旧企业比新建企业便宜，这时就不会有新增投资；当 $q>1$，即旧企业市场价值>新建企业成本时，新建企业比收购旧企业更便宜、更划算，这时就会有新增投资。托宾 q 理论，实际上是说，股票价格上升时，企业投资会增加；股票价格下跌时，企业不会投资。

但是，一些经济学家认为，股价与投资之间并不存在这种因果关系，反而是投资会影响股价。

总之，企业投资是一个复杂的决策过程，它是引发经济波动的重要力量，一国政府要尽量想办法让企业愿意投资，以此推动经济增长。

（三）总需求的第三个组成部分：政府需求（G）

对政府部门而言，将各级政府购买产品和劳务的支出定义为政府购买支出（政府需求 G）。如政府购买军需品、机关公用品、政府雇员报酬、公共工程的支出等，是政府直接从市场中购买产品和劳务。政府购买只是政府预算中政府总支出的一部分，政府支出的另一部分，如政府在社会福利保险、贫困救济和补助等方面的支出，称为政府转移支付（Tr）。转移支付只是简单地把收入从一些人或一些组织转移给另一些人或另一些组织，没有相应的产品或劳务的交换发生，所以转移支付不直接统计在 GDP 总量中。但政府转移支付通过政府将支付能力转移给家庭居民等市场主体，一定程度上增加了居民的消费能力，从而间接增加了社会总需求中的消费需求（C），但政府转移支付（Tr）不包含在政府需求（G）中。

（四）总需求的第四个组成部分：净出口（NX）

净出口指进出口的差额。用 X 表示出口，用 M 表示进口，则（$X-M$）就是净出口（NX）。在总需求中为什么要引入进口这一因素呢？这是因为 $C+I+G$ 虽然代表了家庭、企业和政府的全部支出，但并不意味着这些支出一定会全部花费在本国生产的商品上。企业可能会购买外国设备，政府可能购买外国武器，家庭可能购买外国的消费品。因此，应当从国内总支出（$C+I+G$）中扣除进口部分的支出，才是真正代表对本国产品的总支出或总需求。于是，$C+I+G+X-M$ 才是对本国产品的真正需求。净出口（$NX=X-M$）表示国外部门购买本国产品的净支出，也称为外需。净出口可能是正值，也可能是负值。

三、总需求函数和总需求曲线

总需求函数 $Y=f(P)$ 被定义为以产量（国民收入）所表示的需求总量和价格水平之间的关系，它表示在某个特定的价格水平下，经济社会需要高的产量水平。在价格水平 P 为纵坐标、总需求量 Y 为横坐标的坐标系中，总需求函数的几何表示被称为总需求曲线或 AD 曲线，如图 9-6 所示。

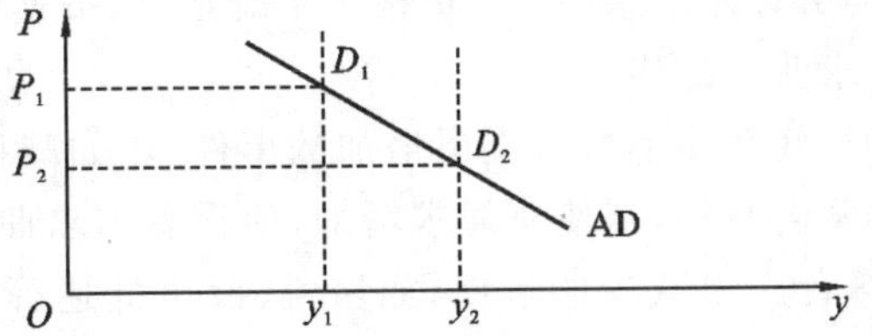

图 9-6　总需求曲线

总需求曲线描述了与每一价格水平相对应的私人和政府的支出。它通常向右下方倾斜，反映的是产品市场和货币市场同时均衡时，价格和产出水平的反向变动关系。这意味着，在其他条件相同的情况下，经济中的价格水平下降，如图 9-6 所示，P 从 P_1 下降到 P_2，图中的总需求量从 Y_1 增加到 Y_2；反之，价格水平上升会减少新产品与劳务的总需求量。

(一)总需求曲线为什么向右下方倾斜?

从理论上讲，总需求 AD$=C+I+G+$NX 四个部分，每一部分都对经济的总需求做出了贡献。当价格水平变化时，会相应引起消费、投资和净出口额的变动，进而引起总需求量的反向变动，具体表现为利率效应、实际余额效应和国际替代效应或净出口效应。

利率效应：当价格水平上升时，消费者用于交易动机和谨慎动机的货币需求增加，在货币供给一定时，货币需求增加导致市场利率上升，带来投资需求下降，从而导致 AD 下降；反之，亦反，这种效应称为利率效应。根据利率效应，P 与 I 是反向变动，而 I 是 AD 的重要组成部分，所以总需求与价格水平是反向变动的。

实际余额效应(财富效应)：当价格水平上升时，降低了货币的真实价值，使消费者感觉变穷，这会减少消费者支出、减少产品和劳务的需求量；当价格水平下降时，提高了经济中货币的真实价值，并使消费者感觉更富有，这会鼓励消费者增加支出、增加产品和劳务的需求量。这种价格水平对消费影响的效应称为财富效应或实际余额效应。根据财富效应，P 与 C 反方向变动，而 C 是 AD 的重要组成部分，故总需求与价格水平是反向变动的。

另外，当价格水平上升，人们的名义收入上升，导致纳税档次和名义税收上升，也带来个人可支配收入的下降，从而导致消费下降；反之，亦反。

国际替代效应或净出口效应：本国价格水平上升时，国外商品相对价格下降，消费者会选择价格相对便宜的国外商品来替代国内商品，导致进口增加，而出口一定时，进口增加导致净出口(出口－进口)下降，而净出口是总需求的重要组成部分，从而导致总需求减少；反之，亦反。这种价格水平对净出口的效应称为净出口效应或国际替代效应。

综上所述，从理论上讲，由于价格水平变动会引起利率效应、实际余额效应和国际替代效应，导致总需求中的投资、消费和净出口发生反向变动，从而引起总需求与价格水平反向变动，所以总需求曲线是一条向右下方倾斜的曲线。

(二)影响总需求曲线变动的因素

总需求曲线表明了价格水平与需求总量之间的关系。但是，许多其他因素也影响价格水平既定时的产品与劳务需求总量。当价格水平既定时，下列因素中的任何一种发生变动时，都会引起总需求曲线的移动。

在价格水平既定时，任何使消费者支出增加的事件，比如减税、股市高涨、预期未来收入提高、预期通货膨胀上升等，都使总需求增加，使得总需求曲线向右移动；在价格水平既定时，任何使消费者支出减少的事件，如增税、股市低迷等，都使总需求曲线向左移动。

在价格水平既定时，任何使企业投资增加的事件，比如预期利润提高、对未来经济的乐观判断、由于货币当局增加货币供给引起利率下降等，都使总需求增加，引起总需求曲线向右移动；在价格水平既定时，任何使企业投资减少的事件，比如预期利润下降、对未来经济的悲观判断、由于货币当局减少货币供给引起利率上升等，都使总需求减少，引起总需求曲线向左移动。

政府购买支出增加，比如增加国防、增加高速公路建设支出等，都使总需求曲线向右移动；政府购买支出减少，比如削减国防、减少高速公路建设支出等，都使总需求曲线向左移动。

在价格水平既定时，任何增加净出口的事件，比如国外经济繁荣、引起汇率下降的投机等，都使总需求曲线向右移动；在价格水平既定时，任何减少净出口的事件，比如国外经济衰退、引起汇率上升的投机等，都使总需求曲线向左移动。

无论是扩张的财政政策还是扩张的货币政策都会使总需求曲线向右移动；无论是紧缩的财政政策还是紧缩的货币政策都会使总需求曲线向左移动。

下面仅以扩张性的财政政策对AD曲线的移动为例来说明(见图9-7)。

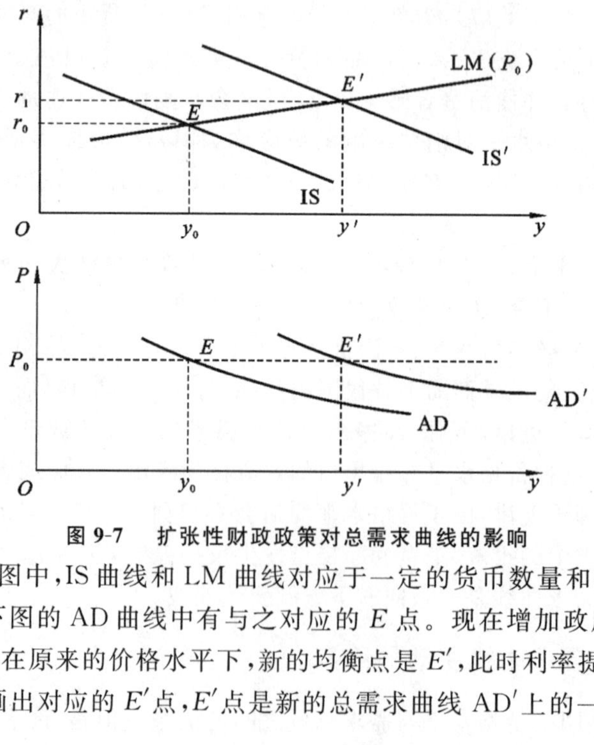

图9-7　扩张性财政政策对总需求曲线的影响

在图9-7的上图中，IS曲线和LM曲线对应于一定的货币数量和价格水平P_0，均衡点为E，在图9-7下图的AD曲线中有与之对应的E点。现在增加政府支出，使得IS曲线向右移动到IS′，在原来的价格水平下，新的均衡点是E'，此时利率提高，收入增加。在图9-7的下图中，画出对应的E'点，E'点是新的总需求曲线AD′上的一点。可见，在一个既定的价格水平下，政府支出的增加也就意味着总需求的增加。依次类推，读者可以自己按上述分析思路得出紧缩财政政策所造成的相反的后果。

思考题：

1. 富人的边际消费倾向比穷人的大吗？
2. 什么决定了私人投资？
3. 如何理解"节约悖论"？
4. 总需求由哪些构成？为什么总需求曲线向右下方倾斜？
5. 影响总需求曲线变动的因素有哪些？

延伸阅读

节约的悖论与蜜蜂的寓言

第十章　宏观财富的决定之二——总供给

教学目的:通过本章学习,让学生明确总供给曲线的含义,掌握几种不同类型的总供给曲线及其特性,能运用AD-AS模型来分析宏观经济现象。

教学重点和难点:总供给曲线的类型,AD-AS模型及AD-AS模型的应用。

主要教学内容及要求:

1. 教学内容

(1)总供给的含义和理论来源。

(2)短期与长期宏观生产函数。

(3)劳动力市场均衡理论。

(4)三种不同的总供给曲线。

(5)影响总供给曲线移动的主要因素。

(6)AD-AS模型对现实经济波动的解释。

2. 教学要求

了解:特殊的AS曲线,AS曲线的理论来源。

理解:AS曲线的含义,造成特殊AS曲线的原因。

掌握:凯恩斯主义总供给曲线的特殊形式,总供给曲线不同特征的经济含义,AD—AS模型的一般情况,AD—AS模型的现实应用。

熟练掌握:用AD—AS模型来分析现实经济问题。

第九章介绍了宏观财富决定因素之一的总需求,本章将介绍决定宏观财富的另一决定因素——总供给(AS)。AD曲线只是给出了价格水平和以收入水平来表达的总需求水平之间的关系,并不能决定使整个社会供求相等的价格水平和总产量。为了说明整个经济价格水平和总产量水平是如何决定的,宏观经济学需要引出另一个分析工具——AS曲线。

一、总供给的含义和理论来源

总供给是经济社会所提供的总产量(或国民收入),即经济社会投入的基本资源所生产的产量。这里所说的基本资源主要包括劳动、生产性资本存量和技术。在宏观经济学中,描述总产量与劳动、资本和技术之间关系的一个合适的工具是生产函数。

总供给理论来源于宏观生产函数和劳动市场均衡理论,因为当资本存量一定时,国民收入水平随就业量的增加而增加;而就业量取决于劳动力市场的均衡。所以AS曲线的理论来源于生产函数和劳动力市场均衡的理论。下面我们分别来分析生产函数和劳动力市场均衡理论。

二、短期与长期宏观生产函数

在西方经济学中，生产函数是指投入与产出之间的数量关系，有微观和宏观之分。本书第四章中所论述的是微观生产函数，本章所论述的是宏观生产函数。宏观生产函数又称为总量生产函数，是指整个国民经济的生产函数，它表示总投入与总产出之间的关系。

假定一个经济社会在一定的技术水平下使用总量意义下的劳动和资本两种生产要素进行生产，则宏观生产函数可表示为：

$$y=f(N,K) \tag{10.1}$$

式中，y 为总产出，N 为整个社会的就业水平或就业量，K 为整个社会的资本存量；为了避免复杂，技术水平没有明确表示出来。上述宏观生产函数式表明，经济社会的产出主要取决于整个社会的就业量、资本存量和技术水平。

宏观生产函数可以分为短期宏观生产函数和长期宏观生产函数两种。短期生产函数中至少有一种生产要素是不变要素，而长期生产函数中所有的生产要素都是可变要素。在短期宏观生产函数中，由于资本存量和技术水平在短期内不可能有较大的改变，所以二者被认为是不变的常数。用 K 表示不变的资本存量，把它代入上面宏观生产函数公式中，就得到短期宏观生产函数：

$$y=f(N,\overline{K}) \tag{10.2}$$

短期宏观生产函数 $y=f(N,\overline{K})$ 表示，在一定的技术水平和资本存量条件下，经济社会的产出 y 取决于就业量 N，即总产量是经济中就业量的函数，随就业量的变化而变化。

西方宏观经济学假定短期宏观生产函数 $y=f(N,\overline{K})$ 有两条重要的性质：一是总产量随总就业量的增加而增加；二是在技术水平不变和 K 为常数的假设条件下，由于"边际报酬递减规律"的作用，随着总就业量的增加，总产量按递减的比率增加。这样，短期宏观生产函数 $y=f(N,\overline{K})$ 就可以用图 10-1 表示。

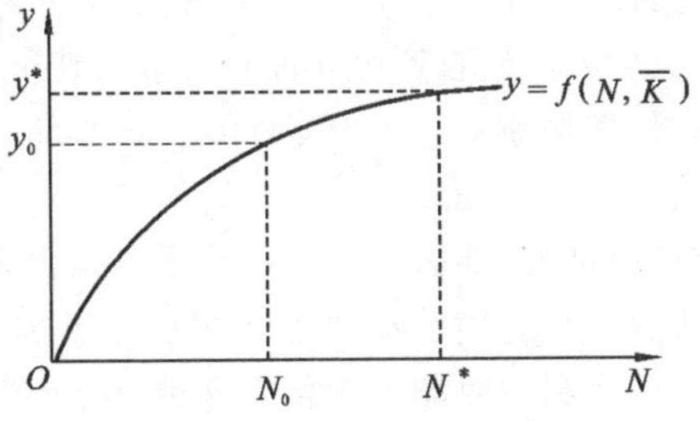

图 10-1 短期宏观生产函数

在图 10-1 中，横轴 N 表示劳动的总就业量，纵轴 y 表示总产量，曲线 $y=f(N,\overline{K})$ 表示总产量是总就业量的函数。例如，当总就业量为 N_0 时，对应的总产量为 y_0。图中的曲线越来越平缓，表示总产量随总就业量的增加按递减的比率增加。当 N 达到充分就业的 N^* 时，对应的产量为充分就业的总产量（潜在产量）y^*。

长期生产函数与短期生产函数的不同之处在于，在长期生产函数中，一切自变量都是可变要素。首先，技术水平可以有很大的进步，存在足够的改善技术的时间；其次，人口的增长能够影响充分就业的劳动者数量；最后，资本的存量也会随着积累的增加有很大的变化。长期生产函数中，因为所有的生产要素最终都可以实现充分利用，劳动力可以实现充分就业，所以长期的总产量总是可以达到充分就业时的产量。因此，长期宏观生产函数可以表示为：

$$y_f = F(N^*, K^*) \tag{10.3}$$

式(10.3)中，N^* 为各短期中的充分就业量；K^* 为各期的资本存量；技术水平的变化未被明确表示出来；y_f 为各期充分就业时的产量，也称为潜在产量。

长期和短期在宏观经济总量决定中有特殊含义。长期中，指资本存量、人口、生产技术及一切生产要素都可以变化；短期中，除可变的生产要素(如劳动力数量)外，其他的因素(如资本存量、人口、生产技术等)均保持不变。

但需要注意的是：①宏观中的长期在很大程度上涉及人口、技术水平等因素的变化，这些因素的变化往往需数年、数十年的时间，因此，宏观的长期要长于微观的长期或超长期；②宏观中的短期，总供给曲线涉及的因素主要是货币工资(w)和价格水平(p)的调整所需时间。

在本书中，如果没有特别说明，一般仅限于讨论短期生产函数。换句话说，在短期生产函数 $y = f(N, \overline{K})$ 中，在一定的时期和一定的条件下，总供给 y 主要由经济的总就业水平 N 决定，而经济的总就业水平 N 又是由什么决定的呢？总就业水平 N 决定于劳动力市场。为此，有必要引入另一个市场——劳动力市场，所以劳动力市场理论是总供给的理论来源之一。

三、劳动力市场均衡理论

在西方宏观经济学中，关于总供给的理论是一个富有争议的领域，而这种争议在相当程度上体现在劳动市场理论方面。下面就以完全竞争的劳动市场为例来说明经济中的就业水平 N 是如何决定的。

在前面第六章中，我们已经知道完全竞争的要素市场特征：生产要素的供求双方人数都很多；生产要素间没有任何区别；生产要素的供求双方都具有完全的信息及生产要素可以充分自由地流动。

如果劳动市场是完全竞争性的，那么企业只能接受既定的市场工资和其产品的市场价格，则企业将会选择的就业水平是使劳动的边际产量等于实际工资($MPL = W/P$)，因为只有在这一就业水平下，企业利润才能最大化。这里，实际工资等于货币工资 W 除以价格水平 P，即实际工资 $w = W/P$。图 10-2 显示了利润最大化时的就业量 N。

如图 10-2 所示，如果企业的就业低于这一水平，劳动的边际产量就将超过实际工资，因而存在增加利润的机会。企业可以以工资 W 雇佣一个工人，该工人按劳动的边际产量所给定的量生产出更多的产品，企业将这些产品按价格 P 出售，便可从中获利。企业将不断利用这一获利机会，直到增雇的工人将劳动的边际产量降低到和实际工资相等时为止。

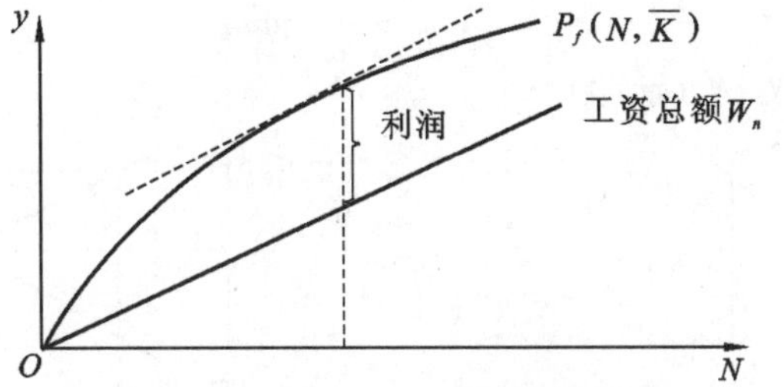

图 10-2　利润最大化的就业量

由于劳动的边际产量随劳动投入量的增加而降低，所以劳动的需求函数是实际工资的减函数。宏观经济学认为，上述微观经济学意义上的劳动需求与实际工资的关系，对于总量意义上的劳动市场一样成立。

如果用 N_d 表示劳动需求量，则劳动需求函数可表示为：

$$N_d = N_d(w/p) \tag{10.4}$$

式(10.4)中，w/p 为实际工资。N_d 与 w/p 反方向变动，即实际工资降低时，劳动需求量上升；实际工资上升时，劳动需求量降低。劳动需求量与实际工资间的这种反向变动关系，表现在劳动需求曲线上，是斜率为负的向右下方倾斜的曲线。劳动需求函数的几何表示，即劳动需求曲线可以用图 10-3 表示。

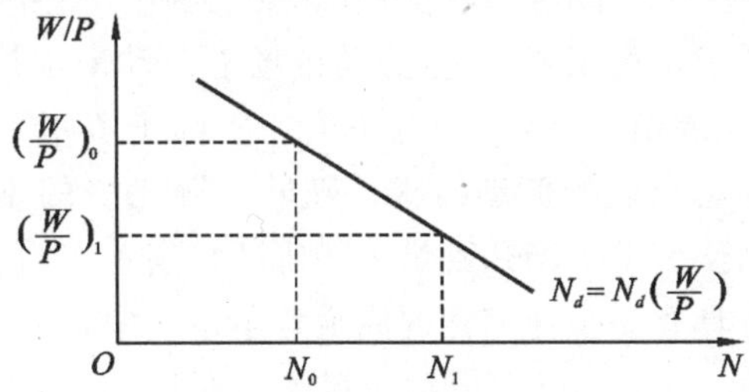

图 10-3　劳动需求曲线

从图 10-3 中可以看到，当实际工资水平为$(w/p)_0$ 时，劳动需求量为 N_0；当实际工资从$(w/p)_0$ 下降到$(w/p)_1$ 时，劳动需求量从 N_0 上升到 N_1。

同劳动的需求函数类似，总量意义上的劳动供给是实际工资的函数，劳动供给函数可表示为：

$$N_S = N_S(W/P) \tag{10.5}$$

式(10.5)中，N_S 为劳动供给总量。而且，劳动供给量是实际工资的增函数，当实际工资下降时，劳动供给量也会减少；当实际工资上升时，劳动供给量也会增加。劳动供给函数的几何表示就是劳动供给曲线，如图 10-4 所示。

从图 10-4 可知，当实际工资为$(w/p)_0$ 时，劳动供给量为 N_0；当实际工资从$(w/p)_0$ 上升到$(w/p)_1$ 时，劳动供给量就从 N_0 增加到 N_1。

假设在完全竞争的劳动市场上，工资 W 和价格 P 都能够灵活调整，那么实际工资 w/p 也是可以灵活调整的，这样，劳动市场的均衡就由劳动需求曲线和劳动供给曲线的交点来决定，如图 10-5 所示。

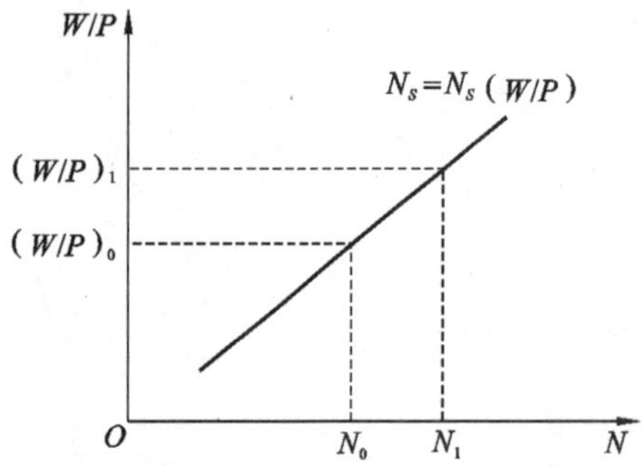

图 10-4　劳动供给曲线

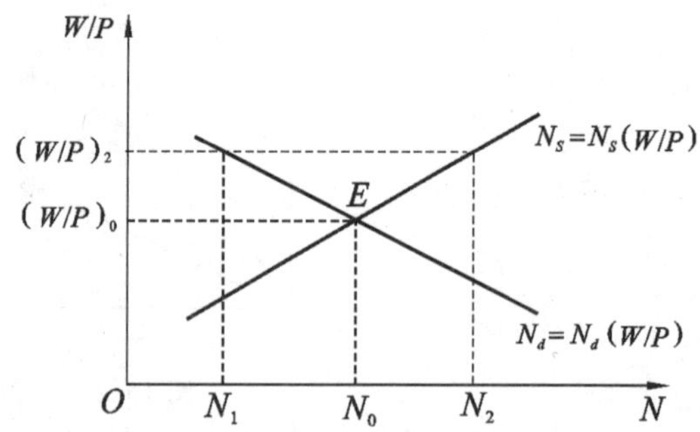

图 10-5　劳动市场均衡

在实际工资$(w/p)_0$的水平上，企业所需求的劳动数量恰好等于居民所提供的劳动供给量，这时就业水平N_0就是劳动市场均衡的劳动供求量，劳动市场刚好实现市场出清，实现了充分就业。若实际工资太高，如图 10-5 中的$(w/p)_2$大于均衡工资$(w/p)_0$，这时劳动供给量为N_2，而劳动需求量只有N_1，$N_2>N_1$，这意味着劳动供给量大于劳动需求量，表明经济不能为所有愿意工作的劳动者提供足够的工作岗位，社会存在非意愿性失业；在价格和工资具有完全伸缩性的情况下，劳动供给方之间的竞争会使实际工资水平降低，从而刺激企业的劳动需求，抑制劳动者的劳动供给。随着实际工资的不断调整，劳动的供求数量也不断进行调整，直到使劳动市场达到供求相等的均衡状态为止。反之，如果实际工资水平低于均衡工资水平，劳动市场上劳动需求量大于劳动供给量，在价格和工资具有完全伸缩性的情况下，市场竞争会使实际工资水平上升，从而刺激劳动者劳动供给增加的同时，抑制企业的劳动需求。随着实际工资的不断调整，劳动的供求数量也不断进行调整，直到使劳动市场达到供求相等的均衡状态为止。

总之，在价格和工资具有完全伸缩性的完全竞争市场中，劳动市场的均衡条件是：

$$N_d(w/p)=N_S(w/p) \tag{10.6}$$

劳动市场实现了均衡时，一方面决定了均衡的实际工资$(w/p)_0$，另一方面决定了均衡的就业量N_0。

在价格和工资具有完全伸缩性的完全竞争经济中，对于上述劳动市场的均衡还必须说明两点。第一，在有伸缩性的工资和价格下，实际工资调整到劳动供求相等的水平，从而使劳动市场处于均衡状态，在宏观经济学中被称为充分就业状态。宏观经济学中所说的充分就业状态并非是每个愿意工作的人都能就业的状态，即使经济中存在摩擦性失业、结构性失业和自愿性失业等都属于充分就业下失业，劳动市场依然处于均衡状态。第二，在任一时点上，资本存量K都是由以往的投资决策所决定的。将就业水平N和既定的资本存量$\overline{K}$代入到短期总量生产函数$y=f(N,\overline{K})$中就立刻得出产量水平。这说明劳动市场在经济的总供给方面处于主导地位，因为它决定经济的短期总供给或产量。更进一步，根据上面第一点说明，在工资和价格具有完全伸缩性的情况下，短期总供给或产量总能调整到充分就业的产量或潜在产量水平。

四、三种不同的总供给曲线

相对于AD曲线而言，AS曲线较为复杂。总供给函数是指总产量与一般价格水平之间的关系。在以价格水平P为纵坐标、总产量y为横坐标的坐标系中，总供给函数的几何表达就是总供给曲线。总供给曲线的理论主要由总量生产函数和劳动力市场理论来反映。在劳动力市场理论中，经济学家对工资和价格的变化及调整速度的看法是有分歧的，按货币工资(w)和价格水平(p)进行调整所需时间的长短，将AS曲线分三种：古典AS曲线(伸缩性的工资理论)、凯恩斯AS曲线(工资"刚性")、常规AS曲线(黏性的工资理论)。

古典总供给理论认为，劳动力市场的运行没有阻力，在工资和价格可以灵活变动的情况下，劳动力市场能够得以出清，经济的就业总能维持充分就业状态，从而在其他因素不变的情况下，经济的产量总能保持在充分就业的产量或潜在产量水平上。因此，古典总供给曲线是一条位于充分就业时的产量水平的垂直线。

凯恩斯的总供给理论认为，在短期，一些价格是有黏性的，从而不能根据需求的变动而调整。由于工资和价格黏性，短期总供给曲线不是垂直的，而是一条水平线，表明经济中的厂商在现有价格水平上，愿意供给所需的任何数量的商品。

另一些经济学家认为，古典的总供给曲线和凯恩斯的总供给曲线分别代表了劳动力市场的两种极端的说法。在现实中，工资和价格的调整经常介于两者之间，因而常规的总供给曲线应是向右上方延伸的。

总之，针对总量劳动市场关于工资和价格的不同假定，宏观经济学中存在着古典总供给曲线、凯恩斯总供给曲线和常规总供给曲线三种不同类型的总供给曲线。

(一)古典总供给曲线

按照西方古典学派的说法，在长期，价格P和货币工资W具有伸缩性，因此，经济的就业水平就会处在充分就业的水平上。在不同的价格水平下，当劳动市场存在超额劳动需求或超额劳动供给时，货币工资就会进行调整，进而实际工资进行调整，从而使实际工资调整到使劳动市场达到均衡的水平。换句话说，在长期中，经济的就业水平或产量并不随价格水平的变动而变动，将始终处于充分就业的状态，这时，经济的产量水平也将位于潜在产量或充分就业的产量水平上，不受价格变动的影响。因此，古典学派认为，总供给曲线是一条位于经济的潜在产量或充分就业产量水平的垂直线。图10-6显示的垂直线就是古典总供给曲线。

从以上论述可以看出，古典总供给曲线之所以垂直于充分就业的产量水平，其理由有两个。第一，古典学派假设货币工资W和价格水平P可以迅速或立即自行调节，使得实际工资(W/P)总是处于充分就业时的水平，从而使产量或国民收入也总处于充分就业时的水平，不受价格的影响。根据这一理由，古典总供给曲线并不意味着时期长短，换言之，只要存在着货币工资W和价格水平P迅速或立即调整的假设，古典总供给曲线也是一条短期总供给曲线。第二，古典学派一般研究经济事物的长期状态，在长期中，即使不

采用货币工资 W 和价格水平 P 能够迅速或立即调整的假设,货币工资 W 和价格水平 P 也被认为具有充分的时间来调整,使得实际工资(W/P)处于充分就业时的水平,所以,总供给曲线也是一条垂直线。因此,古典总供给曲线又代表着长期总供给曲线。

究竟垂直的总供给曲线是代表长期还是短期的状态?在目前西方经济学文献中,认为取决于上述两个理由的使用。本书一般把垂直的总供给曲线称为古典总供给曲线,除了例外的情况下,一般把它当作短期总供给曲线的极端状态。

古典 AS 曲线的政策含义可用图 10-7 表示。

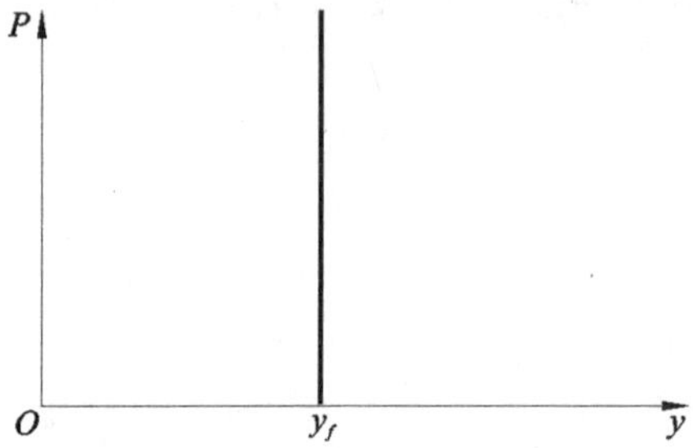

图 10-6　古典总供给曲线

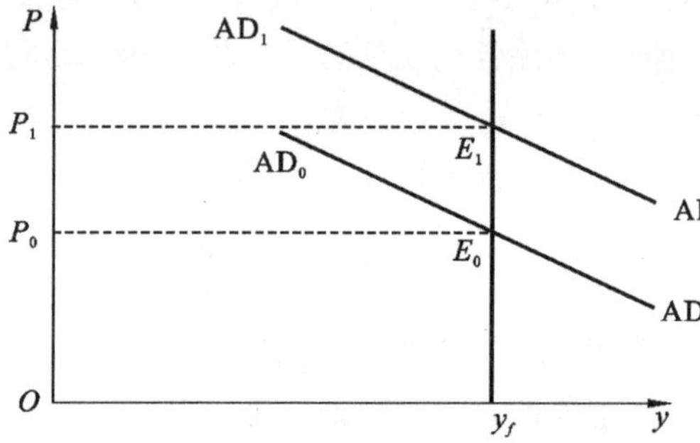

图 10-7　古典总供给曲线的政策含义

在图 10-7 中,代表总需求曲线的 AD_0 与代表古典总供给曲线的 y_f 垂直线相交于 E_0 点,此时所对应的均衡价格为 P_0,产量是充分就业时的产量 y_f。这时国家通过增加需求的政策来使 AD_0 向右移动到 AD_1 的位置,其与 y_f 垂直线的新交点为 E_1。在 E_1 点,价格水平为 P_1,产量仍是 y_f,即:当总供给曲线为 y_f 垂直线时,增加总需求的政策并不能改变产量,只能造成物价上涨,甚至通货膨胀。

(二)凯恩斯总供给曲线

凯恩斯的最重要著作《就业、利息和货币通论》出版于 1936 年,当时整个西方世界都处于严重的大萧条时期,经济社会存在大量的失业人口和生产相对过剩。《就业、利息和货币通论》基本上是针对这种经济萧条状态而写的。在该书中,提出货币工资具有"刚性"的假设,即假设由于种种原因,货币工资不会轻易变动。当产量(国民收入)增加时,价格和货币工资都不会发生变化。因此,凯恩斯的总供给曲线被认为是一条水平线,如图 10-8 中的 P_0E_0 所示。

图 10-8 中的 y_f 代表充分就业的国民收入。P_0E_0 为水平线表示:在产量小于 y_f 条件下,由于货币工资 W 和价格水平 P 都不会变动,所以在既有的价格 P_0 下,在达到充分就业的产量以前,经济社会能按既定的价格 P_0 提供任何数量的产量或国民收入(如 y_0)。此图也表明,在达到充分就业的产量 y_f 后,社会已没有多余的生产能力,从而不可能生产出更多的产品,这时增加的需求不但不会增加产量(y),反而引起价格的上升,如图中 E_0 以上的垂直线所示,如在 E_1 点,产量仍然是 y_f,但价格已经上升到 P_1。

和古典总供给曲线相对应,凯恩斯总供给曲线之所以具有水平的形状,其理由也有两个:第一,假设货币工资 W 和价格水平 P 均具有刚性,即二者完全不能进行调整;第二,凯恩斯的《就业、利息和货币通论》所研究的是短期情况,即使不动用刚性工资的假设,由于时间很短,W 和 P 也没有足够的时间进行调整。西方学者一致认为,水平的凯恩斯总供给曲线代表短期总供给曲线的另一极端情况。

凯恩斯水平形状的总供给曲线的政策含义是:只要国民收入或产量小于充分就业的产量水平,国家就可以使用增加需求的政策来使经济达到充分就业状态。

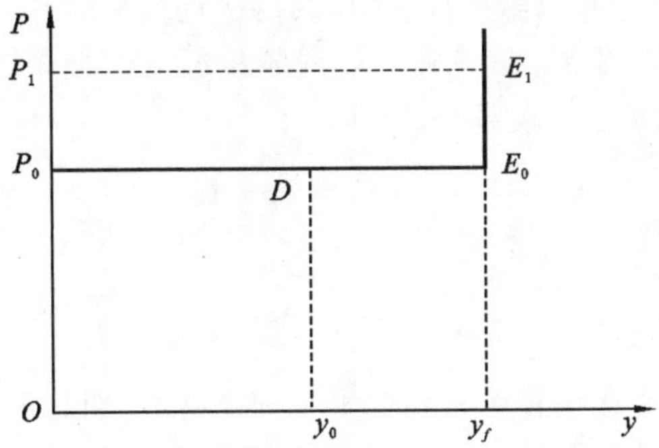

图 10-8 凯恩斯总供给曲线

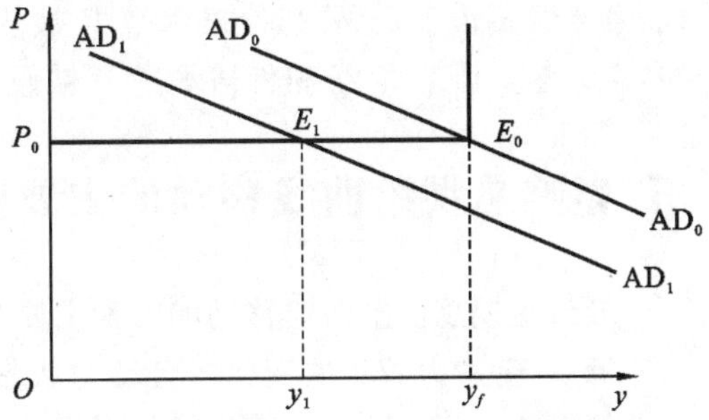

图 10-9 凯恩斯总供给曲线的政策含义

在图 10-9 中,代表总需求曲线的 AD_1 与凯恩斯总供给曲线 P_0E_0 相交于 E_1 点。在 E_1 点,价格水平为 P_0,产量 y_1 小于充分就业的产量水平 y_f,说明这时经济社会还有闲置的经济资源未充分利用,还没有实现充分就业。为了改善这一状况,国家可以通过增加需求的政策来使总需求曲线 AD_1 向右移动到 AD_0 的位置。这时,P_0E_0 与 AD_0 相交于 E_0,此时的价格水平仍是 P_0,但国民收入已经达到充分就业的产量 y_f。

(三)常规总供给曲线

垂直的古典总供给曲线和水平的凯恩斯总供给曲线分别代表总供给曲线的两种极端状态。西方学者认为,在通常或常规情况下,经济的短期总供给曲线位于两个极端之间,如图 10-10 和图 10-11 中的 CC 线所示。

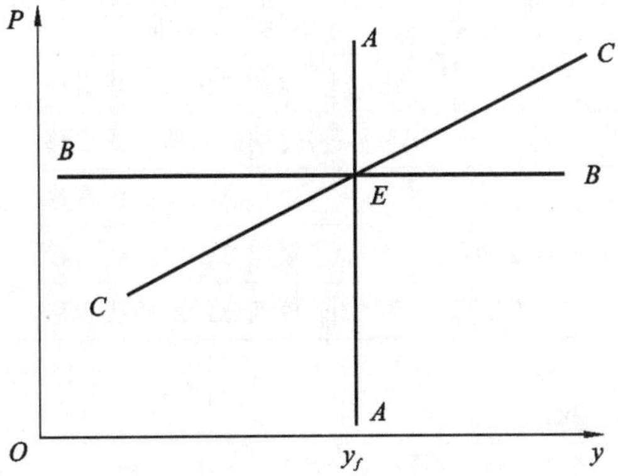

图 10-10 线性的常规总供给曲线

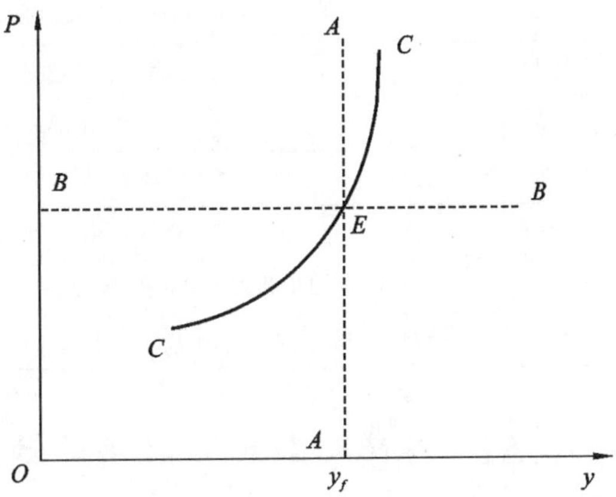

图 10-11 非线性的常规总供给曲线

向右上方延伸的 CC 总供给曲线表示,价格水平越高,经济中的企业提供的总产出就越多。在短期,当经济中的工资和其他资源的价格相对固定或不太容易变化时,随着企业产品价格的提高,企业增加产量通常能够盈利。因此,更高的价格水平将导致更高的产量,这意味着短期总供给曲线是向右上方倾斜的。

通常情况下,短期常规总供给曲线位于两极端——古典的垂直线和凯恩斯的水平线之间。如图 10-10 和图 10-11 所示,垂直的 *AA* 线代表古典总供给曲线,水平的 *BB* 线代表凯恩斯总供给曲线,右上倾斜的 *CC* 线代表常规总供给曲线。*CC* 线越接近水平的 *BB* 线,意味着货币工资 *W* 和价格水平 *P* 被假设的调节速度越慢;*CC* 线越接近垂直的 *AA* 线,意味着货币工资 *W* 和价格水平 *P* 被假设的调节速度越快。

五、影响总供给曲线移动的主要因素

导致短期总供给曲线移动的因素主要有以下几个。

第一,劳动力数量的变化。劳动力数量增加意味着潜在就业水平的提高,短期总供给曲线右移;反之,劳动力数量减少意味着产出水平的减少,短期总供给曲线左移。

第二,物质资本或人力资本(指人们通过教育、培训和经验获得的知识与技能)增加使短期总供给曲线右移;反之,物质资本或人力资本减少使短期总供给曲线左移。

第三,自然资源可获得性的增加使短期总供给曲线右移;反之,自然资源可获得性的减少使短期总供给曲线左移。

第四,技术知识进步(包括新能源、新材料的发现和使用)使短期总供给曲线右移;反之,可得到的技术知识减少使短期总供给曲线左移。

第五,导致成本增加的事件,如投入品价格(石油)和名义工资的上升等,会导致企业成本上升,在其他条件不变时,生产者每单位产品获得的利润会减少,从而企业减少产品与劳务供给量,则短期总供给曲线左移;反之,导致成本减少的事件,如投入品价格(石油)和名义工资的下降等,会使短期总供给曲线右移。

表 10-1 概括了上述因素对短期总供给曲线的影响。

表 10-1 导致短期总供给曲线移动的因素

序号	因素及其变化	短期总供给曲线的变化
1	劳动力数量增加	短期总供给曲线右移
2	物质资本或人力资本增加	短期总供给曲线右移
3	自然资源可获得性的增加	短期总供给曲线右移
4	技术知识进步(包括新能源、新材料的发现和使用)	短期总供给曲线右移
5	导致成本减少的事件如投入品价格(石油)和名义工资的下降等	短期总供给曲线右移

六、AD-AS 模型对现实经济波动的解释

将上一章所学的 AD 曲线和本章的 AS 曲线结合在一个坐标系中,就构成宏观经济学中的 AD-AS 模型。有了 AD-AS 模型,就可以分析宏观经济的长期均衡和短期均衡,

也有了分析宏观经济波动所需的基本工具。为分析问题简单起见，本章主要以短期经济波动为例，说明如何运用AD-AS模型来分析短期经济的波动。图10-12显示了一般情况的AD-AS模型中的均衡总产量（总收入）水平和均衡价格的决定。

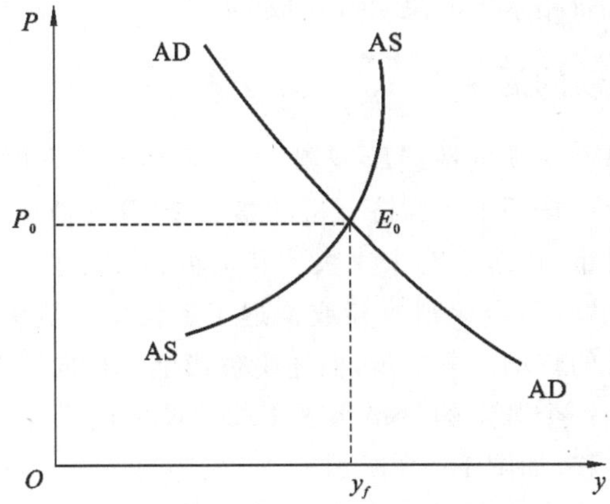

图10-12　一般情况的AD-AS模型中均衡总产量和均衡价格的决定

在图10-12中，短期总供给曲线和总需求曲线交于E_0，此时经济处于宏观经济的短期均衡状态，所对应的均衡经济产量处于充分就业的产量水平y_f上，经济中的企业满负荷工作，均衡的价格水平为P_0，此时价格水平P既不会上升也不会下降，实现了宏观经济的短期目标：充分就业和物价稳定。然而，只有在偶然情况下，短期总供给曲线和总需求曲线才相交于E_0点。现实中，短期总供给曲线和总需求曲线经常移动，从而交点经常偏离E_0点，进而造成宏观经济的波动。下面我们利用AD-AS模型来分析宏观经济的短期波动。

从AD-AS模型的理论视角看，宏观经济短期波动有两个基本原因，即AD曲线移动和AS曲线移动。在宏观经济学中，使AD曲线发生移动的事件被称为需求冲击（demand shock），使AS曲线发生移动的事件被称为供给冲击（supply shock）。

从现实来看，宏观经济在运行过程中可能会出现三种经济问题，即失业、通货膨胀和滞胀。失业，尤其是周期性的失业常常与衰退连在一起。衰退是指经济在一定时期内经历了产出下降和失业上升的情况。通货膨胀是指经济在一定时期价格水平持续地和显著地上涨。滞胀（stagflation）是指经济停滞（产出下降、失业增加）与通货膨胀（价格水平上升）同时并存的经济现象。滞胀是20世纪70年代出现在西方发达国家的一种新的宏观经济问题。

一般地，利用AD-AS模型分析宏观经济波动，可遵循四个步骤：

第一步，确定现实中所发生的某个事件（冲击）是使AD曲线移动，还是使AS曲线移动，或者是使二条曲线同时移动；

第二步，确定相关曲线移动的方向（向左移或向右移）；

第三步，用AD-AS模型图形找出移动后新的均衡点，找出新均衡下的均衡产出水平和均衡价格水平；

第四步，对比曲线移动前后的新旧均衡点，说明这种移动如何影响了短期的总产量和价格水平。

下面我们分别从总需求冲击和总供给冲击两个方面来看它们对短期宏观经济所造成的后果。宏观经济学用AD-AS模型对经济中的萧条、高涨和滞胀状态的说明，主要是通过说明短期的收入和价格水平的决定来完成的。

(一)AD曲线移动的后果

假定所考察的经济被悲观的情绪所笼罩，原因可能是突发的自然灾害、股票市场暴跌、海外战争爆发等事件，按照上述经济分析的第一步，这一情况主要影响经济的总需求方面。因为在上述事件下，许多人对未来失去信心并改变了他们的计划，家庭会削减支出并推迟了大件商品的购买；企业则放弃或推迟了新设备的购买和投资计划。显然，上述事件影响到AD曲线的移动。第二步，上述事件影响AD曲线左移还是右移呢？由于家庭和企业现在在任何一个既定的价格水平下想要购买的产品和劳务减少了，因此，上述事件会使AD曲线左移，如图10-13所示。

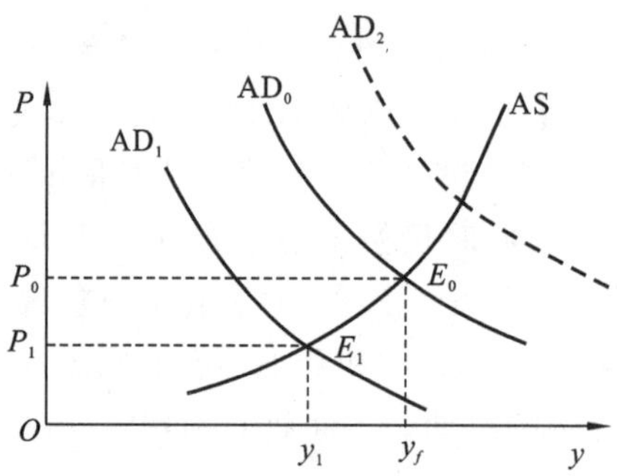

图10-13　总需求曲线移动决定收入和价格

从图10-13可以看到，经济的最初短期均衡状态位于E_0点，上述经济事件分析第一步和第二步表明，经济在经历上述事件后，总需求曲线由AD_0左移到AD_1，新的短期均衡状态位于E_1点。通过比较新旧均衡点(从E_0点变动到E_1点)，我们会发现，此时产量从原来的y_f下降到y_1，价格水平从原来的P_0下降到P_1。产出水平下降说明经济处于衰退中。

反之，任何使消费者支出增加的事件，如减税、股市高涨、预期未来收入提高、预期通货膨胀上升等，都使总需求增加，使得总需求曲线向右移动，如图10-13所示，总需求曲线由AD_0右移到AD_2，此时短期总供给曲线AS和AD_2的交点所决定的均衡产量大于充分就业的产量水平y_f，总供给曲线AS和AD_2的交点所决定的均衡价格水平也远高于原来的价格水平P_0，表示经济处于高涨状态。特别要说明的是，此时在短期中，由于新的均衡点所对应的产量水平远远超过充分就业的产量水平y_f，经济中已经没有闲置的资源可以用来生产出更多的产量，最终的结果只能带来更高的物价，造成通货膨胀，这就是超额需求所带来的通货膨胀。

(二)AS曲线移动的后果

假定某种原因，如石油价格或工资提高使短期总供给曲线AS由于供给冲击而向左移动，但 AD 不发生变化。按照上述所讲的四步分析法，我们来看看这时 AS 曲线移动对短期宏观经济造成的影响，如图 10-14 所示。

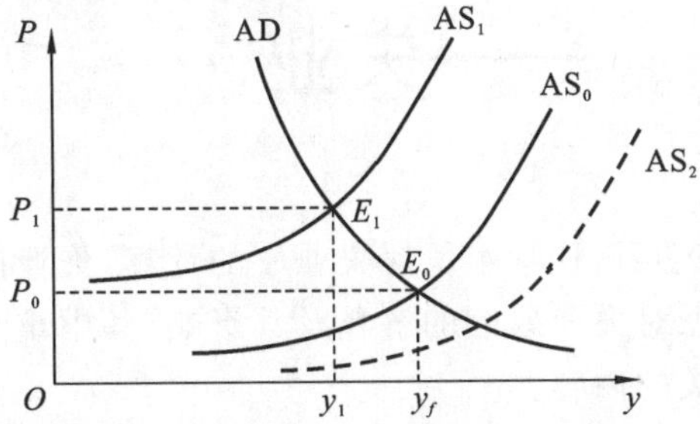

图 10-14　总供给曲线移动决定收入和价格

从图 10-14 可以看到，经济的最初短期均衡状态位于 E_0 点，总需求 AD 与 AS_0 的交点 E_0 决定了均衡产量或收入为 y_f，均衡价格水平为 P_0。现在由于出现供给冲击，石油价格或工资提高使得其他条件不变时，企业成本增加导致总供给减少，AS_0 向左移动到 AS_1，新的均衡点 E_1 决定的产量或收入为 y_1，价格水平为 P_1。通过比较新旧均衡点（从 E_0 点变动到 E_1 点），我们会发现，此时产量从原来的 y_f 下降到 y_1，价格水平从原来的 P_0 上升到 P_1，表示经济处于滞胀状态，即经济停滞和通货膨胀结合在一起的状态。AS_1 向左偏离 AS_0 的程度越大，失业和通胀会越严重。

反之，如果生产技术突然提高，总供给曲线 AS_0 右移 AS_2 时，这时均衡产量水平上升，价格水平下降。但这种情况很少见，因为技术虽然可以突然提高，但短期内很难应用到生产中。

思考题：

1. 什么是总供给？总供给的理论来源是什么？
2. 为什么会有三种不同的总供给曲线？
3. 试用 AD-AS 模型来分析短期宏观经济的波动。

延伸阅读

石油危机

第十一章 短期经济失衡的阵痛之一——失业

教学目的：通过本章学习，让学生了解失业率的计算，失业的类型和原因，失业的影响。使学生理解各个学派对失业原因的解释及其影响，其中重点掌握自然失业率、充分就业这些与学生息息相关的内容。

教学重点和难点：失业的类型，自然失业率，结构性失业及摩擦性失业含义及产生的原因。

主要教学内容及要求：

1. 教学内容

(1)失业的衡量——失业率的计算。

(2)失业的宏观经济学解释。

(3)充分就业的含义。

(4)失业的影响。

(5)结构性失业含义及原因。

(6)摩擦性失业含义及原因。

2. 教学要求

了解：古典经济学对失业原因的解释，现代货币主义对失业原因的解释。

理解：凯恩斯主义对失业原因的解释，失业的影响。

掌握：自然失业率的含义，结构性失业、摩擦性失业含义及原因。

熟练掌握：自然失业率的含义，充分就业的理解。

前面我们已经理解了决定一国生活水平和经济增长的主要因素。从市场个体的主观感受来看，决定其生活水平最明显的因素应该是他的收入水平，而一国生活水平则更多地决定于正常情况下所存在的失业量。虽然失业在复杂经济体中是不可避免的，但在不同时期和不同国家，它表现的形态和产生的根源差别很大。接下来我们就来认识短期经济失衡的阵痛之一——失业。

一、为什么受伤的总是我？——失业的描述

在 2018 年“欧洲文化遗产日”法国总统官邸爱丽舍宫对公众开放期间，一名失业的园丁向马克龙诉说自己的就业情况，“我今年 25 岁，投了很多简历和推荐信，但都没有下文。”

马克龙答道，“如果你有意向和动力的话，在酒店、咖啡馆、餐馆和建筑行业，没有一个地方不是在招人的。这是真的！”

他建议这名男青年去蒙帕纳斯(巴黎的一个区域,位于塞纳河左岸)试试,那里到处都是咖啡馆和餐馆,并称很容易就可以找到工作。

"我穿过那条街就能给你找个工作,尽管去找吧。"马克龙说。

尽管男青年对马克龙表达了谢意,并和他握手,但网民对这位总统的建议似乎并不买账。France24 报道称,这不是马克龙第一次陷入这样的困境了。他在推行改革以提振经济增长的过程中,被指无视普通民众的担忧。马克龙曾把反对他改革的人称为"懒鬼",并批评工会抗议者"挑事",而不是去找新工作。

根据欧盟统计局 2017 年的数据,法国的失业率居高不下,7 月份达到 9.2%,明显高于欧盟平均 6.8%的水平。年轻人尤其受到影响。在 2017 年底,约有 22.3%的法国年轻人在找工作,相比之下,在整个欧盟,这一比例为 16.8%。[①]

很有意思的一则故事,马克龙总统认为到处都在招人,只要有就业意向和动力男青年很容易就可以找到工作。然而男青年投了简历和推荐信,却迟迟没有找到工作。这是为什么呢?是什么造成他一直失业的呢?

(一)失业的数据

保障就业是政府的重要责任,经济学家非常关注失业率的变化以及失业对经济的冲击。虽然失业是各个国家普遍存在的经济现象,但是失业率的高低却是决定失业是否构成困扰的关键。2020 年我国的《政府工作报告》,首次没有设定年度经济增长目标,将就业放到了最显著的位置——今年要优先稳就业保民生。这一方面说明了政府对就业的重视,但另一方面也体现了当前的就业压力之大。一个令人深思的现象是,我国就业压力虽然很大,但是失业率看起来似乎并不高,全球很多国家的失业率飙升到了两位数,而我国的调查失业率只有 6%。那这个数字到底是个什么水平呢?这需要我们来了解失业率是怎么计算的。

失业是指在一定的年龄范围内(16~65 岁)愿意工作而没有工作,并正在积极寻找工作的状态。换句话,就是有劳动能力的人想工作而找不到工作的社会现象。我国目前采用的是登记失业率,2005—2019 年我国城镇登记失业率及失业人口如图 11-1 所示。

衡量经济中失业状况最基本指标是失业率,失业率是指劳动力中没有工作而又在寻找工作的人所占的比例,其波动反映了就业的波动情况。

$$失业率=\frac{失业人数}{失业+就业}\times 100\% \tag{11.1}$$

$$劳动力人数=就业人数+失业人数 \tag{11.2}$$

$$劳动参与率=\frac{劳动力人数}{成年人人数}\times 100\% \tag{11.3}$$

---

① 观察者网:法国青年抱怨求职难 马克龙:过条街就能找到工作,2018-09-17. https://baijiahao.baidu.com/s?id=1611867988187926567

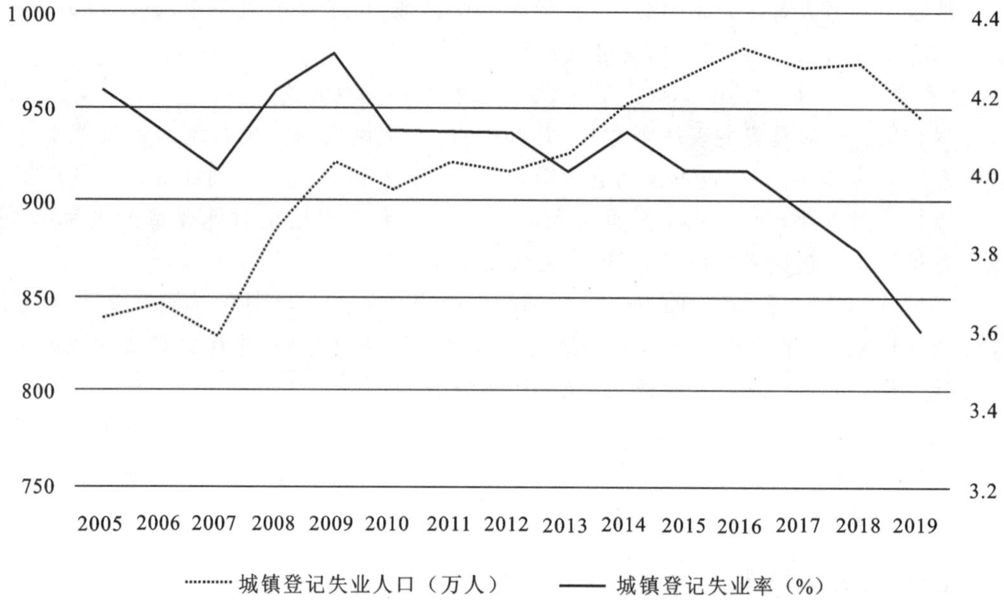

图 11-1　中国城镇登记失业率及失业人口(2005—2019)

数据来源:《中国统计年鉴》(2006—2020)

(二)自然失业率与充分就业

为什么我国就业压力大而失业率不高?

自然失业率是指经济运行于充分就业水平时的失业率,它也是经济在长期中所趋近的失业率。也就是劳动市场处于供求稳定状态的失业率,这里的稳定状态被认为是既不会造成通货膨胀也不会导致通货紧缩的状态。

既然经济已经实现了充分就业,为什么此时还会存在失业呢?因为充分就业是理论分析所描述的一种状态,在现实生活中,影响劳动市场就业的因素非常复杂,有些失业是不可避免的,它是“自然”就存在的。下面几种情况说明了某些失业不可避免,比如季节性失业,冷饮行业夏天是旺季,而到了冬天是淡季,虽然北方可以在暖气房中吃雪糕、喝冷饮,但是相对于夏天来说,还是很少。冬天不需要那么大的规模,很多员工没事干,于是就会造成部分员工被解雇。

当经济体的失业率处于自然失业率水平时,我们通常会认为该经济体实现了充分就业。所以充分就业并非人人都有工作。它一般是指生产要素(包含劳动)都有机会以自己愿意的报酬参加生产的状态。如果非自愿失业消除,仅剩下摩擦失业和自愿失业就说明已经实现了充分就业。充分就业并不是百分百的就业,大多数经济学家认为存在4%～6%的失业率是正常的,此时社会经济处于充分就业状态。

二、失业的宏观经济学解释

我们可以将失业理解为过多的劳动力去追逐过少的工作岗位。为了更好理解失业问题，西方学者使用微观经济学的供给-需求分析框架对不同类型的失业加以解释，如图11-2所示。

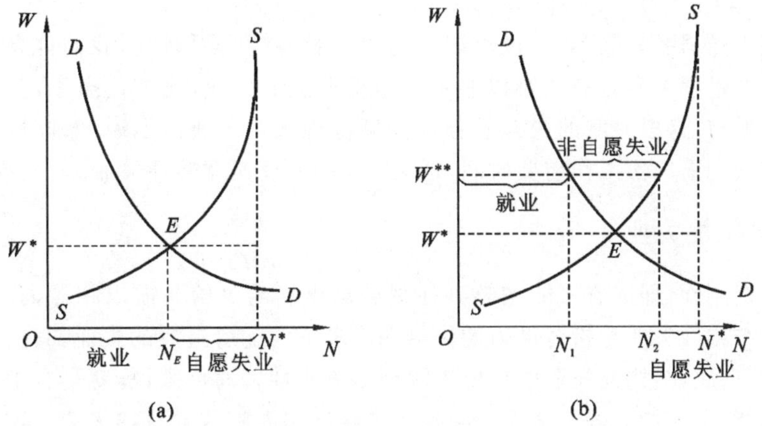

图 11-2　失业的解释

图11-2中，横轴均为劳动力数量，纵轴均为劳动力价格，即工资率。曲线 DD 为劳动需求曲线，曲线 SS 为劳动供给曲线。图11-2(a)是古典失业理论的解释，(b)是凯恩斯失业理论的解释。

图11-2(a)是在市场出清的均衡状态下来解释失业的，认为看不见的手能完全发挥作用，价格有绝对的灵活性，市场能完全自己调整。也就是说古典学派是在供给和需求达到平衡的情况下进行研究的。市场均衡点在 E 点，工资水平为 W^*。在竞争性的、市场出清的均衡状态下，厂商愿意雇用接受市场工资水平为 W^* 的合格工人，雇用的数量为 N_E。在 W^* 的工资水平上，另有数量为 N^*-N_E 的工人，他们虽愿意工作，但要求较高的工资。由于这部分工人不愿意在现行的市场工资率下工作，所以他们被认为是自愿失业的。在现行工资率下，自愿失业者可能更偏好闲暇或其他活动，而不是工作。他们可能属于摩擦性失业，也可能正在寻找第一份工作；他们可能是生产率较低的劳动力，相对于较低收入的工作，他们更愿意享受福利和失业保险。

而图11-2(b)是在大萧条的情况下，市场不能出清，即市场波动的情况下对失业进行解释，它用来说明没有伸缩性的工资怎样导致非自愿失业。一次经济波动使劳动市场工资过高，劳动的价格是 W^{**} 而不是均衡工资或市场出清的工资 W^*。在过高的工资率下，寻找工作的合格工人的数量大于提供的工作职位数。愿意在 W^{**} 工资下工作的工人数量是 N_2，而企业愿意雇用的数量则为 N_1。由于工资高于市场出清水平，于是出现劳动供给过剩，N_2-N_1 表示的是这部分非自愿失业的失业者的数量。在劳动力供给过剩的情况下，企业雇用劳动力时将会提出更严格的技能要求，雇用更有资格、更有经验的劳动者。而 N^*-N_2 则代表那些在工资水平为 W^{**} 时仍不满意，自愿选择不工作的工人，即自愿失业。

三、失业的类型

现代宏观经济学通常将失业分为三种类型，即摩擦性失业、结构性失业和周期性失业。

(一)摩擦性失业

因为找工作需要时间,或者说求职者与工作相匹配需要时间,我们称之为摩擦性失业。由于生产过程中会有一些难以避免的摩擦造成的失业,比如说搬家,从一个城市搬到了另一个城市,这段时间的失业就被称为摩擦性失业。通俗地说,摩擦性失业就是从这一份工作换到下一份工作需要时间,这段“空窗期”就是摩擦性失业。

(二)结构性失业

因为工资刚性,即工资不能调整到使得劳动市场的供给与需求相等,我们称之为结构性失业。结构性失业是指劳动力的供给和需求不匹配所造成的失业,其特点是既有失业,又有职位空缺,结构性失业的重要来源是工资刚性。通俗来说,就是有求职愿望的人因为职业技能、个人能力等因素无法和现有空缺岗位匹配所导致的失业。这些职位一般都是高端岗位,需要高端技术人才,其他失业人员由于缺乏相应的技术无法胜任岗位,人、岗不匹配就造成了失业。如 IT 行业刚兴起的时候,需要大量的人才,岗位有大量的空缺,而夕阳行业又逐渐退出市场造成人员失业,从夕阳行业失业的这些人员面对这些大量空缺岗位的 IT 行业只能看着了,因为他们没有技能胜任这些岗位。既有职位空缺,又有失业,便是结构性失业。

(三)周期性失业

周期性失业是指在经济周期的衰退或萧条阶段,由于总需求不足而引起的短期失业。这种失业是由整个经济的支出和产出下降造成的,它是短期的、与经济波动密切相关的失业。具体来说,周期性失业对应的是劳动市场不出清的情况,它表明劳动力资源此时存在限制。周期性失业往往与就业不足均衡联系在一起,也就是说,周期性失业的存在使得经济下降到低于潜在产量水平。周期性失业给经济带来许多危害。除了使实际产出低于潜在产量之外,周期性失业还会在其他方面对一国的经济运行带来负面影响。

另外,在发展中国家,还存在一种特别的失业形式,即伪装性失业或隐蔽性失业,俗称人浮于事,或者有职无工的状态,如中国的下岗,当然这是中国在转型过程中特殊时期特有的失业。

四、失业的影响

(一)个人影响

对于个人而言,失业的影响要从自愿和非自愿进行区别。如果是自愿失业,则会给他带来闲暇的享受,闲暇的愉悦感所带来的边际效用将大于工资所带来的边际效用。但如果是非自愿失业,则会使得他的收入减少,从而生活水平下降,还会影响身心健康,造成家庭关系的恶化。在一个失业保障制度不健全的国家，如果失业工人长期找不到工作，其面临的悲惨境地可想而知。除此之外，失业也给失业者带来极其严重的心理负担，这种负担是无法用金钱来衡量的。美国公共健康机构的研究表明，失业会导致失业者身体和心理健康的退化，易引发心脏病、酗酒和自杀等。

(二)社会影响

失业会浪费劳动力资源，造成大量的人力资本流失。劳动力是最宝贵的经济资源，而且这种资源具有时效性，不能储存，如果不能及时利用，就会永远丧失。失业意味着一部分宝贵的劳动力资源被浪费了，这会减少经济中的产出，降低社会公众的福利水平。

失业会增加社会福利支出，加重财政负担。除了对社会总产出的影响之外，失业直接减少了失业者及其家庭的收入，而收入的减少又会造成家庭消费水平的下降。

失业率过高也会影响社会安定，带来其他社会问题。失业给失业者及其家庭带来的经济和精神损失，还会引发严重的社会问题。失业会造成失业者对社会的失望和不满情绪，提高社会的犯罪率、离婚率等，并有可能引发社会骚乱。

(三)经济影响

失业的经济影响可以用机会成本的概念来理解。当失业率上升时，经济中本可由失业工人生产出来的产品和劳务就损失了。衰退期间的损失，就好像是将众多的汽车、房屋、衣物和其他物品都销毁了。从产出核算的角度看，失业者的收入总损失等于生产的损失，因此，丧失的产量是计量周期性失业损失的主要尺度，因为它表明经济处于非充分就业状态。失业在经济上最大的损失就是国民收入的减少。当出现严重失业的时候，产量损失很大，收入急剧下降。就好像大量的汽车、房屋、衣服以及其他商品被简单地扔进大海一样。在高失业期间的损失是现代经济当中有文献记载的最大浪费。

根据美国经济学家奥肯在20世纪60年代提出的奥肯定理①：

失业率每增加1%，则实际国民收入减少2%；

失业率每减少1%，则实际国民收入增加2%。

然而，一些学者通过对我国GDP增长率与城镇就业率相关性进行分析，发现中国GDP增长率、失业率情况与奥肯定律之间存在相当大的偏离，此公式并不适合我国现在的国情，奥肯定律出现失灵迹象。

五、失业的原因

为考察失业的原因，这里把失业分为三种类型，即摩擦性失业、结构性失业和周期性失业。其中，周期性失业是由于整体经济的支出和产出水平下降，即经济的需求下降而

---

① 奥肯定律是美国经济学家根据经验总结的一个规律，这个定律概括了失业率的波动和产出波动之间的联系：失业率每高于自然失业率1个百分点，实际GDP将低于潜在GDP 2个百分点。在今天，最新的估算预测失业率上升1%将相应地带来产出1%～2.5%的下降(即$1\leqslant\beta\leqslant2.5$)。

造成的失业。

(一)摩擦性失业的原因

在现实中,由于劳动力市场信息不完备,厂商找到所需雇员和失业者找到合适工作都需要时间,引起暂时性失业。工人具有不同的偏好与能力,工作也有不同的属性,而且求职者和空缺职位的信息流动是不完全的,工人在不同地区间的流动也不是即刻的,找一份合适的工作需要时间和努力,这往往会降低入职率。

一般来说,一些摩擦性失业是难以避免的。在现实中,企业和家庭需要的产品类型随着时间发生变化。产品需求的变动,对生产这些产品的劳动力需求也发生改变。例如,个人电脑的发明减少了对打字机的需求和对制造打字机的劳动力的需求。类似地,由于不同地区生产不同产品,可能一国某个地方的劳动力需求在增加,而另一个地方的劳动力需求在下降。在概念上,人们把需求在不同行业和地区之间的构成变动称为部门转移。由于部门转移总在发生,且工人改变就业部门需要时间,因此,摩擦性失业总是存在的。

此外,当工人所在的企业倒闭了,或由于主观和客观原因,工人离职了,工人找到新工作需要花费时间和努力。所有这些都意味着,一个经济中的摩擦性失业是无法避免的。在劳动市场上,企业和工人都在搜寻,但两者的搜寻目标并不相同。工人想得到令人愉快并且体面的高薪工作,而企业则搜寻能够胜任特定工作且索要的工资水平合理的好员工。工作匹配需要时间,因此自愿或被迫离开工作岗位的工人在找到新工作之前,都将会经历一段失业的时间。

(二)结构性失业的原因

导致结构性失业的因素是工资刚性,即工资不能调整到使劳动市场的供给等于需求从而消除失业的水平。图 11-2(b)已经说明了没有伸缩性的工资,即工资刚性如何导致失业。在那里只是解释非自愿失业。由于结构性失业与非自愿失业会有重合和交叉,因此该图也可以解释结构性失业。在工资刚性的情况下,工人失业并不是因为他们不积极寻找适合于他们个人技能的工作,而是因为愿意工作的人数与可以得到的工作人数之间存在根本性的不匹配。在现行工资水平下,劳动供给量超过劳动需求量,所以许多工人只是在等待招工。

结构性失业在性质上是长期的,而且通常起源于劳动力的需求方。结构性失业是由于经济变化导致的,这些经济变化引起特定市场和区域的特定类型劳动力的需求相对低于其供给。造成这种状况的原因有以下四个方面。

(1)技术变化。新产品的引进和生产技术的变革可能会在很大程度上改变对各种技术工人的相对需求。

(2)消费者偏好变化。消费者对产品和劳动力偏好的改变,使得一些行业扩大而另一些行业萎缩,处于规模缩小行业的劳动力因此而失去工作岗位。

(3)劳动力的不流动性。流动成本的存在制约着失业者从一个地方或一个行业流动到另一个地方或另一个行业,从而使得结构性失业长期存在。

(4)制度因素也会加剧结构性失业。例如,最低工资法可能会使非熟练工人获得的工资高于他们的生产力水平,从而严重减少了他们的就业机会。而高失业福利减少了失业的机会成本,也可能导致更高的结构性失业。

(三)周期性失业的原因

周期性失业对不同行业的影响是不同的,一般来说需求收入弹性越大的行业,周期性失业的影响越严重。导致周期性失业的原因很多,比如当企业预期未来的经济形势更坏时,企业将会减少其投资支出,由此经济中的总需求将会减少。在短期,总需求的减少会带来价格的下降,在名义工资为刚性的情况下,这将导致实际工资上升。实际工资上升使得企业对劳动的需求减少,由此产生了周期性失业。再比如,政府增加税收的行为也会使总需求曲线向左平移,其结果也有可能导致周期性失业的出现。

思考题:

1. 作为大学生,你怎么看待“毕业即失业”?
2. 如果工作到 40 岁突然失业了,你会怎么办?

延伸阅读

2050 万人失业:美股没慌谁慌了?

第十二章　短期经济失衡的阵痛之二——通货膨胀

教学目的：通过本章的学习，让学生了解通货膨胀的定义、类型和影响，用指数计算通货膨胀率，通货膨胀的不同成因，了解通货膨胀的成本，掌握 CPI 的含义及计算。

教学重点和难点：通货膨胀的含义的理解，用 CPI 计算通货膨胀率，需求拉动型通货膨胀的成因解释，成本推动型通货膨胀的成本解释。

主要教学内容及要求：

1. 教学内容

(1)通货膨胀的含义。

(2)CPI 的含义及计算。

(3)通货膨胀率的计算。

(4)通货膨胀的类型。

(5)通货膨胀的原因。

(6)通货膨胀的影响。

(7)通货膨胀的成本。

2. 教学要求

了解：CPI 等几类指数，货币主义学派对通货膨胀成因的解释。

理解：指数与通货膨胀率的关系，CPI 的含义。

掌握：CPI、通货膨胀率的计算，通货膨胀的含义及类型。

熟练掌握：通货膨胀的成因、社会成本，通货膨胀对收入分配的影响，通过 CPI 价格指数和通货膨胀率等指标来解读现实经济生活中物价水平与国家宏观调控的意义。

20 世纪 90 年代初如果你有一万元，你就是万元户，成为人们羡慕的土豪；到了 2000 年如果你还只有一万元，那你基本算是穷屌丝了。为什么仅仅十年的时间，同样的货币量让你从富裕变为贫穷，这中间发生了什么？

我们再来看一个例子，同样 100 块钱，1990 年可以同时买 10 斤猪肉和 10 公斤大米，而到了 21 世纪的今天，100 块钱只能买或者 5 斤猪肉或者 10 公斤大米。同样的货币，数量没有少，但是你能购买的东西越来越少了，是不是感觉到你的财富被偷走了？

对，这个小偷就是通货膨胀！

那么，什么是通货膨胀呢？

一、我的钱去哪了？——通货膨胀的含义

谁偷走了我的财富

通货膨胀是指当一个经济中的大多数商品和劳务的价格连续在一段时间内普遍上涨。简单地理解，就是社会上流通的钱越来越多、物价也水涨船高，相同的货币能购买的东西越来越少。

以前的 1 万元，究竟相当于现在多少钱？

1978 年的 1 万元，相当于现在的 1447 万元；1988 年的 1 万元，相当于现在的 166 万元；1998 年的 1 万元，相当于现在的 16 万元；2008 年的 1 万元，相当于现在的 3.5 万元；2013 年的 1 万元，相当于现在的 1.5 万元①

在理解通货膨胀这个概念的时候，我们要注意如下两点。

第一，大多数商品和劳务价格普遍上涨。这意味着如果单一的某种商品价格上涨，不能称为通货膨胀。比如中秋节前的月饼价格高涨，情人节前的玫瑰花高价可居，近年出现的"猪坚强"、"蒜你狠"、"姜你军"、"向前葱"、"糖高宗"等，这些都是在某个特定的时期某一种商品价格的上涨，不能称之为通货膨胀，只有当这种商品的价格上涨进而带动社会上大多数商品价格出现了普遍的上涨才能称为通货膨胀。

第二，大多数商品和劳务的价格上涨要持续一段时间。比如每到年底，大多数商品价格都会上涨，但是这个上涨持续时间不长，春节过后价格就会慢慢地回落，那么这种就属于季节性的涨价而不属于通货膨胀。

二、我的钱少了多少？——通货膨胀率

通货膨胀一般用价格指数来说明，主要有三种价格指数：GDP 平减指数、生产价格指数(PPI)、居民消费价格指数(CPI)。

(一)GDP 平减指数

GDP 平减指数，即国民生产总值平减指数，或国内生产总值平减指数，是一个能综合反映物价水平变动情况的指标，用公式表达：GDP 平减指数＝名义 GDP/实际 GDP，它的计算基础涉及全部最终商品和劳务，是对价格水平的宏观测量。

(二)生产价格指数(PPI)

生产价格指数(PPI)是衡量工业企业产品出厂价格变动趋势和变动程度的指数，是反映某一时期生产领域价格变动情况的重要经济指标。它是根据物价涨跌编制的指数，在中国，一般每月 9 号左右公布。

① P2P 观察：40 年前的一万元竟然相当于现在这么多钱？https://k.sina.com.cn/article_5323868384_13d53c8e00010002sf2.html.

(三)居民消费价格指数(CPI)

1. 居民消费价格指数的定义

居民消费价格指数(CPI)是反映居民家庭一般所购买的消费商品和劳务价格水平变动情况的宏观经济指标。它是人们有选择地选取一组(相对固定)商品和劳务,然后比较它们按当期价格购买的花费和按基期价格购买的花费。也就是比较买同样的商品今天比过去多花多少钱。2019 年我国全年 CPI 同比上涨 2.9%,也就是 2019 年通货膨胀率比较客观的整体数值为 2.9%。

2. CPI 的计算

$$\text{CPI}=\frac{\text{一组固定商品按当期价格计算的价值}}{\text{一组固定商品按基期价格计算的价值}}\times 100 \tag{12.1}$$

例如,以 2013 年为基年,2013 年每月买这一组商品的费用为 857 元,2014 年买同一组商品的费用是 1174 元,那么 2014 年的 CPI 就等于 137。

在日常生活中我们更关心的是价格水平的变动,也就是通货膨胀的程度——通货膨胀率。而通货膨胀率就是根据价格指数计算出来的。

3. 通货膨胀率的计算

通货膨胀率是从一个时期到另一个时期价格水平变动的百分比,其计算公式是

$$\pi_t=(P_t-P_{t-1})/P_{t-1} \tag{12.2}$$

其中 π_t 是 t 期的通货膨胀率,P_t 是 t 期的价格指数,P_{t-1} 是基期的价格指数。

用上述的消费价格指数来衡量价格水平,那么通货膨胀率就是不同时期的消费价格指数变动的百分比。用上面计算的 CPI 来说,假定基期 2013 年的 CPI 是 100,2014 年的 CPI 是 137,那我们就可以计算出 2014 年的通货膨胀率是 37%,也就是 $\pi_t=(137-100)/100$。

这说明什么呢?说明 2014 年的物价水平相比 2013 年上涨了 37%。

所以我们只要计算出价格指数,就可以进一步通过价格指数计算出通货膨胀率。

三、通货膨胀的分类

对于通货膨胀,西方学者从不同角度进行了分类。

(一)按照价格上升的速度进行分类

按照价格上升的速度,西方学者认为存在着三种类型的通货膨胀。

第一,温和的通货膨胀,指每年物价上升率在 10%以内。此时物价相对来讲比较稳定,人们对货币比较信任。目前,许多国家都存在着这种温和类型的通货膨胀,甚至有些人还认为这种缓慢而逐步上升的价格对经济和收入的增长有积极的刺激作用。

第二,奔腾的通货膨胀,指年通货膨胀率在 10%到 100%之间。这种通货膨胀局面一旦形成并稳固下来,便会形成严重的经济扭曲。这时,货币流通速度提高而货币购买

力下降，货币贬值非常迅速。西方学者认为，当奔腾的通货膨胀发生以后，由于价格上涨率高，公众预期价格还会进一步上涨，因而采取各种措施来保护自己，以免受通货膨胀之害，这使得通货膨胀进一步加剧。

第三，超级通货膨胀，指通货膨胀率在100%以上。发生这种通货膨胀时，价格持续猛涨，人们都尽快地使货币脱手，从而大大地加快货币流通速度。其结果是，人们对货币完全失去信任，货币购买力猛降，各种正常的经济联系遭到破坏，以致货币体系和价格体系最后完全崩溃。在严重的情况下，还会出现社会动乱。

(二)按照对价格影响的差别分类

按照对不同商品的价格影响的大小加以区分，存在两种通货膨胀类型。

第一种为平衡的通货膨胀，即每种商品的价格都按相同比例上升。这里所指的商品价格还包括生产要素的价格，如工资率、租金、利率等。

第二种为非平衡的通货膨胀，即各种商品价格上升率并不完全相同。例如，甲商品价格的上涨幅度大于乙商品价格的上涨幅度，或者利率上升的幅度大于工资上升的幅度等。

(三)按照人们的预期程度加以区分

按照人们的预期程度，可以分为两种通货膨胀类型。

一种为未预期到的通货膨胀，即价格上升的速度超出人们的预料，或者人们根本没有想到价格会上涨。例如，国际市场原料价格的突然上涨所引起的国内价格的上升，或者在长时期中价格不变的情况下突然出现的价格上涨。

另一种为预期到的通货膨胀。例如，当某一国家的物价水平年复一年地按5%的速度上升时，人们便会预计到物价水平将以同一比例继续上升。既然物价按5%的比例增长成为意料之中的事，则该国居民在日常生活中进行经济核算时会把物价上升的比例考虑在内。例如，银行贷款的利息率肯定会高于5%，因为5%的利率仅能起到补偿通货膨胀的作用。由于每个人都把5%的物价上涨考虑在内，所以每个人所要求的价格在每一时期中都要上升5%。每种商品的价格上涨5%，劳动者所要求的工资、厂商所要求的利润率都会以相同的速度上涨。因此，预期到的通货膨胀具有自我维持的特点，有点像物理学上的运动中物体的惯性。因此，预期到的通货膨胀有时又被称为惯性通货膨胀。

四、为什么我的钱会少了呢？——通货膨胀的成因

经济学里对通货膨胀原因的解释，主要有三个：货币现象的通货膨胀、需求拉动的通货膨胀以及成本推动的通货膨胀。下面我们分别来解释这三种关于通货膨胀产生的原因。

(一)货币现象通货膨胀

货币数量论认为，每次通货膨胀背后都有货币供给的迅速增长，换句话说通货膨胀就是一种货币现象。当货币供给过多超过实际需要时，就会使货币贬值发生通货膨胀。

这一观点的出发点就是交换方程

$$MV=py \tag{12.3}$$

其中，M 是货币供给量，V 是货币流通速度，p 是价格水平也就是价格指数，y 是指实际收入水平。M 乘以 V 就是流通中的货币量，p 乘以 y 就是名义收入水平。

公式(12.3)表明经济中的总支出应该等于名义收入。我们把这个公式稍微变形一下就看到 $p=MV/y$，如果货币供给量超过了实际收入水平，就会导致 p 价格水平上涨。

(二)需求拉动通货膨胀

需求拉动通货膨胀，又称超额需求通货膨胀，是指总需求 AD 大于总供给 AS 所引起的一般价格水平的持续显著的上涨。这种通货膨胀被认为是过多的货币追求和过少的商品造成的。图 12-1 常被用来说明需求拉动的通货膨胀。

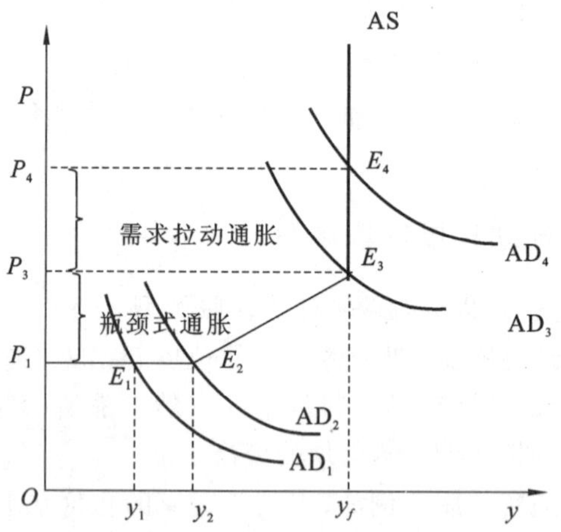

图 12-1　需求拉动的通货膨胀

如图 12-1 所示，当商品总产量 y 较低的时候，就是处在 P_1E_2 的时候，总需求由 AD_1 增加到 AD_2 时，价格水平没有上升，仍是 P_1，没有发生通货膨胀。但是当总产量达到了充分就业的产量水平 y_f 前，总需求由 AD_2 增加到 AD_3 时，所引起的产量水平由 y_2 增加到 y_f 时，会引起价格水平上升，由 P_1 上升到 P_3，但这是瓶颈式的通货膨胀，是因为劳动、原料等不足而成本提高导致价格上涨。当总产量已达到充分就业的产量 y_f 的时候，总需求由 AD_3 增加到 AD_4 的时候，只会导致价格水平持续显著的上升，而不会带来产量增加，这个时候的通货膨胀称为需求拉动通货膨胀。

(三)成本推动通货膨胀

与需求拉动通货膨胀相反的就是成本推动通货膨胀，它是西方学者试图从供给方面说明为什么会发生一般价格水平上涨的理论。成本推动通货膨胀是指在没有超额需求的情况下，由于供给方面成本的提高而引起的一般价格水平持续和显著的上涨。它主要包括工资推动的通货膨胀和利润推动的通货膨胀。

1. 工资推动通货膨胀

我们通过一个案例来介绍什么是工资推动通货膨胀。

王强是一位冶金工人，他所在工会的副会长是一位很厉害的谈判专家，经过副会长的努力谈判，工厂老板同意上调工资。其他工厂工会得知这个消息，也纷纷效仿，代表工人向他们的资方谈判，希望能为工人争取到涨工资的机会。

王强听说涨工资的事情特别高兴，计划着这个季度的工资发下来与几个工友庆祝庆祝。距离发工资日子越来越近，王强却总是听到他的太太在抱怨：大米涨价了，油也涨价了，就连装蔬菜的布袋子也涨价了。原本每个季度交到他太太手里的生活费都是绰绰有余的，这个季度却不够花了。

工资终于发下来，王强却没有心情与工友们出去庆祝了。这次他给了太太更多的生活费，自己留下来的钱反而比以前还少。王强不禁感叹："涨了工资以后，比不涨工资还穷啊！"

上述故事中王强看似工资上涨了，但是随着工资上涨物价也上涨了，他所能购买的物品反而比涨工资之前更少了，他经历的正是工资推动通货膨胀。工资推动通货膨胀是指在不完全竞争的劳动市场上，当工资上升导致价格水平上升，而价格水平上升又进一步导致工资的提高，从而带来一种工资和价格的螺旋式上涨。

2. 利润推动通货膨胀

利润推动通货膨胀是指在不完全竞争的产品市场上，垄断企业为了追求更大的利润人为地提高价格，利用市场势力谋取过高利润所导致的一般价格水平的上涨。可以用图 12-2 进行解释。

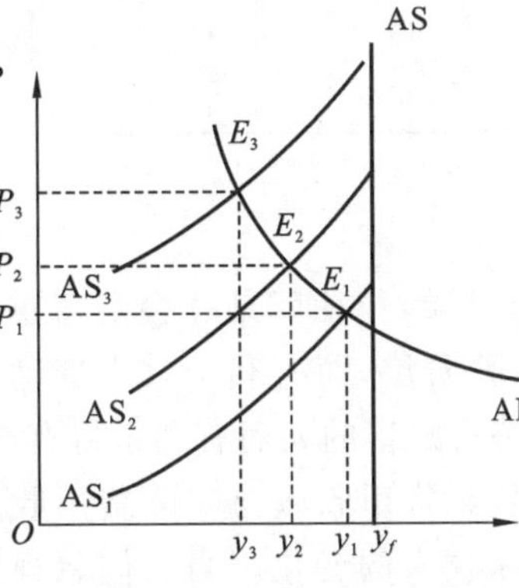

图 12-2　利润推动的通货膨胀

图 12-2 所示，当总需求 AD 一定，而总供给由 AS_1 由于成本上升，向左上方移动到 AS_2 时，形成新的均衡点 E_2，这时价格水平由 P_1 上升到 P_2，国民收入 y_1 下降到 y_2。当成本进一步上升，由 AS_2 向左上方移动到 AS_3 时形成均衡点 E_3，这个时候对应的价格水平由 P_2 进一步上升到 P_3，而国民收入 y_2 进一步下降到 y_3。那么这就属于成本推动通货膨胀。

另外，有些西方学者提出从供给和需求两个方面以及其相互影响来说明通货膨胀，也就是一种混合型通货膨胀；还有一些学者提出，由于经济结构因素的变动而出现一般价格水平的持续上涨称为结构性通货膨胀。

五、钱没了我怎么办？——通货膨胀的影响

（一）对就业和国民收入（产出）的影响

较高的通货膨胀影响就业和产出水平。在一定条件下，需求拉动型通货膨胀能促使厂商扩大生产规模、增加雇用工人；通货膨胀使银行的实际利率下降，这会刺激消费和投资需求，促进资源的充分利用和总供给的增加。当供给下降引起通货膨胀时，国民收入和就业量随之下降，导致大多数工人处于失业状态。

长期来说，通货膨胀与产出的增长之间存在着一种类似倒“U”型的关系。许多国家的研究表明产出增长与通货膨胀之间的关系是：低通货膨胀的国家经济增长最为强劲，而高通货膨胀或通货紧缩国家的增长趋势则较为缓慢，如表 12-1 所示。

表 12-1　通货膨胀与经济增长[①]

通货膨胀率（%/年）	人均 GDP 的增长（%/年）
－20～0	0.7
0～10	2.4
10～20	1.8
20～40	0.4
100～200	-1.7
1000 以上	-6.5

（二）收入分配效应

一个社会发生通货膨胀的时候，往往就是社会财富重新分配的时候。一般来讲，通货膨胀不利于拿固定工资的工薪阶层，而有利于收入变动的人群；不利于债权人而有利于债务人；不利于以货币形式持有财富的人而有利于持有固定资产的人。

在通货膨胀时期，人们的名义货币收入与实际货币收入之间会产生差距，只有剔除物价的影响，才能看出人们实际收入的变化。当人们忽视货币实际购买力的变化，而仅满足于货币名义价值（如名义收入）时，通常称为货币幻觉。在通货膨胀下，由于货币贬值，名义货币收入的增加往往并不意味着实际收入的等量增加，有时甚至是实际收入不变乃至下降。如果满足于名义收入的增加却忽视货币的名义价值的变化，那就是货币幻觉在起作用。由于社会各阶层的收入来源极不相同，因此在物价总水平上涨时，有些人的收入水平会下降，有些人的收入水平反而会提高。这种由物价上涨造成的收入再分配，就是通货膨胀的收入分配效应。

在发达的工业化国家，大多数人是依靠工资或薪金生活的，工资收入差不多就是他们的全部收入。在物价持续上涨时期，劳动者的工资收入只有每隔一段时间才会做一定

---

① 保罗・萨缪尔森，威廉・诺德豪斯. 经济学[M]. 萧琛，主译. 19 版. 上海：商务印书馆，2012：第 557 页.

幅度的调整，使工资率的提高与物价上涨保持大体的同步，以保证实际收入水平得以维持。但这种通货膨胀条件下的定期工资调整，只有依靠强大的工会力量才能做到；否则，工资的增长常会落后于物价上涨。货币工资的增长相对于物价上涨的滞后时间越长，遭受的通货膨胀损失相应地也就越大。此外，从利息和租金取得收入的人，在通货膨胀中受到的损害也会比较严重。但与此同时，只要存在着工资对于物价的调整滞后，企业的利润就会增加，那些从利润中获取收入的人都能得到好处。

(三)资产结构调整效应

资产结构调整效应又称为财富分配效应。一个家庭的财富或资产由两部分构成：实物资产和金融资产。许多家庭同时还有负债，如借有汽车抵押贷款、房屋抵押贷款和银行消费贷款等。因此，一个家庭的财产净值是它的资产价值与负债之差。

在通货膨胀环境下，实物资产的货币值大体随通货膨胀率的变动而相应升降。有的实物资产，其货币值增长的幅度高于通货膨胀率，有的则低于通货膨胀率；同一种实物资产，在不同条件下，其货币值的升降较通货膨胀率也有时高时低的情况。金融资产则比较复杂。在其中占相当大份额的股票，它的行市是可变的，在通货膨胀之下会呈上升趋势。但影响股市的因素极多，所以股票绝非通货膨胀中稳妥的保值资产形式，尽管有些股票在通货膨胀之中使其持有者获得大大超出保值的收益。至于各种金融资产，其共同特征是有确定的货币金额，这样的名义货币金额并不会随通货膨胀是否存在而变化。显然，物价上涨，实际的货币额减少；物价下跌，实际的货币额增多。在这一领域中，防止通货膨胀损失的办法通常是提高利率或采用浮动利率。但在严重的通货膨胀条件下，这样的措施也往往难以弥补损失，正是由于以上情况，每个家庭的财产净值，在通货膨胀之下，往往会发生很大变化。

下面举例说明：

假设一个人有：(1)存款 20000 元；(2)负债 60000 元；(3)货币值可随物价变动而相应变动的资产 24000 元。

当不存在通货膨胀时，其资产净值之和为－16000 元(负债为负值)。此时的资产净值既是名义值，也是实际值。

现在出现了通货膨胀，设通货膨胀率为 100％。为简化分析，不考虑利息因素，其名义值是：(1)存款，仍为 20000 元；(2)负债，仍为 60000 元；(3)货币值可变资产则变为 24000×(1＋ 100％)＝48000 元。

总名义资产净值 8000 元，而实际值则为：

(1)存款为 20000/(1＋100％)＝10000 元；

(2)负债为 60000/(1＋100％)＝30000 元；

(3)货币值可变的资产，其实际值仍为 24000 元。

则实际资产净值为 4000 元。

一般来说，小额存款人和债券持有人最易受通货膨胀的影响。至于大的债权人，不仅可以采取各种措施避免通货膨胀带来的损失，而且他们往往还是大的债务人，可以享有通货膨胀带来的巨大好处。

六、通货膨胀的成本

皮鞋为什么磨得快?

(一)预期到的通货膨胀成本

1. 菜单成本

王先生在某个城市的繁华商圈开了一家糕点店,装修精美,连标签牌和菜单都请人专门设计。但这几个月的物价,特别是牛奶和面粉的价格出现了上涨。王先生就估摸着要给自己的糕点产品涨涨价。于是,他做了一下初步预算,首先自己要去别的糕点店打探价格,这得耽误一天生意;其次价格定好后,菜单得重新排版印刷,这些成本算下来要2000元。令人头疼的是,涨价之后,在竞争激烈的商圈里可能会流失顾客,利润减少,所以这一算王先生又犹豫要不要调价。其实这种纠结的情况对于处在通货膨胀背景下的企业而言是很常见的。他们公布价格之后往往很长时间保持不变,因为改价是有成本的,这种成本在经济学中被称为“菜单成本”。

大多数企业并不是每天改变其产品的价格。相反,企业往往公布价格,并使其在几周、几个月甚至几年内保持不变。企业不经常改变价格是因为改变价格有成本,这种调整价格的成本也就是菜单成本,包括决定新价格的成本、印刷新清单和目录的成本、把这些新价格表和目录送给中间商和顾客的成本、为新价格做广告的成本,甚至包括处理顾客对价格变动的恼怒的成本。哪怕是完全预期到的高通货膨胀,企业都必须频繁地改变价格,特别是在超级通货膨胀期间,企业必须每天甚至更频繁地变动价格,以便与经济中所有其他商品或劳务价格保持一致。

2. 鞋底成本

津巴布韦的奇卡瓦先生是一名教师,这些年他每月一领到工资,就和妻子迅速地冲向市场购买一个月的大米、面条和一些生活必需品,然后迅速地去黑市把剩下的钱换为美元。可能有人会问,奇卡瓦先生为啥这么着急花钱、换钱,存到银行不好吗?如果你看到下面这一组数据,估计你比他跑得还快。2017年9月,津巴布韦鸡肉每公斤价格上涨31%,大米上涨24%,卫生纸上涨30%。而之后一个月,食品涨幅是20%~100%。现在你可以理解奇卡瓦先生的心情了吧,因为他们很清楚在通货膨胀率这么高的时候,拿到钱留在手中意味着这些钱能买到的东西一天比一天少。而这种为了减少手中货币持有量所产生的成本,经济学把它称之为“鞋底成本”,就是指人们为了使手头保留的钱少于没有通货膨胀时的数量,人们必须牺牲的时间与便利。

当通货膨胀率高时,通常名义利率上升以补偿价格水平的上升。结果,把现金放在口袋里的成本更高了,因为现金不能赚取任何利息。例如,假设通货膨胀使名义利率从7%上升到12%。放在你钱包中的现金如果存到银行里,现在能够赚取的利率多了5%,这可能会促使你去一趟银行把现金存入银行账户。往返银行路上所花的时间和汽油钱等开支被称为鞋底成本,因为更经常地去银行会使你的鞋底磨损得更快。当然,不能只从字面上理解这个术语,减少货币持有量的实际成本不是鞋底磨损的成本,而是为了使手头保留的钱少于没有通货膨胀时的数量，人们必须牺牲的时间与便利。通货膨胀的鞋底成本似乎是微不足道的，但在经历超级通货膨胀的经济中，这种成本就很重要了。

3. 税收扭曲

在现实中，如果一个经济的税率没有对预期到的通货膨胀做出充分调整，这会对经济中的当事人产生一种成本。

为了说明问题，假设某人 1980 年以每股 10 美元的价格买进微软公司的股票，并在 2010 年以 50 美元的价格抛出该股票。按照美国的税法，当计算纳税人的收入时，必须把赚到的 40 美元资本收益包括在此人的收入中。但是，假设从 1980 年到 2010 年价格水平翻了一倍，在这种情况下，1980 年此人投资的 10 美元就相当于 2010 年的 20 美元。当此人以 50 美元出售股票时，其真实收益仅为 30 美元。然而，税法并不考虑通货膨胀，而是对此人 40 美元的收益征税。因此，通货膨胀扩大了资本收益的规模，无形中增加了这种收入的税收负担。

4. 相对价格变动导致的资源配置不当

在通常情况下，市场经济依靠相对价格来配置稀缺资源。消费者通过比较各种产品与劳务的质量和价格决定购买什么，以及购买多少。通过这些决策，市场决定稀缺的生产要素如何在个人与企业之间进行配置。由于在同一市场竞争的企业并不总是同时改变价格，更高的通货膨胀会引起更高的相对价格的变动。由于相对价格更可能比没有通货膨胀的情况下更高或更低，当通货膨胀扭曲了相对价格时，消费者的决策也被扭曲了，市场也就不能把资源配置到其最好的用途中。

5. 混乱与不方便

货币作为经济中的计价单位是人们用来表示价格和记录债务的东西。换句话说，货币是用以衡量经济交易的尺度。这种尺度的一致性使经济当事人能够轻易地比较产品和劳务的价格。当产品和劳务的价格上升时，会计师也会错误地衡量企业的收入。因为通货膨胀使不同时期的货币有不同的真实价值，所以，在存在通货膨胀的经济中计算企业的利润更加复杂。因此，在某种程度上，通货膨胀使投资者不能区分成功与不成功的企业，这又抑制了金融市场把经济中的储蓄配置到不同类型投资中的作用。

(二)未预期到的通货膨胀成本

无论是菜单成本、鞋底成本、税收扭曲等，都是人们在预期到通货膨胀后所产生的成本，因此人们都可以未雨绸缪地提前采取措施降低甚至抵消这些成本，不会对自身决策和利益产生太大的影响。而真正对市场主体有较大影响的则是没有预期到的通货膨胀成本。具体地说，未预期到的通货膨胀成本有以下几种。

1. 不确定性的增加

对经济的当事人来说，与其预期相异的通货膨胀可能导致不正确的投资和储蓄决策。这些不正确的决策对经济当事人来说都是成本高昂的，因为预测失误会导致不正确的决策。比如当你预期房价要下跌，攒着钱等房市下行再购买的时候，房屋价格不降反升，这时候你就会懊悔自己当初的决定，只能望房兴叹了。再比如当你以 12%的利率获取了汽车贷款，实际出现的通货膨胀率是5%而不是10%，这笔贷款的实际成本现在是7%（=12%−5%）而非你预期的2%（=12%−10%）。如果你知道贷款的成本会那么高，你也许就不会贷款而会推迟购买汽车。

未预期到的通货膨胀会导致许多代价较大的决策，包括在储蓄、投资以及就业的劳动量等的决策中，这会导致经济效率降低。而且，大多数人不喜欢不确实性，因此，未预期到的通货膨胀波动往往降低经济福利。

2. 不合意的财富再分配

未预期到的通货膨胀在经济中重新分配财富，具体表现在以下几个方面。

首先，通货膨胀会导致债务人和债权人之间收入再分配。比如你向别人借了100元，即使没有利息，只要存在通货膨胀，你都悄悄赚了一笔。因为你借钱的时候借的是贵的钱，但还钱的时候却只要还便宜的债。换句话说，通货膨胀靠牺牲债权人的利益而使债务人获利。

其次，通货膨胀对储蓄者不利。如果储户存钱后发生通货膨胀，那他从银行里取出钱的时候就意味着损失了一部分真实财富。同样，像保险金、养老金以及其他固定价值的证券财产等，它们本来是作为防患未然和蓄资养老的，在通货膨胀中，其实际价值会下降。

最后，通货膨胀还会损害靠固定货币收入维持生活的人群的利益。这些人当中最为明显的就是那些领救济金、退休金的人以及工薪阶层、公务员等。因为对于他们来说，其收入是固定的货币数额，而物价水平处于上升状态，其实际收入因通货膨胀而减少，他们的每一元收入的购买力将随价格的上升而下降。而且，由于他们的货币收入没有变化，因而他们的生活水平必然相应地降低。

思考题：

1. 通货膨胀对我们的生活和经济活动产生了什么影响？
2. 普通民众如何选择投资来减少通货膨胀的危害？

延伸阅读

恶性通胀：让你的工资一文不值

第十三章 失业与通货膨胀的关系——菲利普斯曲线

教学目的:使学生深入理解短期和长期菲利普斯曲线的含义、相互关系及各自的政策含义。

教学重点和难点:短期菲利普斯曲线和长期菲利普斯曲线的区别和政策含义,短期菲利普斯曲线和长期菲利普斯曲线的关系。

主要教学内容及要求:

1. 教学内容

(1)菲利普斯曲线的含义。

(2)菲利普斯曲线的推导。

(3)菲利普斯曲线的政策含义。

(4)痛苦指数。

(5)附加预期的菲利普斯曲线。

(6)长期菲利普斯曲线。

2. 教学要求

了解:短期和长期菲利普斯曲线的推导。

理解:预期因素在菲利普斯曲线中的作用。

掌握:菲利普斯曲线的含义,痛苦指数,附加预期的菲利普斯曲线及政策含义。

熟练掌握:理性预期对菲利普斯曲线形状的影响,长期菲利普斯曲线与短期菲利普斯曲线的关系。

如前所述,失业与通货膨胀是短期宏观经济运行中的两个主要问题。如果经济决策者的目标是低通货膨胀和低失业率,那么他们会发现低通货膨胀和低失业率这两个目标往往是冲突的,是不能同时实现的。假设决策者想用扩张的财政政策或货币政策扩大总需求,利用 AD-AS 模型分析就会发现,当总供给不变时,扩大总需求的政策将使经济沿着短期总供给曲线变动到更高产出和更高物价水平的一点上。较高的产出意味着较低的失业,因为当企业生产更多产出时,它们需要更多的劳动力;而较高的物价水平则意味着较高的通货膨胀。因此,当决策者使经济沿着短期总供给曲线向上移动时,他们降低了失业率的同时却提高了通货膨胀率。相反,如果决策者紧缩总需求并使经济沿短期总供给曲线向下移动时,这时产出减少的同时物价水平下降;产出减少意味着失业率增加,同时物价水平下降意味着通货膨胀率下降。因此,有必要从理论上探讨失业和通货膨胀的关系,在宏观经济学中,失业和通货膨胀的关系主要通过菲利普斯曲线来说明。

一、菲利普斯曲线的提出

通货膨胀与失业什么关系？

1958 年，在英国任教的新西兰籍经济学家菲利普斯根据英国 1861—1957 年间失业率和货币工资变动率的经验统计资料，提出了一条用以表示失业率和货币工资变动率之间交替关系的曲线。在以横轴表示失业率、纵轴表示货币工资增长率的坐标系中，画出一条右下倾斜的曲线，这就是最初的菲利普斯曲线(the Phillips curve，简写为 PC 线)，如图 13-1 所示。

在图 13-1 中，横轴 u 代表失业率，纵轴 g 代表货币工资增长率，这条曲线表明：失业率与货币工资增长率二者间呈反向的对应变动关系，即负相关关系。当失业率上升时，货币工资增长率则下降；当失业率下降时，货币工资增长率则上升。如 A 点，当失业率较低为 u_1 时，则货币工资增长率 g_{w_1} 较高；反之，如 B 点，当失业率较高为 u_2 时，则货币工资增长率 g_{w_2} 较低。

1960 年由美国经济学家萨缪尔森为代表的新古典综合派将最初的菲利普斯曲线改造成失业率和通货膨胀率之间的关系，称之为“失业-物价”菲利普斯曲线。

根据成本推动的通货膨胀理论，新古典综合派对最初的菲利普斯曲线加以改造，改造的出发点在于如下所示的货币工资增长率、劳动生产增长率和通货膨胀率之间的关系：

通货膨胀率＝货币工资增长率－劳动生产增长率

根据这一关系式，若劳动生产增长率为零，则通货膨胀率就与货币工资增长率一致。因此，经过改造后的菲利普斯曲线表示失业率与通货膨胀率之间的替换关系，即失业率高，则通货膨胀率低；失业率低，则通货膨胀率高。改造后的菲利普曲线如图 13-2 所示。

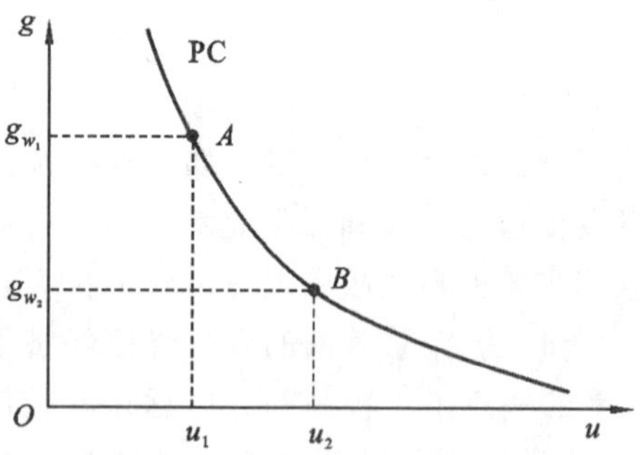

图 13-1　最初的菲利普斯曲线

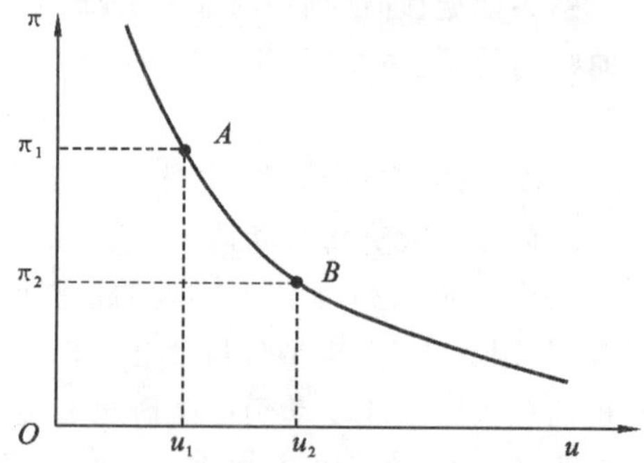

图 13-2　改造后的菲利普斯曲线

在图 13-2 中，横轴代表失业率 u，纵轴代表通货膨胀率 π，向右下方倾斜的曲线就是改造后的菲利普斯曲线，表示失业率与通货膨胀率之间的交替关系，即失业率高表明经济处于萧条阶段，这时工资与物价水平都较低，从而通货膨胀率也较低；反之，失业率低表明经济处于繁荣阶段，这时工资与物价水平都较高，从而通货膨胀率也较高。

若设 u^* 代表自然失业率，则可将简单形式的菲利普斯曲线表示为：

$$\pi = -a(u - u^*)$$

式中，参数 a 是衡量价格对于失业率变动的反应程度。比如，如果 $a=2$，则表示实际失业率相对于自然失业率每增加一个百分点，则通货膨胀率下降 2 个百分点。总之，从上述公式中可以看出，当失业率超过自然失业率，即 $u>u^*$ 时，价格水平就下降；当失业率低于自然失业率，即 $u<u^*$，价格水平就上升。

二、菲利普斯曲线的推导

菲利普斯曲线说明，经济在短期中出现的失业率和通货膨胀率的此消彼长的交替关系，是由于总需求冲击，导致总需求曲线沿着短期总供给曲线移动的结果。正如第十章 AD-AS 模型分析短期经济中所讲的，产品与劳务总需求的增加引起产量的增加，价格水平上升；产量增加意味着就业增多，从而失业率下降。同时，价格水平的上升意味着通货膨胀率的上升。这个经济逻辑的推导过程意味着，菲利普斯曲线与 AD-AS 模型有重要的关系。换句话说，我们可以从 AD-AS 模型中推导出菲利普斯曲线。

菲利普斯曲线的推导，用图 13-3 来说明。

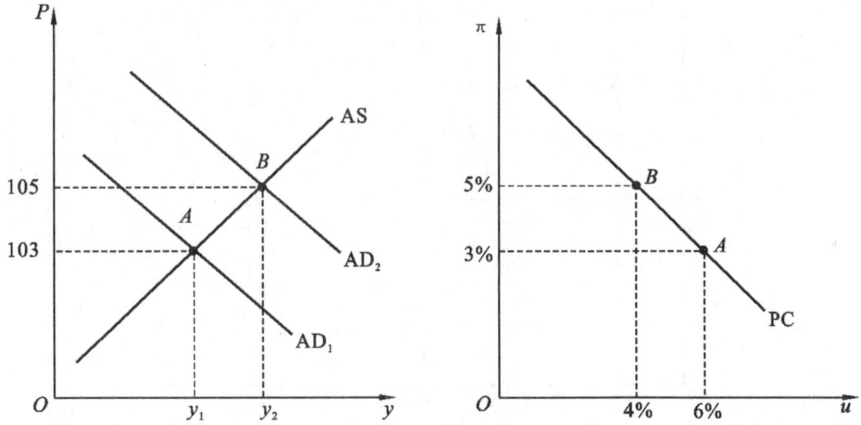

图 13-3 菲利普斯曲线的推导

在图 13-3 中，左图是用 AD-AS 模型表示的经济状态。如果短期经济中的总需求水平较低，如左图中 AD_1 所示，这时 AD_1 与短期总供给曲线(AS)的交点为 A 点，对应的经济产量为 y_1，价格水平(价格指数)为 103；相反，如果扩张的政策等事件使 AD 曲线右移，从 AD_1 右移到 AD_2，使得经济的新的均衡点沿着短期总供给曲线移动到 B 点，对应的经济产量为 y_2，价格水平(价格指数)为 105。对比新旧均衡点，我们会发现，由于需求的增加，导致短期经济的经济产量增加的同时，物价水平也上升了。

上述 AD-AS 模型中经济从 A 点到 B 的变动，对失业和通货膨胀意味着什么呢？图 13-3 右图对应地显示了这一结果。因为当企业生产更多的产品与劳务时，它们会需要更多的劳动力，所以与 B 点的高产出相对应，B 点的失业率会低于 A 点的失业率，即 $u_B<u_A$。同时，B 点的价格水平高于 A 点的价格水平，所以对应的 B 点的通货膨胀率要高于 A 点的通货膨胀率，即有 $\pi_B>\pi_A$。这里大家有必要回忆一下第十二章的内容，我们如何从价格水平(价格指数)计算出通货膨胀率。在图 13-3 右图中，连接 A 点和 B 点构成的曲线就是反映失业率和通货膨胀率关系的短期菲利普斯曲线。

三、菲利普斯曲线的政策含义

菲利普斯曲线被新古典综合派改造成失业率和通货膨胀率之间的关系后，迅速成为西方宏观经济政策分析的基石，它给政策制定者提供了可以选择不同的失业率和通货膨胀率的组合。比如，如果政策制定者能够容忍高通货膨胀率，他们就可以拥有低的失业率；或者他们可以通过拥有高失业率来维持低通货膨胀率。换言之，在失业率和通货膨胀率之间存在一种"替换关系"，即用一定的通货膨胀率的增加来换取一定的失业率的减少；反之，用一定的通货膨胀率的减少来换取一定的失业率的增加。

具体而言，一个经济社会可以先确定一个临界点，由此确定一个失业与通货膨胀的组合区域。如果实际的失业率和通货膨胀率组合在组合区域内，则政策制定者可以不用采取调节行为。如果实际的失业率和通货膨胀率组合在组合区域之外，则政策制定者可以根据菲利普斯曲线表示的关系进行调节。现用图 13-4 来说明。

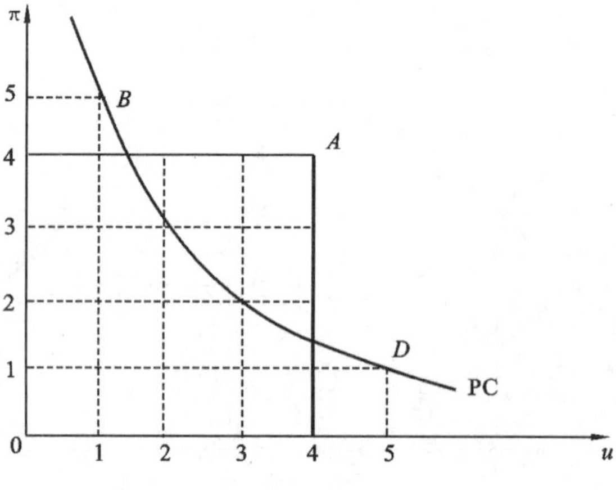

图 13-4　菲利普斯曲线与政策运用

在图 13-4 中，假定当失业率和通货膨胀率均在 4%以内时，经济社会被认为是安全的或者是可以容忍的，这时在图中就得到一个临界点，即 A 点，由此形成了一个四边形的区域，称其为安全区域。如果经济社会的实际失业率与通货膨胀率组合落在该安全区域内，则决策者无须采取任何政策措施进行调节。如果实际通货膨胀率高于 4%，如图 13-4 中的 B 点，这时实际通货膨胀率是 5%，根据菲利普斯曲线，经济决策者可以采取紧缩性的政策，以提高失业率为代价来降低通货膨胀率。从图 13-4 中可以看到，通过紧缩性的政策，即使把通货膨胀率从 5%降到 3%，这时对应的失业率从 1%提高到 2%，依然是在 4%以内的可容忍范围内。同理，如果失业率超过 4%，如图 13-4 中的 D 点，这时的失业率高达 5%，根据菲利普斯曲线，经济决策者可以采取扩张性的政策，通过刺激总需求来增加就业，以提高通货膨胀率为代价来降低失业率。从图 13-4 中可以看到，通过扩张性的政策，即使把失业率从 5%降到 3%，这时对应的通货膨胀率从 1%提高到 2%，依然是在 4%以内的可容忍范围内。

失业和通货膨胀是市场经济的两大弊端，而宏观经济学的一个重要目的就是要尽量消除它们。菲利普斯曲线所表明的失业和通货膨胀二者间的替换关系，在政策含义上是：可以用失业来医治通货膨胀，也可以用通货膨胀来医治失业。这一含义不仅在学术上被认同，而且也在政策上发生作用。例如在 20 世纪 80 年代，美国遭受到严重的物价上涨，其年通货膨胀率达到 10%以上，当时的里根政府以 10%左右的失业率来试图达到抑制通货膨胀的目的。

四、痛苦指数

失业和通货膨胀都会给人们带来痛苦，给社会带来损失。一般地说，公众对失业和通货膨胀都不喜欢。在理论上，试图计量失业与通货膨胀的政治效应的一种方式被称为痛苦指数，它被定义为：

痛苦指数＝失业率＋通货膨胀率

西方学者认为，如果一个经济的痛苦指数水平低或者趋于下降，可以说明政府的政绩良好；反之，如果一个经济的痛苦指数水平高或者趋于上升，则说明政府的政绩较差。

失业率和通货膨胀率在政策上的“替换”达到什么程度则应该取决于二者对社会造成的损害大小。然而，这种替换所造成的损害并不是由所有的社会成员平均负担的；社会各阶层或阶级的负担的轻重取决于政策对他们的影响。因此，一些西方学者认为，用失业把通货膨胀率降低到什么程度至少部分地取决于决策者的意识形态。比如，由于美国左派决策者偏向于劳动者，而失业对穷人的损害较多，这意味着每增加一个百分点的失业率带来的痛苦大于每一个百分点通货膨胀率的增加带来的痛苦；由于美国右派决策者偏向于富人，而通货膨胀对富人的损害较大，这意味着每增加一个百分点的失业率带来的痛苦小于每一个百分点通货膨胀率的增加带来的痛苦。

总之，以菲利普斯曲线为理论根据的西方经济政策并没有真正消除失业和通货膨胀，而仅是用一种病痛来代替另一种病痛。

五、附加预期的菲利普斯曲线

上面的理论无法解释对雇主和工人来说，实际工资才是重要的这样一个事实。工人们关心工资的购买力而不是货币工资本身，雇主也不关心名义工资而关心劳动的真实成本，这使人们对原始菲利普斯曲线的真实性提出质疑。1968 年，货币学派的代表弗里德曼指出菲利普斯曲线忽略了影响工资变动的一个重要因素：工人对通胀的预期。费里德曼指出，企业和工人关注的不是名义工资，而是实际工资。当劳资双方谈判新工资协议时，他们都会对新协议期的通货膨胀进行预期，并根据预期的通货膨胀相应地调整名义工资水平。由此，费里德曼等人提出了短期菲利普斯曲线的概念。这里所说的“短期”，是指从预期到需要根据通货膨胀做出调整的时间间隔。要注意的是，经济学里所讲的长期与短期，往往不是一个时间概念，而是一个经济概念。看预期是否正确，通货膨胀预期是否能全部进入工资合同。如果通货膨胀预期不能全部进入工资合同,就是短期;反之,如果通货膨胀预期能全部进入工资合同,就是长期。附加预期的菲利普斯曲线称为现代菲利普斯曲线。短期的现代菲利普斯曲线是指预期通货膨胀率保持不变时(在短期,通货膨胀预期不能全部进入工资合同,所以预期的通货膨胀率保持不变),表示通货膨胀率与失业率之间关系的曲线。

根据以上说明,为了显示预期通货膨胀的重要性,加入通货膨胀预期 π^e,将简单形式的菲利普斯曲线方程 $\pi=-a(u-u^*)$ 改写为:

$$(\pi-\pi^e)=-a(u-u^*)$$

即 $\pi=\pi^e-a(u-u^*)$,这个方程被称为现代菲利普斯曲线方程,或附加预期的菲利普斯曲线方程。式中,π^e 表示预期通货膨胀率。

附加预期的菲利普斯曲线有以下两个重要性质。

(1)当实际通货膨胀率=预期的通货膨胀率,即 $\pi=\pi^e$ 时,这时 $u=u^*$,说明这时失业处于自然失业率水平。自然失业率(nonaccelerating inflation rate of unemployment, NAIRU),是指非加速通货膨胀的失业率。当 $\pi=\pi^e$ 时,$u=u^*$,这意味着,当经济的通货膨胀既不加速也不减速时的失业率就是自然失业率。一般地,自然失业率是西方学者使用最普遍的一个定义。图 13-5 反映了附加预期的菲利普斯曲线中,当 $\pi=\pi^e$ 时,这时 $u=u^*$,经济社会实际失业率处于自然失业率的状态。

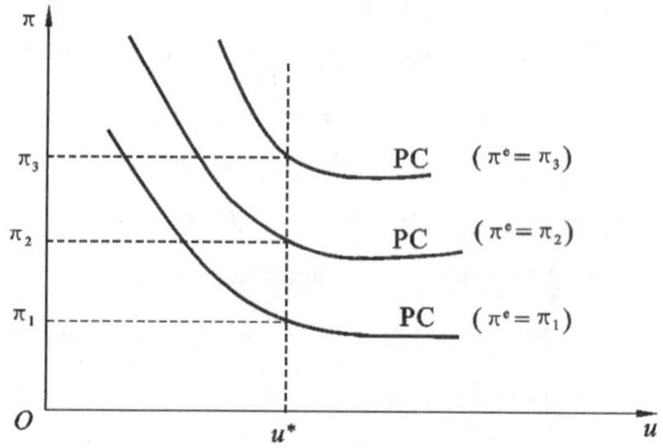

图 13-5 附加预期的菲利普斯曲线

(2)当预期的通货膨胀率 π^e 低于实际的通货膨胀率 π 的短期中,失业率与通货膨胀率之间仍存在替换关系,因此,向右下方倾斜的短期菲利普斯曲线的政策含义就是,在短期中引起通货膨胀率上升的扩张性财政政策和货币政策是可以起到减少失业的作用的。换句话说,调节总需求的宏观经济政策在短期是有效的。

短期菲利普斯曲线所提示的失业与通货膨胀的替换关系,与美国 20 世纪 60 年代通货膨胀和失业的数据吻合得很好。然而,20 世纪 70 年代和 80 年代,美国通货膨胀和失业的数据与简单的菲利普斯曲线不相吻合。针对这一情况,一些西方学者认为,这主要是由于忽略预期通货膨胀这一重要因素造成的,并给出了附加预期的因素(20 世纪 80 年代初期 $\pi^e=7\%$)后,附加预期的菲利普斯曲线成功地解释了失业和通货膨胀的关系。

六、长期菲利普斯曲线

按照一些西方学者的说法，在长期中，工人将根据实际发生的情况不断调整自己的通货膨胀预期，工人预期的通货膨胀率与实际通货膨胀率迟早会一致，这时工人会要求改变名义工资以使实际工资不变，从而较高的通货膨胀就不会起到减少失业的作用。西方学者认为，随着工人对通货膨胀预期的不断调整，短期菲利普斯曲线不断移动，进而形成了长期菲利普斯曲线，失业与通胀间不存在替换关系。换句话说，长期菲利普斯曲线是由短期菲利普斯曲线运动而来的，长期菲利普斯曲线是一条垂直线。我们用图 13-6 来说明这一运动过程。

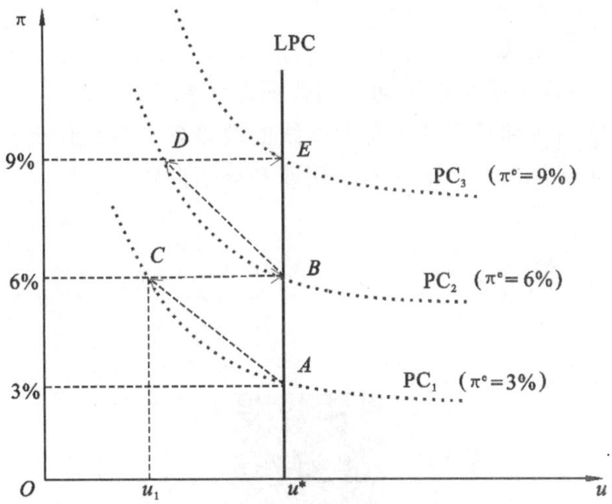

图 13-6 长期菲利普斯曲线由短期菲利普斯曲线运动而来

在图 13-6 中，假定经济开始处于自然失业率为 u^*、通货膨胀率为 3%的菲利普斯曲线 PC_1 上的 A 点。如果这时政府采取扩张性政策使失业率降低到 u_1，由于扩张性政策的实施，使总需求增加，导致价格水平上升，使通货膨胀率上升到 6%，即图中的 C 点。在短期中，工人的通货膨胀预期来不及调整，仍维持在预期通货膨胀率 $\pi^e=3\%$ 的水平上，而此时实际的通货膨胀率为 6%，高于预期的通货膨胀率，使得实际工资水平下降，从而企业的劳动成本下降，企业会增加生产，带来就业增加，失业率从 u^* 下降到 u_1，而通货膨胀率则从 3%上升到 6%。这个过程表现在图 13-6 中，即 A 点沿着短期菲利普斯曲线 PC_1 向 C 点的移动。

但这种情况只是短期的。经过一段时间后，工人会发现价格水平在上升和他们的实际工资在下降，这时他们便要求提高货币工资。与此同时，工人们将通货膨胀预期由原来的 3%调整到现在的 6%。伴随着这种调整，实际工资回到了原有的水平，相应地，企业的生产和就业也都回到了原有的水平，失业率又回到了自然失业率水平的 u^*。但这时经济已经处于较高的通货膨胀预期(即 $\pi^e=6\%$)的 B 点上。

将以上过程不断重复下去，可以想象，在短期内，由于工人不能及时地调整通货膨胀预期，存在着失业率与通货膨胀率之间的替换关系，表现在图形上，就有了 PC_1、PC_2、PC_3 等多条右下倾斜的短期菲利普斯曲线。随着工人预期通货膨胀率的不断上升，短期菲利普斯曲线也不断上升。

从长期来看，工人可以不断地调整通货膨胀预期并与实际的通货膨胀保持一致，因此，企业不会增加生产和就业，失业率也就不会下降，从而形成了一条与自然失业率重合的长期菲利普斯曲线 LPC。从图 13-6 可知，垂直于自然失业率水平的长期菲利普斯曲线表明，在长期中，不存在失业与通货膨胀的替换关系。

长期菲利普斯曲线的政策含义是，从长期看，政府运用扩张性的政策不仅不能降低失业率，还会导致通货膨胀率不断上升。

思考题：

1. 什么是菲利普斯曲线？
2. 怎样从 AD-AS 模型推导出短期菲利普斯曲线？
3. 短期菲利普斯曲线和长期菲利普斯曲线的政策含义各是什么？
4. 怎样从短期菲利普斯曲线推导出长期菲利普斯曲线？

延伸阅读

1. 潜在产出；2. 菲利普斯曲线；3. 失业与通胀率

第十四章　维稳经济的有形手之一——宏观财政政策

教学目的:通过本章学习,使学生了解宏观经济政策目标,掌握财政政策的含义和工具,了解财政政策思想。

教学重点和难点:宏观经济政策目标及其矛盾,财政政策工具,自动稳定器,挤出效应。

主要教学内容及要求:

1. 教学内容

(1)政府宏观经济政策的主要目标。

(2)政府宏观经济政策目标的一致性和冲突。

(3)宏观财政政策的含义及构成内容。

(4)宏观财政政策的原则与调控手段。

(5)我国改革开放以来财政政策的变化。

2. 教学要求

了解:补偿性财政政策,功能财政和充分就业预算盈余。

理解:宏观经济政策目标之间的一致性与冲突关系,相机抉择的财政政策,宏观财政政策的局限性。

掌握:宏观经济政策的目标,财政政策工具,政府支出和政府收入的构成,财政政策的时滞。

熟练掌握:自动稳定器机制及其局限,财政政策工具及使用,挤出效应产生的原因和影响因素。

20世纪30年代以后,政府与市场的关系基本上得到共识:政府宏观调控+市场配置资源。关于市场如何配置资源,主要是微观经济学所探讨的。我们这里主要讨论政府宏观调控。政府宏观调控是1936年凯恩斯的《就业、利息和货币通论》发表后,出现的宏观经济政策对宏观经济运行进行掌控的理念和思想,后被各国政府实践运用。宏观经济理论与宏观经济政策是一个不可分割、相互依赖的有机整体。宏观经济理论是宏观经济政策的基础、前提和依据,宏观经济政策则是对宏观经济理论的应用。一般来说,宏观经济政策是指国家或政府为了增进整个社会经济福利、改进国民经济的运行状况、达到一定的政策目标而有意识和有计划地运用的政策工具。宏观经济政策可分为需求管理政策和供给管理政策。其中,需求管理政策包括财政政策和货币政策,供给管理政策包括人力政策、收入政策和指数化政策、产业政策等。

一、政府宏观经济政策的主要目标

政府调控宏观经济，首先必须明确所需达到的宏观经济目标。政府对经济生活的干预主要是为了矫正市场失灵，用“看得见的手”来弥补“看不见的手”的不足，解决市场自由运作的非效率性、非公平性与不稳定性。

一方面，针对市场的非效率性，主要靠政府制定各种法律法规，如反垄断法、反污染法、反不正当竞争法来解决；针对市场运作的不公平性，主要通过实行收入再分配措施，如收入和财产累进税制、实行收入支付计划等来解决。这两类问题的解决具有一定的长期性，相应的宏观经济政策目标主要涉及资源的最优配置、收入均等化、环境保护等。

另一方面，由于宏观经济运行的不稳定性具有普遍性，通货膨胀、失业、经济低增长和高债务问题困扰着许多国家的经济发展，政府有必要经常性地对经济中的失衡与不稳定性进行干预，努力熨平经济周期，实现经济的稳定与持续增长[①]。

从第二次世界大战后西方国家的实践来看，国家实施宏观调控的宏观经济政策目标一般包括充分就业、稳定物价、经济增长和国际收支平衡四项。

第一，充分就业。充分就业是指一切生产要素(包括劳动)都有机会以自己愿意的报酬参加生产的状态。这一目标有两方面含义：一是指除了摩擦失业和自愿失业之外，所有愿意接受各种现行工资的人都能找到工作的一种经济状态，即消除了非自愿失业；二是指包括劳动在内的各种生产要素，都按其愿意接受的价格，全部用于生产的一种经济状态，即所有资源都得到充分利用。

以费里德曼为代表的现代货币主义学派不仅解释了失业的原因，还提出了自然失业率的概念来解释什么是充分就业。他们认为，失业率等于自然失业率时就实现了充分就业。这表明，任何一个国家均不可能做到100%的就业，充分就业仅仅意味着失业率保持在一个尽可能低的水平上。

在前面第十一章里专门分析了失业的影响，高失业率不仅会给失业者个人造成经济损失、损害其身心健康，同时还会造成社会经济资源的浪费和产出量的下降，甚至会引发社会的动荡。所以，第二次世界大战后，各国政府越来越重视就业问题，把实现充分就业作为政府宏观经济政策的首要目标。

第二，物价稳定。物价稳定是指物价总水平的稳定，而不是指个别商品的价格。一般用价格指数来衡量一般价格水平的变化。价格指数又分为消费物价指数(CPI)、生产者物价指数(PPI)和国内生产总值折算指数(GDP deflator index)三种。稳定物价不是指维持物价固定不变(不是指通货膨胀率为零)，而是允许保持一个低而稳定的通货膨胀率，在相当时期内能使通货膨胀率维持在大致相等的水平。

如果物价不能保持相对稳定而是持续上升，则可能发生通货膨胀。实践证明，通货膨胀对一国经济和社会都会造成危害，因此，保持相对稳定的物价水平就成为宏观经济政策的目标。

① 任保平，宋宇.宏观经济学[M].北京：科学出版社，2009：305.

西方经济学家认为通货膨胀难以完全消除，因此，多数国家把轻微通货膨胀的存在看作基本正常的经济现象。在经济实践中，政府到底应该将一般物价水平控制在什么范围才算稳定，还要依据各国的具体情况和居民的承受能力而定。大多数国家的目标都是把物价波动控制在较小的幅度内。

第三，经济增长。经济增长是指在一个特定时期内经济社会所生产的人均产量和人均收入的持续增长。通常用一定时期内实际国民生产总值年均增长率来衡量。经济增长会增加社会福利，但并不是增长率越高越好。

经济增长一直是经济学家研究的核心主题之一，但成为各国政府宏观经济政策的目标则是在第二次世界大战以后。政府期望通过经济增长来达到经济和政治的目的，如提高就业率和居民的生活水平、国际声望和军事力量等。西方发达国家除了用政府干预手段来维持经济增长外，很重要的一个措施是通过发明和采用新机器来提高劳动生产率，从而增加经济的供给能力。

第四，国际收支平衡。国际收支平衡是指政府采取各种措施纠正国际收支差额，使其趋于平衡。这一目标不是机械地使一国在国际收支账户上经常收支和资本收支相抵，或者消极地防止汇率波动、外汇储备不正常变动，而是指在汇率稳定的基础上，外汇储备适度，进出口平衡。

如果一国国际收支出现失衡，无论是顺差还是逆差，都会对本国经济造成不利影响。长时期的巨额逆差会使本国外汇储备急剧下降，并承受沉重的债务和利息负担；而长时期的巨额顺差，又会造成本国资源的浪费，使一部分外汇闲置，特别是如果因大量购进外汇而增发本国货币，则可能引起或加剧国内的通货膨胀。

随着国际经济交往的密切，如何平衡国际收支也成为一国宏观经济政策的重要目标之一。西方经济学家认为，一国的国际收支状况不仅反映了这个国家的对外经济交往情况，还反映了该国经济的稳定程度。当一国国际收支处于失衡状态时，就必然会对国内经济形成冲击，从而影响该国国内的就业水平、价格水平及经济增长等。

二、政府宏观经济政策目标的一致性和冲突

从根本上说，宏观经济政策的四个目标具有一致性和互补性，但也存在矛盾和冲突。了解这四个宏观经济政策目标之间的关系对宏观经济政策的决策十分必要。

从宏观经济政策目标的一致性和互补性来看，对某一目标的追求或某一目标的实现，同时也能够促进或影响其他目标的实现。充分就业与经济增长这两个目标具有一致性和正相关：如果一国经济长期持续均衡增长，则就业增加，失业率低；反之，如果一国经济长期下滑，则就业减少，失业率高。前面我们已经学过奥肯定律，用来近似地描述失业率和实际 GDP 之间的交替关系。其内容是，失业率每高于自然失业率 1%，实际 GDP 便低于潜在 GDP 2%。例如，假定失业率为 8%，比自然失业率高 2%，那么按照奥肯定律，实际 GDP 比潜在 GDP 低 4%。奥肯定律论证了失业率与 GDP 增长率二者呈反方向变化的关系，或者说论证了就业率与 GDP 增长率之间的正相关关系，即高增长率使失业率

降低(高增长率使就业增加),低增长率则会提高失业率(低增长率使就业减少)。

从宏观经济政策目标的矛盾和冲突来看,任何一种政策手段都有其副作用,对其他目标的实现产生不利的影响。例如,充分就业与稳定物价目标不可同时实现,二者间是此消彼长的替代关系,因为要实现充分就业,就必须刺激经济高增长,而经济高增长的背后,往往伴随着通货膨胀。所以,物价稳定与经济增长之间往往是矛盾和冲突的,经济增长大多伴随着物价的上涨。经济增长与国际收支平衡之间有矛盾:一方面,经济增长常常伴随进口快于出口的增长,导致贸易逆差,如果逆差过大,则可能形成国内货币紧缩的形势,影响经济增长并导致失业增加;另一方面,就资本项目而言,要促进经济增长,在国内自有资金不足时,必然要借助于外资流入,为收购这些外汇,就必然增加国内货币供给量,从而导致国际收支失衡和物价上升。物价稳定与国际收支平衡也有矛盾:在国内出现通货膨胀时,为了控制通货膨胀,如果采取减少货币供给量的办法,则由于国内物价的下降和总需求的减少,经常项目可能因为出口增加和进口减少而出现顺差,从而出现国际收支失衡。

从上面的论述可知,宏观经济政策的这四个目标之间,有的具有一致性和互补性,而有的又具有矛盾和冲突,不可能同时实现上述四大目标,这就要求政府在采取宏观经济政策干预经济之前,一定先要注意处理目标矛盾的原则,即侧重于统筹兼顾,力求协调;侧重于权衡或选择,视经济环境的需要而突出重点。客观地看,政府的宏观经济政策目标选择必须考虑经济运行周期的特征和社会所面临的主要问题。当经济运行处于过热状态并导致严重的通货膨胀时,政府的经济政策目标应当是稳定物价;当经济处于衰退阶段,经济增长出现停滞并导致失业率上升时,政府的经济政策目标则应该是促进经济增长或增加就业。比如,在2020年新冠肺炎的疫情下,各国经济都出现了负增长,因此,各国政府宏观经济政策的重点是在防控疫情的同时,以拉动经济增长为重心。只有经济增长,才能更好地解决就业问题,也才能更好地保住民生和企业的生存问题。

此外,宏观经济政策目标的确定是一个公共选择过程,或许还是一个政治过程。经济政策问题涉及一些"超经济"因素,尤其是目标的选择问题,在某种程度上政策工具的选择问题也是如此。西方一些国家实行的是任期制,政治家不得不顾及他的选票。为了得到更多的选票,他们往往难以选择长远的宏观经济政策目标,而更多的是选择多数选民的目标和短期的政策目标①。

三、宏观财政政策的含义及构成内容

宏观调控的主要政策手段可从图14-1中的需求边(侧)和供给边(侧)来划分,其中需求管理方法(手段)是促使总需求(AD)曲线上下移动,需求侧的政策包括财政政策和货币政策;供给管理方法(手段)是促使总供给(AS)曲线左右移动,供给侧的政策包括产业政策和外贸政策等。

① 《西方经济学》编写组.西方经济学下册[M].2版.北京:高等教育出版社,人民出版社,2020:209.

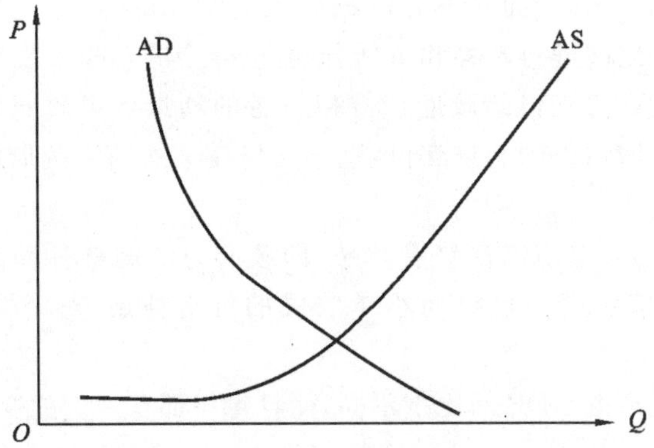

图 14-1　分析宏观调控的 AD-AS 两边

本章主要分析宏观财政政策，下一章再来重点分析宏观货币政策，而这两大政策都属于需求管理政策。也就是说，这两大政策最终都是作用于总需求来达到宏观经济政策的目的。

财政政策是国家干预经济的主要政策之一。西方学者一般把财政政策（fiscal policy）定义为：为了促进就业水平的提高，减轻经济波动，防止通货膨胀，实现经济稳定增长，而对政府收支、税收和借债水平所进行的选择，或对政府收入和支出水平所做出的决策。财政政策包括财政收入政策和财政支出政策两方面。其中，财政收入政策是指政府变动税收和发行公债等。变动税收是指改变税率和税率结构。财政支出政策是指变动政府支出，改变政府对商品和劳务的购买支出以及转移支付、净利息支付等。在凯恩斯主义出现以前，财政政策主要影响的是收入分配，现代经济中财政政策是宏观经济管理特别是需求管理的重要工具。财政政策的构成内容包括政府支出和政府收入两大类。

（一）政府支出

政府支出是指一国在一定时期内各级政府的支出总和。政府支出由两部分构成：一是政府购买，二是转移支付、净利息支付。

政府购买是指政府直接在市场上购买产品、劳务及资本品而形成的开支，如购买军需品、机关办公用品、政府雇员报酬、公共项目工程所需的支出等都属于政府购买。在美国联邦政府的购买支出中，一般包括政府的基本建设支出、国防支出、行政管理费支出、政府消费支出等。政府对资本品的支出也称为政府投资，它占政府支出的比例较小。政府消费支出是一种实质性支出，它具有真实的产品和劳务交易，因而能够直接形成社会总需求和购买力，占政府支出的比例较大，成为国民收入的组成部分。政府购买支出是决定国民收入大小的主要因素之一，其规模直接关系到社会总需求的增减，对整个社会总支出水平具有十分重要的调节作用，所以改变政府购买支出水平是实施财政政策的有力手段之一。

转移支付是政府无偿地支付给个人或下级政府的资金。它是一种收入再分配的形式。转移支付包括社会保障补贴、养老金、失业保险、福利支付、医疗保险以及政府对国有企业提供的补贴等。转移支付是一种货币性支出，是一种不以取得本年度生产出来的产品和劳务为报酬的支出，因而它不是国民收入的组成部分，它的作用只是通过政府将收入在不同社会成员之间进行转移和重新分配，全社会的总收入没有任何变化。

净利息支付是指政府支付给政府债券持有者的利息减去政府所得利息之差。其中比较重要的一项是政府债务的利息支付，这一支付在某些国家政府的财政支出中所占的比例有逐年增加的趋势。

此外，政府支出的方式还包括政府补贴，即政府为了调整各种商品价格或生产所支付的开支，如为了维持农产品价格而给予农民的价格补贴、对公共交通系统的票价补贴等。

不同国家政府支出占 GDP 的比重不同，而且每年都有一定的变化。

(二)政府收入

政府通常通过征税、对公共物品或劳务的使用者进行收费以及在金融市场借债(发行公债)等方式获得政府收入。

政府收入的最重要来源是各种税收。税收是政府按照法律事先规定的标准，凭借手中的政治权力强制地、无偿地从个人和企业中取得财政收入的一种手段。税收可以粗略地分为直接税(direct tax)和间接税(indirect tax)两大类。直接税是那些直接向个人和企业征的税，如所得税和财产税都属于直接税。而间接税则是对商品和劳务征收的税，如增值税、关税属于间接税。相对直接税来说，间接税更容易征收。在发展中国家，间接税在整个税收中所占的比重较大。但是，间接税是一种累退的税制(穷人支付的间接税占其收入的比重高于富人)，因而不利于调节收入分配。在发达国家，直接税一般是税收的主要部分。

在中国，间接税是税收的主要部分。2016 年，中国公共财政总收入为 16.0 万亿元，占当年中国 GDP 的比重约为 21.5%。在所有的公共财政收入中，企业所得税和个人所得税合起来只占 24%，还不到增值税这一间接税所占的比例(29%)。如果把关税等其他间接税加上，中国间接税占总公共财政收入的比重超过一半。但是，税收并非中国公共财政收入的全部。2016 年，中国公共财政总收入中还有 19%来自非税收入。所谓非税收入，就是“财政税费”中的“费”，主要包括行政事业性收费(比如考试费、鉴定费、办证工本费等)、专项收入(如教育附加费、电力建设基金等)、罚没收入(如交通违章罚款、没收违法分子的违法所得等)。中国 2016 年公共财政收入构成见表 14-1。

表 14-1　2016 年中国公共财政收入构成

2016 年中国公共财政收入构成	比重/(%)
企业所得税	18
个人所得税	6
增值税	29
营业税	7
进出口贸易税	2

续表

2016 年中国公共财政收入构成	比重/(%)
其他税收	19
非税收入	19

在公共财政收入之外，中国政府还有政府性基金(包括土地出让收入)、社会保险基金、国有资本经营这几个账本对应的收支活动。政府性基金就是按照法律法规向特定对象收取、专项用于特定公共事业的收费，如三峡水库库区基金、彩票公益金、文化事业建设费等都属于政府性基金。2016 年，中国政府性基金收入占 GDP 的比重约为 5%。不过，公共财政收入与政府性基金预算收入之间会有重复计算问题，不可简单相加。但是，哪些政府性基金收入会被调入公共财政收入、调入比例又是多少，不同年份不一样，视具体情况而定，因此很难在公共财政收入与政府性基金收入间做出清晰的划分。政府性基金中的最大项收入是土地出让收入。按照中国现行的土地制度，城镇建设用地全部归国家所有，农村土地则归村集体所有。但是法律又规定，只有在城镇建设用地上才能加盖商品房。农村土地如果要变更为城镇建设用地，必须经过“征地”这个过程被卖给政府后，由政府对土地性质加以“变性”才行。也就是说，开发商如果要买地建商品房，只能找政府。这样，政府就通过在农村低价征地、在城市高价卖地获得大量土地收益。2016 年政府土地出让收入占政府性基金收入的近 4/5。社会保险基金包括基本养老保险基金、基本医疗保险基金、工伤保险基金、失业保险基金和生育保险基金。《全国社会保障基金条例》规定，“全国社会保障基金是国家社会保障储备基金”，社会保障基金的收入主要来自我国职工的缴纳。2016 年社会保障基金总收入占我国 GDP 的比重为 6.5%。国有资本经营收入是运营国有资本所创造的收入，主要包括国有企业上缴的利润，国有股份的红利、股息收入以及国有资本产权转让收入。2016 年政府从国有资本经营中获得的总收入约为 2609 亿元，占当年中国 GDP 的 0.4%。图 14-2 展示了中国广义的政府收入构成部分及占 GDP 的比重①。

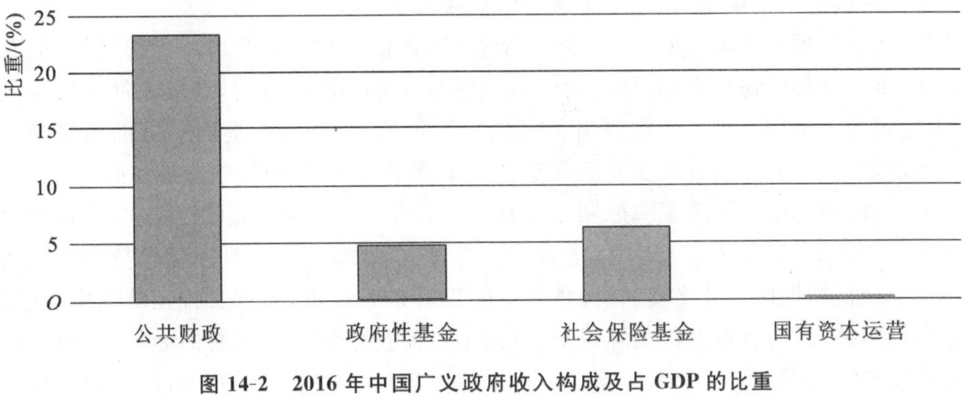

图 14-2　2016 年中国广义政府收入构成及占 GDP 的比重

① 徐高. 宏观经济学二十五讲——中国视角[M]. 北京：中国人民大学出版社，2019：201-202.

公债是指政府运用国家信用筹集财政资金时形成的对公众的债务，公债包括中央政府的债务和地方政府的债务两种。公债具有以下特点：一是公债的债务人是国家，而债权人是公众，双方并不处于对等的地位；二是公债属于一种国家信用，其基础是以国家的税收支付能力为保证；三是公债的清偿不能由债权人要求法律强制执行；四是公债发行的信用是国家的政治主权和国民经济资源，所以公债发行不需要提供担保。公债并不直接卖给公众或厂商，因为这样会减少公众与厂商的消费和投资，使赤字政策起不到应有的刺激经济的作用。公债由政府财政部发行，卖给中央银行；中央银行向财政部支付增发的货币，财政部就可以用这些货币来进行各项支出，刺激经济。中央银行购买的政府公债，可以作为发行货币的准备金，也可以在金融市场上卖出，成为调节货币供求的重要工具之一。公债的发行既可以筹集财政资金、弥补财政赤字，又可以通过其在资金市场的流通来调节货币的供求从而影响社会的总需求。因此，公债是实现宏观经济政策目标的工具之一。

财政收入与支出之间的差额称为财政收支差额，财政收支差额为零即为预算平衡(balanced budget)，正的财政收支差额称为财政盈余(fiscal surplus)，负的财政收支差额称为财政赤字(fiscal deficit)。如果政府增加支出而没有相应地增加税收，或者减少税收而没有相应地减少支出，这种做法称为赤字财政(deficit financed)，意味着这个国家在施行扩张性财政政策(expansionary fiscal policy)。相反，如果财政盈余在扩张(赤字在减少)，财政在少花钱，那就是紧缩性财政政策(contractionary fiscal policy)。

四、宏观财政政策的原则与调控手段

在现实世界中，一个国家的财政收支既非时时相等，也不应该追求时时相等。政府需要有意识地调控财政盈余(赤字)来影响经济。

(一)财政政策的原则

关于财政政策的原则，比较有影响的观点主要有三种。

第一，年度预算平衡原则。亚当·斯密在《国富论》中指出，政府应该厉行节约、量入为出，每年预算都要保持平衡；他认为政府赤字是计划不周造成的，会影响社会资金的投入，为后代带来负担。供应学派提出了现代预算平衡原则，他们提出一方面通过减税刺激供给增加，另一方面通过减少政府开支谋求预算平衡，以此来控制通货膨胀。

第二，周期平衡的财政预算原则。这是对原先年度平衡预算原则——要求每个财政年度的收支平衡(20 世纪 30 年代大危机前经常采用)的改进。周期平衡预算原则是指政府在一个经济周期中保持平衡，在经济衰退时实行扩张政策，有意安排预算赤字；在繁荣时期实行紧缩政策，有意安排预算盈余，以繁荣时的盈余弥补衰退时的赤字，使整个周期的盈余和赤字相抵而实现预算平衡。这种思想在理论上似乎非常完美，但实行起来非常困难，这是因为在一个预算周期内，很难准确估计繁荣与衰退的时间与程度，二者不会相等，因此连预算都难以事先确定，从而周期预算更难以实现。

第三，充分就业平衡预算原则，又称功能财政思想。是指政府应当使支出保持在充分就业条件下所能达到的净税收水平。凯恩斯主义经济学家认为，不能机械地用财政预算收支平衡的观点来对待预算赤字和预算盈余，而应从反经济周期的需求来利用预算赤字和预算盈余。当国民收入低于充分就业的收入水平时，政府有义务实行扩张性财政政策，增加支出或减少税收，以实现充分就业；如果起初存在财政盈余，则政府有责任减少盈余甚至不惜出现赤字，坚定地实行扩张政策，反之亦然。

在实践中，为了实现促进经济发展和充分就业的目标，政府财政政策的主要内容包括政府税收和支出，主要运用国家预算、财政支出、税收、财政补贴和公债等财政手段。从西方财政制度与财政政策对经济波动的调节作用看，一般可以分为自动稳定的财政政策和相机抉择的财政政策，而长期的扩张性财政政策往往导致财政赤字及公债额上升。

(二)自动稳定的财政政策——自动稳定器

自动稳定器是经济系统本身存在的一种减少对国民收入冲击和干扰的机制。当经济处于萧条、衰退时期，即 GDP 下降时，这种机制使政府支出自动增加或税收自动减少；同理，在经济繁荣时期，即 GDP 上升时，它会使政府支出自动减少或税收自动增加。这种调节是自发的，而无需政府采取任何行动。自动稳定器主要有以下三种。

一是所得税税收体系。在现代税制中，所得税有着重要地位。所得税税收体系对经济活动水平的变化反应相当敏感，因为所得税具有固定的起征点和累进的税率。当经济繁荣特别是过热时，均衡国民收入增加，不仅有更多的人进入缴纳所得税的行列，还有许多人将按更高的税率交税。其结果是，税收自动增加，并且税收的增幅还会超过居民收入的增长幅度，从而抑制总需求的进一步扩张，使经济增长降温。相反，如果经济衰退，人们名义收入下降，将会有更多的居民不需纳税或者少纳税，这种“自动减税”有助于减缓可支配收入的下降，自然对经济下降趋势有一定的遏制作用。公司或企业所得税的作用机制与个人所得税类似。凯恩斯主义者认为这种自动性财政政策是第二次世界大战以后经济稳定性增强的主要原因。

二是财政转移支付的自动增减。在经济繁荣时期，税收自动增加的同时，由于失业人数即需要救济的人数减少，政府转移支付减少，从而抑制可支配收入和消费的增长，有助于遏制总需求进一步膨胀；相反，一旦经济萧条，失去工作的人可立即从政府得到失业救济金等收入，这样就可以抑制人均收入特别是可支配收入的下降，以维持一定的消费需求。政府转移支付的增加，就能抑制消费和投资的过度减少，有助于减轻社会经济进一步下滑的程度。其他福利支出因经济波动而自动增减也有其内在的反周期、促稳定的作用。

三是农产品价格维持制度。在经济繁荣时期，国民收入水平上升，农产品价格上升，这时政府减少收购并向市场抛售农产品，通过增加农产品供给的方法，使市场上的农产品价格下降，带来农民收入下降，抑制农民的消费需求，从而抑制总需求进一步膨胀；相反，一旦经济萧条，国民收入下降，农产品价格下降，这时政府用高于市场均衡价格的支持价大量收购农产品，使得农民收入增加，以维持一定的消费需求，既能避免“谷贱伤农”，又对经济下降趋势有一定的遏制作用。美国对农业有各种支持政策，在生产、收入、价格和农产品贸易等方面提供支持。在美国支持农业的财政政策中，特别是收入补贴和价格补贴，始终是财政支出的主要部分。

总之，政府税收和转移支付的自动变化、农产品价格维持对宏观经济活动都能起到稳定作用，它们都是财政制度的内在稳定器和应对经济波动的第一道防线。西方经济学者认为，由于政府收支中的转移支付和税收通过乘数作用所产生的效果比一般自发性支出（如投资支出和政府购买支出）所能产生的效果要小，因此自动稳定器对于平衡供求、稳定物价、保持国民经济平稳运行的作用是有限的，特别是经济的剧烈波动，如经济出现严重衰退或者恶性通货膨胀时，仅靠自动稳定器来自动调节经济以实现持续均衡增长有困难，甚至自动稳定器还会抵消政府干预政策的效应。因此，西方经济学者认为，必须通过政府主动采取一些财政政策措施，即审时度势变动支出水平或税收来调整总需求水平以实现物价稳定和充分就业的目标。这就是相机抉择（斟酌使用）的财政政策，或者称权衡性的财政政策。

（三）相机抉择的财政政策

所谓相机抉择（斟酌使用）的财政政策，是指政府根据宏观经济指标分析宏观经济形势后，斟酌使用的经济政策。这些政策组合包括改变政府购买水平、改变转移支付方案和改变税率等。其中，改变政府购买水平是使用最多、效果最明显的方法。政府究竟什么时候采取扩张性财政政策，什么时候采取紧缩性财政政策，要“逆经济风向行事”。具体来说，当经济衰退、失业增加、总需求不足时，政府应削减税收、降低税率、主动扩大对产品和劳务的购买（增加支出）或者双管齐下以刺激总需求，这就是实行扩张性财政政策；而在需求过旺、价格普遍上涨、总需求非常高时，政府应增加税收或减少购买（削减开支）以抑制总需求，这就是实行紧缩性财政政策。这样一套经济政策就是凯恩斯主义的相机抉择的需求管理。这种交替使用的扩张性和紧缩性财政政策，被称为补偿性财政政策，它实际上就是政府以繁荣年份的财政盈余补偿萧条年份的财政赤字，将年度财政收支平衡变为整个经济周期的财政平衡。

从20世纪30年代初美国罗斯福的“新政”到60年代初肯尼迪的繁荣，在一定的限度内，都是政府运用这套财政政策来提高有效需求的结果。但是20世纪60年代后期以来的“滞胀”局面的出现，使人们对这种政策提出了怀疑。这说明相机抉择（斟酌使用）的财政政策的作用同样具有局限性，因为在实际经济活动中，存在各种各样的限制因素影响这种财政政策作用的发挥。首先是时滞性。从发现总需求的变化，到变动财政政策以及乘数作用的发挥，都需要时间。其次是不确定性。实行财政政策时，政府主要面临两个方面的不确定性：第一，乘数的大小难以准确地确定；第二，政府必须预测总需求水平通过财政政策的作用达到预定目标究竟需要多少时间，而在这一时间内，总需求特别是投资可能会发生戏剧性的变化，这就可能导致决策失误；第三，外在的不可预测的随机因素的干扰，也可能导致财政政策达不到预期效果，存在财政政策的“挤出效应”问题[①]。下面我们专门来学习一下财政政策的“挤出效应”。

---

① 高鸿业．西方经济学（宏观部分）[M]．7版．北京：中国人民大学出版社，2018：500-501．

(四)财政政策的“挤出效应”

财政政策效应的大小,与政府支出增加对私人消费或投资支出的影响程度有关。政府支出增加所引起的私人消费或投资支出的减少称为“挤出效应”。财政政策产生挤出效应的重要原因是政府支出增加引起了利率上升,而利率上升会引起私人投资与消费减少。这是因为在非充分就业的经济下,如果政府支出增加会使社会总需求增加,导致国民收入增加,实际货币供应量减少,货币需求大于货币供给,因而引起利率上升,利率上升又会使私人投资水平下降,即政府支出部分挤出私人投资支出。在充分就业的经济下,政府支出增加会完全挤出私人投资支出。

不同的西方经济学派对财政政策挤出效应的大小持有不同的观点。凯恩斯主义者认为,财政政策的挤出效应不大,因为货币需求会对利率变动做出反应。货币主义者认为,财政政策挤出效应大,甚至是100%,因此财政政策的效应不大,甚至无用。但也有经济学家提出财政政策“挤进效应”的概念。所谓挤进效应就是政府在采用扩张性财政政策时,诱导了民间消费和投资的增加,从而带动产出总量或就业总量增加的效应。它是政府支出行为的正外部性所形成的。比如,政府对公共事业增加投资会改善当地的投资环境,引起私人投资成本的下降,产生正的外在经济效应,因此,有可能诱导私人投资增加,进而导致产出增加。再如,政府用财政资金为居民建立养老和医疗保障,可以形成居民对未来的良好预期,打消谨慎消费的念头,从而引起储蓄减少、消费和投资增加等一系列扩张性经济行为①。

为了达到某种经济目标,往往不能只采用一种政策工具,必须把各种财政政策工具配合使用。如何使各项政策协调配合是决定政策中一个至关重要的问题。这种协调与配合既包括各种财政政策工具的配合使用,也包括国内外政策的协调。只有政策的协调与配合得当,才能获得最理想的政策效应。这种协调与配合当然也有某种规律可以遵循,但更多的时候是要根据具体情况随机应变。

五、我国改革开放以来财政政策的变化

改革开放以来,我国财政政策的变化大致可以分为以下五个阶段。

第一阶段:促进国民经济调整的财政政策。1979年,经济出现过热现象,从而引发了财政赤字严重,投资需求和消费需求双膨胀,物价持续上涨,外贸逆差增加等问题。中央对此提出了针对国民经济进行“调整、改革、整顿、提高”的八字方针。具体内容为:一是改革财政体制,实行“分灶吃饭”,促进各级财政收支实现收支平衡;二是压缩基建规模,控制投资需求;三是控制消费需求,压缩各项开支;四是增加农业、轻工业投资,提高消费品供给能力;五是稳定市场,平抑物价;六是调整进出口商品结构,平衡国际收支。通过

① 《西方经济学》编写组.西方经济学(下册)[M].2版.北京:高等教育出版社,人民出版社,2020:220.

宏观调控，基本实现了财政收支平衡、物价稳定和信贷平衡的预期目标。但由于经济调整中紧缩的政策力度过大，经济增长率从1980年的7.8%降到1981年的5.2%。1982年，国民经济出现下滑，国家开始实行宽松的财政政策，主要是通过放松银根，继续深化财政体制改革，对企业实行利改税，调动企业和地方的生产积极性，增加有效供给，缩小总供给和总需求之间的差距。从1982年开始，国内生产总值增长速度逐步回升，当年增长9.1%，增幅较上年提高3.9个百分点，1983年加快到10.9%。

第二阶段：紧缩的财政政策。从1984年后期开始，国民经济过热的迹象又逐步显现，社会总供给和社会总需求的差额不断扩大，投资消费高速增长，物价总水平大幅攀升。为满足社会固定资产投资增长的要求和解决企业流动资金短缺的问题，国家不断扩大财政赤字，而为弥补赤字，银行超量发行货币，又加剧了物价指数上升。因此，十三届三中全会提出“治理经济环境、整顿经济秩序”的方针，实行了紧缩财政、紧缩信贷的“双紧”政策。其具体内容为：一是大力压缩固定资产投资规模；二是控制社会消费需求；三是紧缩中央财政开支；四是进行税利分流试点和税制改革。“双紧”的财政政策实施后，经济过快增长得到了控制，物价迅速回落到正常水平，需求膨胀得到化解，固定资产投资的结构有所调整，产业结构不合理状态有所改变。但同时，也使企业在流动资金严重短缺的情况下，生产难以正常运转，经济效益明显下降。

第三阶段：适度从紧的财政政策。1992年到1993年上半年，经济运行的各种指标继续攀升，投资增长过猛，基础产业和基础设施的瓶颈制约进一步加剧，市场物价水平迅速上升，经济形势十分严峻。为了保持国民经济的平稳发展，党中央果断做出深化改革、加强和改革宏观调控的重大决策，1993年提出了加强调控的16条措施，其中财政政策发挥了重要作用。具体内容为：一是实行税利分流，规范政府与企业的分配关系；二是改革财政体制，调整中央与地方的财政分配关系。1996年，国民经济较为平稳地回落到适度增长的区间，成功地实现了“软着陆”，形成了高增长、低膨胀的良好局面。

第四阶段：稳健的财政政策。2004年扩大内需取得显著效果后，经济运行中又出现了投资需求进一步膨胀，贷款规模偏大，电力、煤炭和运输紧张状况加剧，通货膨胀压力加大，农业、交通、能源等薄弱环节以及中小企业、服务业投入严重不足等新问题，结构问题依然是我国国民经济中的深层次矛盾与问题。对此，党和国家提出进一步加强宏观调控。财政作为重要的调控手段，顺应宏观经济形势的要求，适时实施稳健的财政政策。

第五阶段：积极的财政政策。2008年下半年全球金融海啸爆发后，中国经济增长明显减速，经济下行压力增大。2008年12月10日，中央经济工作会议强调将必须保持经济平稳较快发展作为2009年工作的首要任务，并首次提出扩大内需作为保增长的根本途径。会议提出2009年经济五大重点任务，包括实施积极财政政策，促进农业发展，推进经济结构调整，深化改革，维护社会稳定等。2009年，中央政府用于“三农”方面的建设支出达到7253亿元，在此基础上，于2010年我国政府继续加大对“三农”的投资力度，并不断完善与落实农业的补贴制度。

在宏观调控政策取向上，我国从 2008 年以来已经连续八年采取积极的财政政策。自 2008 年以来，我国的财政政策和货币政策又可以分为以下四个阶段。

第一阶段：2008 年年初至 11 月，这一阶段是 2007 年双稳健宏观经济政策的继续，为了控制国内经济过快过热增长，国家采用了稳健的财政政策和稳健的货币政策。

第二阶段：2008 年 11 月至 2009 年 12 月，由于全球经济危机的爆发，中国经济受到波及，遭受重大的挫折，为了保增长，国家采用了积极的财政政策和适度宽松的货币政策。

第三阶段：2010 年年初至 12 月，中国基本走出经济危机的困境，为了促进经济继续平稳快速发展，国家继续采用了积极的财政政策和适度宽松的货币政策。

第四阶段：2011 年年初至今，由于经济危机时采取的适度宽松政策的影响，出现了通货膨胀，为了抑制通货膨胀，国家采取了积极的财政政策和稳健的货币政策。在财政政策方面，调整优化财政支出结构，确保对重点领域和项目的支持力度。凡是存在“短板”的方面，凡是要形成战略竞争力的方面，都需要增加投入。教育、医疗、卫生、社保、养老、公共服务、生态文明、环保的问题和脱贫的问题，都是需要补的短板。同时，对创新、创业加强投入，配合国有企业改制改革进行新的战略安排，增加了战略性的新兴产业领域的投入。2018 年实施积极有效的财政政策，不仅在财政支出方面保持适度的增速，并优化支出结构、提高资金使用效率，更以税制改革为重心，完善税收体系，减轻宏观税负，从而激发企业生产活力，增强居民购买力[①]。2019 年受经济下行压力加大、实施更大规模减税降费以及上半年部分减税降费政策翘尾减收等因素影响，2019 年财政收入增速放缓。而从财政支出形势看，各领域对财政资金需求很大，支持深化供给侧结构性改革、打好三大攻坚战、实施乡村振兴战略、加强科技创新和关键技术攻关、建设提升自然灾害防治能力若干工程、加大基本民生领域投入力度、支持外交国防、增强基层财政保障能力等，都需要予以重点保障。但 2020 年突发的全球性新冠肺炎疫情，导致世界经济衰退。中国政府继续采取积极财政政策，持续新增减负超过 2.5 万亿元人民币，企业负担持续减轻。其中，重点支持小微企业纾困发展，保障疫情防控物资生产供应，帮扶困难行业企业复工复产，支持稳就业、保民生。财政部表示，将进一步完善减税降费政策，提高政策的精准性和有效性，持续发挥减税降费政策效应。财政部表示，2020 年实施的有针对性减税降费政策，叠加近年来出台的小微企业普惠性税收减免措施，降低了企业用工成本，支持企业稳定岗位和生存发展。截至 2020 年底，全国 10 万户重点税源企业销售收入税费负担率（企业缴纳的税收和社保费等支出占销售收入比重）预计同比下降 8%；全国新办涉税市场主体 1144 万户，同比增长 10.1%，高于前两年水平，市场主体数量增长较快，有力支撑了保居民就业。2020 年中国经济 GDP 增长率由第一季度负增长，很快从第二季度起，GDP 增长率从负转正，是疫情中世界上唯一一个 GDP 增长率为正的国家。

---

① 刘吉双，蔡柏良，王芳. 宏观经济学——中国案例分析[M]. 北京：中国经济出版社，2018：286—290.

思考题：

1. 什么是宏观经济政策？有哪些主要经济政策目标？
2. 什么是自动稳定器？包含哪些内容及作用原理是什么？
3. 财政政策主要包含哪些政策工具及如何使用？

延伸阅读

后疫情时期财政政策

第十五章　维稳经济的有形手之二——宏观货币政策

教学目的：使学生了解中央银行和商业银行的关系，了解货币供给的基本知识，掌握货币政策的含义和工具，熟知货币乘数，能理论联系实际读懂国家的宏观货币政策。

教学重点和难点：货币政策工具的含义，货币乘数，货币政策工具的具体使用。

主要教学内容及要求：

1. 教学内容

(1)商业银行和中央银行。

(2)货币供给的基本知识。

(3)存款创造和货币供给。

(4)货币政策及其工具。

(5)货币政策的局限性。

(6)宏观财政政策和货币政策的搭配。

(7)我国改革开放后的宏观经济调控。

2. 教学要求

了解：中央银行和商业银行的关系，货币的概念。

理解：传统的三种货币政策工具的使用。

掌握：公开市场业务，法定准备金率，再贴现率及其作用机制，基础货币，货币创造乘数，货币政策的局限性。

熟练掌握：货币政策的含义及作用原理，公开市场业务，法定准备金率，再贴现率及其作用机制，能运用所学知识看懂国家的宏观货币政策。

第十四章我们已经学习了宏观经济政策目标和宏观财政政策的具体内容，本章我们来学习同属于总需求侧的另一宏观经济政策：宏观货币政策。

货币政策是货币当局(即中央银行)通过银行体系变动货币供给量来调节金融市场的信贷供给与利率，从而影响投资和社会总需求，以实现既定宏观经济目标的经济政策。货币政策是政府干预和调节经济的主要政策之一。要了解货币政策，必须首先具备一些银行制度的知识，因为货币政策要通过银行制度来实现。

一、商业银行和中央银行

在银行制度方面，各国的金融机构并不完全相同，但大致说来，各国的金融机构包括中央银行和金融中介机构两大类。其中，金融中介机构中最主要的是商业银行，还包括储蓄和贷款协会、信用协会、保险公司、私人养老基金等。

商业银行之所以称为商业银行，是因为早先向银行借款的人都经营商业，但后来工业、农业、建筑业、消费者也日益依赖商业银行融通资金，故其客户遍及经济各部门，业务也多种多样，这时之所以仍叫商业银行，只是沿用旧称罢了。商业银行的主要业务分三类：负债业务、资产业务和中间业务。负债业务主要是吸收存款，包括活期存款、定期存款和储蓄存款。资产业务主要包括放款和投资两类业务。放款业务是为企业提供短期贷款，包括票据贴现、抵押贷款等；投资业务就是购买有价证券以取得利息收入。中间业务是指代为顾客办理支付事项和其他委托事项，从中收取手续费的业务。

中央银行是一国的最高金融当局，它统筹管理全国的金融活动，实施货币政策以影响经济。当今世界除了少数地区和国家外，几乎所有已独立的国家和地区都设立了中央银行。它在美国是联邦储备体系（简称美联储），在英国是英格兰银行，在法国是法兰西银行，在德国是德意志联邦银行，在日本是日本银行，在中国是中国人民银行。一般认为，中央银行具有三个职能。

一是作为发行的银行，发行国家的货币。

二是作为银行的银行，既为商业银行提供贷款（用票据再贴现、抵押贷款等办法），又为商业银行集中保管存款准备金，还为商业银行集中办理全国的结算业务。

三是作为国家的银行，第一，它代理国库，一方面根据国库委托代收各种税款和公债价款等收入作为国库的活期存款，另一方面代理国库拨付各项经费，代办各种付款与转款；第二，提供政府所需资金，既用贴现短期国库券等形式为政府提供短期资金，也用帮助政府发行公债或者直接购买公债方式为政府提供长期资金；第三，代表政府与外国发生金融业务关系；第四，执行货币政策；第五，监督、管理全国金融市场的活动。

中央银行产生的标志是1844年英格兰银行独享货币发行权。世界各国中央银行制度的建立经历了三个阶段：第一阶段（1844—1913），从英格兰银行成为中央银行到第一次世界大战前，是中央银行的初创阶段；第二阶段（1913—1945），从第一次世界大战到第二次世界大战结束，是中央银行的急剧发展阶段；第三阶段（1946—至今），从第二次世界大战后到现在，是各国完善中央银行制度阶段。

二、货币供给的基本知识

货币政策是货币当局即中央银行通过银行体系变动货币供给量来调节总需求的政策。我们刚刚已经学习了银行体系和中央银行的职能，那么，中央银行通过银行体系所变动的货币供给量如何理解呢？货币供给是指在一定时点上经济中所拥有的货币存量，根据统计口径的不同，一般可将货币供给划分为 M_0、M_1、M_2 等。货币对经济会产生广泛影响，它不仅影响经济的总体状况，而且影响着人们的日常生活。

任何一种能执行交换媒介、价值尺度、延期支付标准或完全流动的财富储藏手段等功能的物品，都可被看作是货币。货币职能的划分，古今学者虽然在划分标准上存在差异，但划分实质上并没有太大分歧。马克思从历史和逻辑的角度将货币职能划分为价值尺度、流通手段、货币储藏、支付手段和世界货币。在现代社会中，货币是用作交易媒介的金融工具，它同时还发挥着记账单位、价值储藏等其他功能。交易的形式是多种多样的，交易中的媒介也是多种多样的，货币因而也是多种多样的。我们钱包里的现金（纸币和硬币）、银行储蓄账户中的存款、证券公司户头里的保证金等都是货币。当然，不同形式的货币的流动性（支付时的便捷性）是不一样的，所以可以按照流动性的差异在不同口径上统计货币总量。货币统计最常用的口径是 M_0（流通中的现金）、M_1（狭义货币）和 M_2（广义货币）。以下是货币供给 M_0、M_1、M_2 在中国的定义：

M_0＝流通中的现金

M_1＝M_0＋企业活期存款

M_2＝M_1＋企业定期存款＋居民储蓄存款（包括活期和定期）＋其他存款＋证券公司客户保证金

从 M_0 到 M_2，口径越来越大，流动性越来越弱。一般来讲，货币政策调控的货币供给量主要是指 M_1。

需要注意，中国 M_1 的口径与世界上其他国家通常的定义不一样。在绝大多数国家，M_1 都包括现金（M_0）、企业活期存款和居民活期存款。之所以这样规定，是因为企业和居民可以用活期存款账户直接开支票来支付，所以可以把活期存款账户视为一种流动性较高的货币形式。但我国过去只有企业能开支票，居民则不行，所以就把居民活期存款放在了 M_1 之外。现在，我国居民可以很方便地通过信用卡、网络支付等工具使用其活期存款来进行支付，所以理论上应当把居民活期存款也放到 M_1 口径里面，只不过这牵涉很多行政上的手续，所以负责进行金融数据统计的中国人民银行一直保持原来的统计口径。

三、存款创造和货币供给

货币供给量（M_1）中的大部分是活期存款，同时通过活期存款的派生机制还会创造货币，这些是通过银行体系来实现的，下面我们来看看怎样通过银行体系实现存款创造和货币供给。

（一）中央银行与基础货币

中央银行或简称为央行作为银行体系的监督者，负责制定和实施货币政策、维护金融稳定，在中国是中国人民银行。中央银行一般可以控制基础货币的总量，基础货币指的是流通中的现金和准备金总额。流通中的现金就是公众手中所持有的货币，它可以用于人们的日常交易。准备金指的是各商业银行在中央银行的存款以及商业银行实际持有的现金。

（二）存款和货币创造

在当今的纸币体系下，货币是由包括中央银行在内的银行体系“无中生有”创造出来的。当银行向非金融企业和居民发放贷款时，货币就从无到有地产生了。具体来说，当商业银行向某企业发放贷款时，银行会直接在企业开设在银行的户头上增记一笔企业贷款，作为企业对银行的负债；同时，银行还会在企业户头上增记一笔企业的存款，作为企业的资产。通过这样的会计操作，银行发放的贷款就立即变成了贷款接受方的存款，从而在经济中创造了货币。银行向居民发放贷款也是类似的。除了贷款之外，银行购买非金融企业发行的债券，以及银行用自己手中的人民币换取企业或居民手中的外汇，都是在创造存款和货币。

在货币体系运转中，商业银行在存款创造过程中具有不可替代的作用。商业银行的存款创造必须具备部分准备金和部分现金提取的条件。在部分准备金制度下，如果经济主体将现金存入银行后，为了防止商业银行面对的挤兑威胁，出于安全性的考虑，商业银行往往将现金部分存入央行，部分应付特殊需要，其余部分可用贷款或购买债券。这种经常保留的供支付存款提取用的一定金额，称为存款准备金。存款准备金占存款的百分比一般称为存款准备金率。中央银行规定的商业银行准备金在存款中占的最低比率称为法定存款准备金率，即法定准备金率＝法定准备金/存款总额(由中央银行规定)。按法定准备金率提留的准备金就是法定准备金。法定准备金的一部分是银行库存现金，另一部分存放在中央银行的存款账户上。如果商业银行实际持有的准备金率高于法定准备金率，超出部分就称为超额准备金率。由于商业银行都想赚取尽可能多的利润，因此它们会把法定准备金以上的那部分存款当作超额准备金贷放出去或用于短期债券投资。正是这种可用较小比率的准备金来支持活期存款的能力，使得银行体系得以创造货币。下面举例说明。

假设法定准备金率为20%，为分析方便，我们作如下假定：①商业银行不持有超额准备金，所有超额准备金都用于购买债券或发放贷款；②不存在支票存款向其他储蓄存款的转化；③不存在现金从银行的漏出，也就是说，公众会将现金支付后所收到的款项立即存入银行。在这种情况下，甲客户将100万美元存入自己有账户的A银行，银行系统就因此增加了100万美元的存款。A银行按法定准备率保留20万美元作为准备金存入中央银行，其余80万美元全部贷出。假定是贷给一家公司用来购买机器，机器制造厂乙得到这笔从A银行开来的支票后又全部存入与自己有往来的B银行，B银行得到这80万美元支票存款后留下16万美元作为准备金存入中央银行，然后贷放出64万美元，得到这笔贷款的丙厂商又会把它存入与自己有业务往来的C银行，C银行留下其中12.8万美元作为准备金存入自己在中央银行的账户上，然后贷出51.2万美元。由此，不断存贷下去，各银行的存款总和是：

$100+80+64+51.2+\cdots$

$=100(1+0.8+0.8^2+0.8^3+\cdots+0.8^n)$

$=100/(1-0.8)=500$(万美元)

而贷款总和是：

$80+64+51.2+\cdots$

$=100(0.8+0.8^2+0.8^3+\cdots+0.8^n)$

$=400$(万美元)

从以上例子可见，存款总和(用D表示)同这笔原始存款(用R表示)及法定准备金率(用r_d表示)之间的关系为：$D=R/r_d$。

上面例子中这笔原始存款假定来自中央银行增加的一笔原始货币供给，则中央银行新增一笔原始货币供给将使活期存款总和(亦即货币供给量)扩大为这笔新增原始货币

供给量的 $1/r_d$ 倍。

在上例中就是 5 倍，$1/r_d$ 称为货币创造乘数，用 k 表示，$k=1/r_d$，它是法定准备率的倒数。上例中法定准备率是 0.2，则 $k=5$。

上述例子中的派生存款及贷款情况如表 15-1 所示。

表 15-1　银行存款的多倍派生存款　（单位：万美元）

存款人 (1)	银行存款 (2)=(3)+(4)	银行贷款 (3)=(2)×0.8	存款准备金 (4)=(2)×0.2
甲	100	80	20
乙	80	64	16
丙	64	51.2	12.8
…	…	…	…
合计	500	400	100

从上面的分析可知，货币的供给不能只看到中央银行起初投放了多少货币，而必须更为重视派生存款或者说派生货币，即由于货币创造乘数的作用而增加的货币供给量，而货币创造乘数的大小和法定准备金率有关，法定准备金率越大，乘数就越小。这是因为，准备金率越大，说明商业银行吸收的每一轮存款中可用于贷款的份额就越小，由于贷款会转化为存款，因而下一轮存款就越小。

（三）货币乘数及其决定因素

货币创造乘数（货币乘数）是指货币供给量对基础货币的倍数关系，即基础货币每增加或减少一个单位所引起的货币供给量增加或减少的倍数，不同口径的货币供应量有各自不同的货币乘数。货币乘数是货币供给扩张的倍数。在实际经济生活中，银行提供的货币和贷款会通过数次存款、贷款等活动产生数倍于它的存款，即通常所说的派生存款。

货币乘数的大小决定了货币供给扩张能力的大小。货币乘数的大小主要由以下三个因素决定。①法定准备金率。通常法定准备金率越高，货币乘数越小；反之，货币乘数越大。②超额准备金率。超额准备金率与货币乘数之间呈反向变动关系，超额准备金率越高，货币乘数越小；反之，货币乘数就越大。③现金比率。现金比率是指流通中的现金与商业银行活期存款的比率。现金比率与货币乘数负相关，现金比率越高，说明现金退出存款货币的扩张过程而流入日常流通的量越多，因而直接减少了银行的可贷资金量，制约了存款派生能力，货币乘数就越小；反之，现金比率越低，货币乘数就越大。

总之，货币乘数的大小主要由法定存款准备金率、超额准备金率、现金比率等因素决定。

四、货币政策及其工具

中央银行通过控制货币供应量来调节利率进而影响投资和整个经济以达到一定经济目标的行为就是货币政策。西方学者认为，货币政策和财政政策一样，也可以调节国民收入以达到稳定物价、充分就业的目标,实现经济稳定增长。二者的不同之处在于,财政政策直接影响总需求的规模,这种直接作用是没有任何中间变量的;而货币政策还要通过利率的变动对总需求发生影响,因而是间接发挥作用。

货币政策一般也分为扩张性和紧缩性货币政策。扩张性货币政策是通过增加货币供给来带动总需求的增长。货币供给增长时,利率会降低,取得信贷更为容易,因此经济萧条时多采用扩张性货币政策;反之,紧缩性货币政策是通过削减货币供给来降低总需求水平,在这种情况下,取得信贷比较困难,利率也随之提高,因此,在通货膨胀严重时,多采用紧缩性货币政策。

中央银行运用哪些工具来变动货币供给量呢?公开市场业务、法定准备金率、再贴现率是中央银行间接调控金融市场的三大货币工具。

(一)公开市场业务

公开市场业务是中央银行最常用,也是最重要、最灵活的货币政策工具。公开市场业务是指中央银行在金融市场上公开买卖政府债券以控制货币供给和利率的政策行为。政府债券是政府为筹措弥补财政赤字的资金而发行的支付利息的国库券或债券。公开市场业务分为两类:一类是主动性的公开市场业务,主要是改变准备金水平和基础货币;另一类是被动性的公开市场业务,主要是抵消影响基础货币的其他因素变动所带来的影响。当经济处于萧条期时,需要放松银根刺激经济,中央银行可以买进政府债券,把货币投入市场,出售债券的企业和居民得到货币,把这些货币存入商业银行,通过货币乘数的作用使市场上流通的货币量更大规模地增加,从而降低利息率,刺激总需求的扩大;反之,当经济处于繁荣期时,需要抑制通货膨胀、防止经济过热,中央银行可出售政府债券以减少货币供给量。由于在市场上购买中央政府债券和向中央银行销售政府债券的主要是金融机构和工商企业,因此,中央银行在公开市场上买卖政府债券可以影响金融机构的信贷规模和工商企业的生产与流通,从而保证经济的稳定协调发展。因此,公开市场业务是通过买卖政府债券来影响货币供给,最终影响投资与消费需求、产出与价格水平。其传导过程为:买卖政府债券—货币供给—利率—消费与投资—产出与价格水平。

公开市场业务之所以能成为中央银行控制货币供给最主要的手段,是因为运用这种政策手段有着比用其他手段更多的灵活性。例如在公开市场业务中,中央银行可及时地按照一定的目标来买卖政府债券,从而更易于准确地控制银行体系的准备金。如果中央银行希望大量地变动货币供给,那么就可以根据改变货币量的规模来决定买进或卖出政府债券的数量;如果中央银行只希望少量地变动货币供给,那么就可以用少量的债券买卖达到目的。由于公开市场操作很灵活,因而便于被中央银行及时用来改变货币供给的方向,如变买进债券为卖出债券,立即就有可能使增加货币供给变为减少货币供给。

(二)变动法定准备金率

准备金是商业银行库存的现金和按比例存放在中央银行的存款,其目的是为了确保商业银行在遇到突然大量提取存款时有充足的清偿能力。在现代银行制度中,准备金在中央银行存款中应占的比例是依法规定的,银行法(或中央银行)所规定的存款金融机构

(商业银行)所吸收的存款中必须向中央银行缴存的准备金比例即是法定准备金率。

中央银行有权决定商业银行和其他存款机构的法定准备金率。如果中央银行认为需要增加货币供给,就可以降低法定准备金率,使所有的存款机构对每一笔客户存款只需留出更少的准备金,即,让每一单位货币的准备金可以支撑更多的存款。假定原来法定准备金率为 20%,则 100 元存款必须留出 20 元法定准备金,可贷金额为 80 元,这样,增加 1 万元的准备金就可以派生出 5 万元的存款($k=1/r_d=1/20\%=5$)。若中央银行把法定准备金率降低到 10%,则 100 元存款只需 10 元准备金就行了,可贷金额为 90 元,这样,增加 1 万元的准备金就可以派生出 10 万元的存款($k=1/r_d=1/10\%=10$),货币供给因此就增加了一倍。可见,降低法定准备金率,实际上等于增加了银行准备金;而提高法定准备金率,就等于减少了银行准备金。从理论上说,变动法定准备金率是中央银行调整货币供给最简单的办法,但中央银行一般不愿轻易使用变动法定准备金率这一手段,因为商业银行向中央银行报告它们的准备金和存款状况有时滞性,而且变动法定准备金率的作用十分猛烈,一旦准备金率变动,所有银行的信用都必须扩张或收缩,因此这一政策手段很少使用,以避免商业银行和所有的金融机构的正常信贷业务因准备金率变动频繁的干扰而无所适从①。

(三)调整再贴现率

再贴现是相对于贴现而言的,票据贴现也叫直贴,是指企业将未到期的承兑汇票转卖给银行,从而获得融资的一种方式。贴现价格由票面金额和贴现率决定,贴现后票据归贴现银行所有。商业银行在其已贴现的票据未到期以前,将票据卖给中央银行得到中央银行的贷款,称为再贴现。中央银行对商业银行及其他金融机构办理贴现贷款时所收取的利率称为再贴现率。这一利率实际上是商业银行对其贴现的未到期票据向中央银行申请再贴现时的预扣利率。

调整再贴现率,一方面会改变商业银行从中央银行贷款的成本,增加再贴现率会促使商业银行减少向中央银行的贷款,从而减少基础货币数量,反之亦然;另一方面,由于再贴现率是中央银行货币政策的“公告牌”和“晴雨表”,它体现了货币政策的走势,因此商业银行的利率将随着再贴现率相应变动②。一般而言,当经济过热时,货币流通量过多,中央银行提高再贴现率,商业银行向中央银行的贷款减少,使得商业银行信贷规模缩减,从而减少了货币供给量;商业银行的贷款利率随之提高,进而使企业和居民的消费减少,有效地抑制了总需求。反之,当经济衰退时,货币流通量过少,为了刺激经济发展、减少失业,中央银行放宽贴现条件、降低再贴现率,从而使商业银行向中央银行的贷款增加,商业银行贷款利率也随之下降,进而引起企业和消费者对货币的需求增加,投资和消费需求扩大,从而促进经济的复苏与发展③。

调整再贴现率是美国中央银行(美联储)最早运用的货币政策工具。但实际上,美联

---

① 高鸿业.西方经济学(宏观部分)[M].7 版.北京:中国人民大学出版社,2018:512.

② 任保平,宋宇.宏观经济学[M].北京:科学出版社,2009:309.

③ 西方经济学编写组.西方经济学下册[M].2 版.北京:高等教育出版社,人民出版社,2020:222.

储并不经常使用贴现率来控制货币供给，因为贴现窗口的主要作用是允许商业银行和其他金融机构对其短期现金压力作出反应，对临时发生的准备金不足作适当调整，因此，变动再贴现率在货币政策中的重要性和早先相比已大大减弱。事实上，商业银行和其他存款机构也尽量避免去贴现窗口借款，只将它作为紧急求援手段，平时少加利用，以免被人误认为自己财务状况有问题。还需指出，通过变动贴现率控制货币供给本身也存在一些问题，例如，当银行十分缺乏准备金时，即使贴现率很高，银行依然会从联邦贴现窗口借款，可见通过变动贴现率来控制银行准备金的效果是相当有限的。事实上，再贴现率政策往往作为补充手段和公开市场业务政策结合在一起执行[①]。

货币政策除了以上三种主要工具外，还有道义劝告、窗口指导等其他政策工具。道义劝告又称“打招呼”，是指中央银行运用自己在金融体系中的特殊地位和威望，通过对商业银行及其他金融机构的劝告，影响其贷款和投资方向，以达到控制信用的目的。比如在经济衰退时期，鼓励银行扩大贷款；在经济过热时，劝阻银行不要任意扩大信用。中央银行的道义劝告不具有强制性，较为灵活但没有法律约束力，所以其效果视各金融机构是否与中央银行合作而定。窗口指导是一种劝谕式监管手段，是指中央银行通过劝告和建议向金融机构解释说明相关政策意图，提出指导性意见，或者根据监管信息向金融机构提示风险从而影响商业银行的信贷行为，属于一种温和的、非强制性的货币政策工具。

除以上措施外，还有一些辅助性政策工具，如规定利率限额与信用配额、信用条件限制、规定金融机构流动性比率和直接干预等。

五、货币政策的局限性

货币政策作为宏观经济政策的重要部分，它的目的在于综合运用各种货币政策工具来调节货币供给，影响经济主体的货币需求，从而对全社会的投资水平和消费支出规模产生影响，并最终影响社会总需求，使之达到一种动态的平衡状态。但货币政策与财政政策一样，在实践中也存在许多局限性。

（一）货币政策的外部时滞性

中央银行变动货币供给量，要通过影响利率来影响投资和消费，进而影响就业和国民收入，因而货币政策的作用要经过相当长一段时间才会充分发挥作用。特别是，市场利率变动后，投资规模并不会很快发生相应变动。比如，利率下降以后，厂商扩大生产规模需要一个过程；利率上升后，厂商缩小生产规模更不是一件容易的事，已经在建的工程难以停建，已经雇用的员工要解雇也不是轻而易举的事。总之，货币政策执行的效果发挥出来要有一个相当长的过程，在此过程中，经济状况有可能发生与人们原先预料的相反的变化。比方说，经济衰退时中央银行扩大货币供给，但可能还没有等到这一政策效

① 高鸿业.西方经济学(宏观部分)[M].7版.北京:中国人民大学出版社,2018:511.

果完全发挥出来时，经济就已经转入繁荣，物价已开始较快上升，则原来的扩张性货币政策就不是反衰退，而是对加剧通货膨胀起到火上浇油的作用。

(二)货币政策反经济衰退的效果不明显

在通货膨胀时期实行紧缩性的货币政策可能效果比较显著，但在经济衰退时期实行扩张性的货币政策效果不明显，因为那时候厂商对经济前景普遍悲观，即使中央银行松动银根、降低利率，投资者也不愿增加贷款来增加投资；银行为安全起见，也不愿轻易贷款，所谓厂商和银行都会“惜贷”。特别是存在“流动性陷阱”时，无论银根如何松动，利率都不会降低，因此货币政策反衰退的效果就相当微弱。从反通货膨胀来看，货币政策对于治理需求拉动型的通货膨胀效果较明显；而对于成本推动型的通货膨胀，货币政策效果较小，因为如果物价的上升是由工资上涨幅度超过劳动生产率上升幅度引起的，或由垄断企业为获取高额垄断利润而人为提价引起的，则中央银行想通过控制货币供给来抑制通货膨胀就比较困难。

(三)货币政策效果以货币流通速度不变为前提

从货币市场均衡的情况看，增加或减少货币供给要影响利率，必须以货币流通速度不变为前提。货币流通速度中的一个相当小的变动，如果未被政策制定者所预料到并加以考虑，或对这个变动的幅度估算时出现小的差错，都有可能使货币政策效果受到严重影响，甚至有可能使本来的政策走向反面。比如，在经济繁荣时期，中央银行为抑制通货膨胀需要紧缩货币供给，这时公众一般会增加支出，而且物价上升较快时，公众希望尽快把货币花出去而不愿持在手中，从而货币流通速度会加快，在一定时期内本来的 1 元也许可以完成 2 元交易的任务，这无异于在流通领域增加了 1 倍货币供给量，这时候即使中央银行把货币供给减少 50%，也无法把通货膨胀率降下来。反过来，在经济衰退时期，货币流通速度下降，这时中央银行增加货币供给对经济的影响有可能被货币流通速度下降所抵消。可见，如果货币流通速度加快或放慢，那么用变动货币供给量的办法来影响利率、投资和国民收入的货币政策效果就会打折扣。

六、宏观财政政策和货币政策的搭配

在宏观经济政策影响投资、消费和政府支出方面，货币政策与财政政策具有显著的差异。货币政策主要通过影响总需求中对利率敏感的组成部分(主要是投资支出)发挥作用；财政政策则取决于政府采购、变动税率和税收结构等来影响政府购买支出、消费和投资支出来影响总需求。虽然所有政策都是影响产出，但对经济各个领域的影响程度有很大的不同。

为了实现宏观经济目标而采取的财政政策、货币政策以及其他一些政策工具相互搭配，不但会使经济趋于充分就业，而且有助于解决其他政策问题。财政政策和货币政策搭配使用的政策效应如表 15-2 所示。

表 15-2 财政政策和货币政策的搭配使用的政策效应

政策搭配	产出	利率
扩张性财政政策和紧缩性货币政策	不确定	上升
紧缩性财政政策和紧缩性货币政策	减少	不确定
紧缩性财政政策和扩张性货币政策	不确定	下降
扩张性财政政策和扩张性货币政策	增加	不确定

根据表 15-2 财政政策和货币政策的搭配使用的政策效应，政府和中央银行可以根据具体情况和不同的经济目标选择不同的政策组合。例如：①当经济发生严重通货膨胀时，用紧缩性货币政策来提高利率，降低总需求水平，辅以紧缩性财政政策以防止利率过分提高；②当经济严重萧条时，用扩张性财政政策增加总需求，用扩张性货币政策降低利率以克服“挤出效应”；③当经济出现通货膨胀但不严重时，用紧缩性财政政策压缩总需求，又用扩张性货币政策降低利率，以免财政政策紧缩而引起衰退；④当经济萧条但不太严重时，用扩张性财政政策刺激总需求，又用紧缩性货币政策控制通货膨胀。

在考虑如何混合使用两种政策时，不仅要看当时的经济形势，还要考虑政治上的需求，因为虽然扩张性财政政策和货币政策都可增加总需求，但不同政策的后果对不同的人群产生不同的影响，也会使 GDP 的组成比例发生变化。例如，实行扩张性货币政策会使利率下降，投资增加，因而对投资部门尤其是住宅建设部门十分有利。如果实行减税的扩张性财政政策，则有利于增加个人可支配收入，从而增加消费支出。同样是采取扩张性财政政策，如果是增加政府支出，如兴办教育、治理污染、培训工人等，则人们受益的情况又不相同。正因为不同政策措施会对 GDP 的组成比例（投资、消费和政府购买在 GDP 中的构成比例）产生不同的影响，进而影响不同人群的利益，因此，政府在做出混合使用各种政策的决策时，必须考虑各行业、各阶层人群的利益如何协调的问题[①]。

七、我国改革开放后的宏观经济调控

改革开放以后，一方面我国政府通过中长期规划和战略安排，以及供给侧改革方式来调控宏观经济，政府色彩、直接调控方式稍微浓厚一些；另一方面，通过财政和货币等政策工具间接调控方式也更明显。一些学者结合改革开放以来，中国政府对宏观经济调控实践，划分为“大起大落”式调控，“软着陆”式调控和“精准”式调控三大阶段（见图 15-1）。

（一）“大起大落”式宏观调控

该阶段大致从 1978 年到 1992 年。1978 年，我国开始向有计划的商品经济过渡，但在 1992 年以前，计划经济仍占主要地位，但考虑到此时“宏观调控”具有与以前完全不同

① 高鸿业．西方经济学（宏观部分）[M]．7 版．北京：中国人民大学出版社，2018：517.

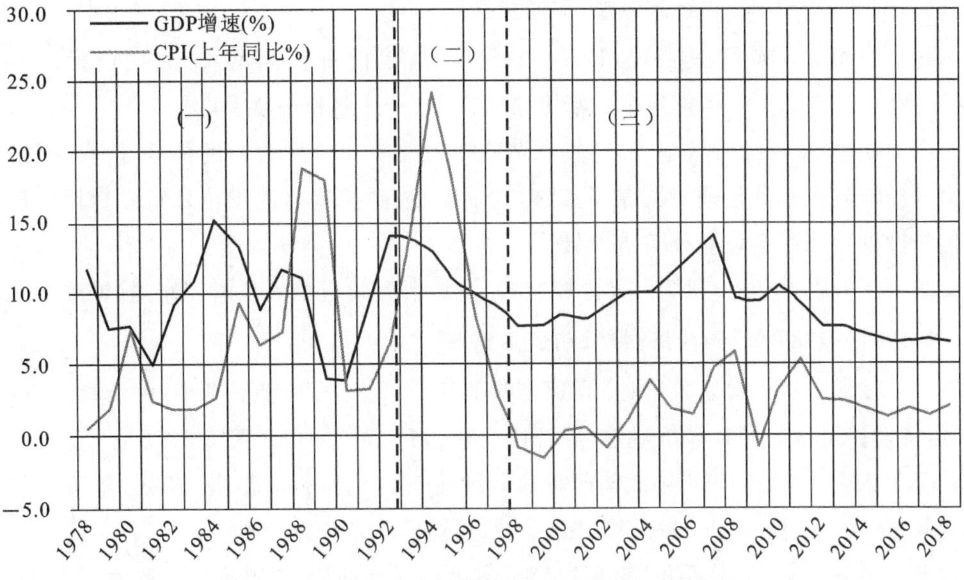

图 15-1　改革开放以来政府宏观调控的三个阶段划分

的特征，从而将其归于“大起大落”阶段。顾名思义，这一阶段宏观调控的特点是导致经济“大起大落”，调控具有一定的盲目性。如针对 1979 年前后的经济过热，政府采取了一系列调控措施，对投资和消费实行力度较大的全面紧缩，使经济增长率从 1978 年的 11.7%降到 1981 年的 5.1%，开始呈现“大起大落”的特点。这一特征在 1985 年到 20 世纪 90 年代初期更加明显。依据政府宏观调控所锚定的 GDP 增速和 CPI 物价上涨幅度，调控目标有经济增长上防过热或防衰退、物价水平上防通胀或紧缩。因此，1978—1992 年间又可分为以下几个时期的宏观调控(见图 15-2)。

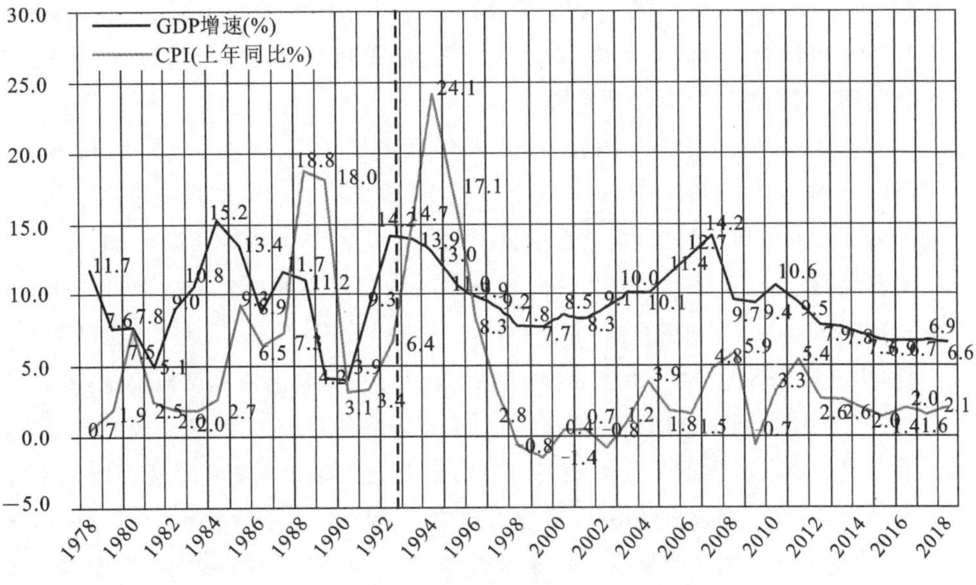

图 15-2　改革开放以来我国宏观经济运行和调控情形

1. 1978—1983 年:防经济过热、防通货膨胀

这一时期,GDP 增速表现:1978—1981 年基建投资快速增长、战线过长、项目过多——经济过热,1981 年急刹车大幅压缩基建投资(计划和行政手段)。

CPI 表现:短缺经济状态下,随着计划控制的放松和价格改革的推进,隐性通货膨胀压力逐步释放——治理通货膨胀;行政财政手段(强制控制财政支出)、行政货币手段(强制信贷投放)、强制企业整顿关停并转。

结果:GDP 增速迅速回落,物价控制,经济短暂繁荣后陷入长时间衰退(见图 15-2)。

2. 1984—1987 年:防经济过热、防通货膨胀

这一时期,GDP 增速表现:从高速增长有所下降。1984 年下半年,由于货币发行超量、信贷增长过猛等导致经济过热,经济增长率达到 15.2%(见图 15-2)。

CPI 表现:1984—1986 年面临严重通货膨胀——治理通货膨胀。1984 年下半年,由于货币发行超量、信贷增长过猛等导致经济过热,经济增长率达到 15.2%。因此,政府于 1985 年采取紧财政、紧货币的"双紧"措施,实施以平衡信贷、降低通货膨胀率为主要目标的宏观调控。经济过热势头有所缓解,但仍然存在经济结构失衡、物价上涨幅度大等问题。从 1986 年起,政府尝试改善宏观调控办法,用"软着陆"方式解决总需求超过总供给的问题。但实际中由于对相关会议精神贯彻不力,而且在 1986—1988 年期间采取"双松"政策,导致 1986 年"软着陆"失败,使总需求增长更快,扩大了总需求与总供给的矛盾。1987 年、1988 年经济增长率分别达 11.7%和 11.2%,1988 年物价涨幅达 18.8%(见图 15-2),货币供给、贷款和固定资产投资过高增长;投资需求和消费需求双膨胀,经济出现全面过热。

结果:经济过热势头有所缓解,但仍然存在经济结构失衡、物价上涨幅度大等问题。

3. 1987—1991 年:1987—1988 年发生严重通货膨胀,1988—1989 年治理整顿,1990—1991 年实施财政、货币双紧措施

这一时期,GDP 增速表现:1987 年、1988 年经济增长率分别达 11.7%和 11.2%,1988 年物价涨幅达 18.8%(见图 15-2),货币供给、贷款和固定资产投资过高增长;投资需求和消费需求双膨胀,经济出现全面过热。

CPI 表现:社会总需求大于总供给,部分商品特别是主要副食品供应偏紧,物价上涨;1988 年"价格闯关"和放开价格,货币供应和信贷投放增加——造成严重通货膨胀。

于是,中央从 1988 年第 4 季度起决定实行"强行硬着陆"的宏观调控政策,推行了以"治理经济环境、整顿经济秩序"(治理整顿)为主要内容的行政手段,紧缩财政和信贷,对投资和消费实行力度较大的全面紧缩,导致经济"过冷"局面。1990 年经济增长率降到 3.9%,产品库存积压,资金流通不畅,失业人数增多。1992 年邓小平南方讲话,中国开始全面改革,勾勒出社会主义市场经济体制基本框架。1990—1991 年财政、货币实施双紧措施。

结果:经济“过冷”局面出现,1990 年经济增长率降到 3.9%,产品库存积压,资金流通不畅,失业人数增多,物价得到控制(见图 15-2)。

(二)“软着陆”式宏观调控

该阶段从 1992 年到 1997 年。1992 年后,市场经济意义上的宏观调控逐渐走上历史舞台。

1992 年到 1993 年上半年,投资需求和消费需求双膨胀,社会总需求超过总供给,经济全面过热。1992 年经济增长率达到 14.2%,创改革开放以来第二高纪录。1993—1994 年,投资急剧膨胀(特别是全国掀起一股房地产热和开发区热,全社会固定投资同比增长较快),出现经济过热迹象,表现出自改革开放以来最严重的的通货膨胀。1993 年、1994 年全国商品零售价格指数分别达 14.1%和 24.1%,出现较为严重的通货膨胀。政府汲取了以前调控中“犹豫不决、贯彻不力”的教训,调控表现出雷厉风行的特点。

1993 年 6 月,政府施行了以整顿金融秩序为重点、治理通货膨胀为首要任务的紧缩型宏观调控。该阶段的宏观调控尽管初期采取较多行政手段,以治理当时混乱的金融秩序,但后期更多地运用紧缩的货币供应、利率杠杆、从紧的财政政策,以及财税体制改革等,以达到控制总需求的目的。这期间虽然也是对投资和消费实行全面紧缩,但为“适度从紧”,使 GDP 增长速度由 1992 年 14.2%降到 1997 年的 9.2%,CPI 年上涨率由 1994 年的 24.1%降到 1997 年的 2.8%(见图 15-2),成功实现了“软着陆”。

1993 年到 1996 年,适度从紧的财政政策——分税制改革、强化税收征管,控制支出总量和结构,压缩财政赤字控制债务;紧缩的货币政策——行政色彩的信贷控制、提高存贷款利率、整顿金融秩序如民间信贷。

结果:经济软着陆。本轮宏观调控开启中国政府真正意义的宏观调控,有五个方面:一是不再单纯依靠行政手段,注重运用经济和法律手段;二是注重不同政策的配合,如“双紧”;三是不实行急刹车,而是适度从紧,使经济热度缓慢下降,避免大起大落;四是做出治理通货膨胀决定后,雷厉风行贯彻实施,保持政策的稳定性和连续性;五是奉行简单规则,连续多年“适度从紧”的财政货币政策。

(三)“精确”式宏观调控

该阶段从 1998 年开始,一直持续到 2008 年全球金融危机发生之后,以及当前阶段。这一阶段的主要特点是政府宏观调控目标明确、手段措施精准、效果相对明显。依照不同时期的调控目标和政策松紧情况分为三个时期(见图 15-3)。

第一个时期:1998—2003 年积极财政政策与稳健货币政策组合使用(财政政策各部分之间的配合:增发国债、扩大财政支出、调整税收、减税)。在亚洲金融危机的冲击下,我国从 1998 年开始出现了经济增长减速、物价下降等现象,遭遇改革开放以来的第一次通货紧缩。为了克服危机的不利影响,政府从 1998 年开始实施扩张性财政政策和稳健

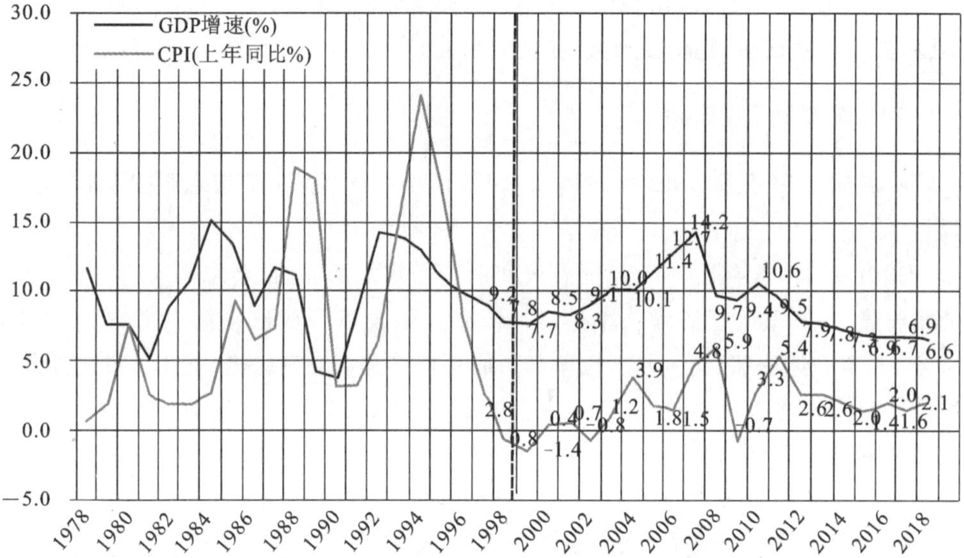

图 15-3　1998 年以来我国政府宏观经济运行及调控情形

的货币政策相搭配的宏观调控，并辅以必要的行政手段，一直持续到 2002 年，使 GDP 增长速度由 1998 年的 7.8%提高到 2002 年的 9.1%，CPI 指数由 1998 年的 0.8%上升到 2003 年的 1.2%(见图 15-3)，推动我国经济进入新一轮上升周期。

第二个时期：2004—2007 年，财政政策逐步由积极转向稳健，实行财政货币双稳健政策。2003 年下半年，部分行业投资出现局部过热，为了防止经济出现“大起”，缓解物价上涨压力，政府确定了“果断有力，适时适度，区别对待，注重实效”的宏观调控原则，从实际出发，分类指导，采取有保有压的经济政策。2004 年中央宏观调控的力度再次加大，宏观调控措施得到迅速落实，投资过热、盲目扩张的势头得到了有效控制，使经济进入一个高增长、低通胀的发展期。随后，我国经济虽然在适度区间运行，但固定资产投资反弹压力较大，通胀压力显现，房地产投资过热，宏观经济结构问题、局部问题依然存在。为此，政府采取了“组合拳”式的调控手段，使我国经济在适度增长区间的上限高位运行。

2007 年，为了应对 2006 年出现的局部过热，宏观调控在货币政策的操作上调整为适度从紧，且采取微调模式，有效防止了经济增长由偏快转为过热、价格由结构性上涨演变为明显通货膨胀的情况发生。

第三个时期：2008 年后应对国际金融危机的双松政策。2008 年上半年，双防：防经济增长由偏快转为过热、防物价由结构性上涨转为明显通货膨胀。2008 年下半年，美国次贷危机加深，世界经济放缓，我国一些出口企业受到影响，政府提出“一保一控”：保持经济平稳较快发展，控制物价过快上涨。

由于受到美国次贷危机的不利影响，我国经济开始步入下行轨道，面临通货紧缩风险，出口大幅下降，大量企业倒闭，工人失业现象较为严重，大学生就业困难，农民工返乡等问题。在这种情况下，我国政府及时采取了扩张性的财政政策和扩张性的货币政策，4

万亿投资计划付诸实施，信贷扩张较快，及时遏制了经济的进一步下滑，为“保 8”(GDP 增长率保持在 8%)目标的实现奠定了基础。

2009 年财政政策由稳健转为积极，加大对民生投资力度、优化财政支出结构、减税；实行适度宽松的货币政策，扩大信贷规模，下调利率和存款准备金，进一步扩大融资渠道，实行差别化货币政策。其中，2008 年 9 月以后，央行 5 次下调存贷款利率、4 次下调法定存款准备金率；2008 年 11 月推出 4 万亿投资刺激计划。积极扩张的调控政策使中国经济成功摆脱了衰退和通缩，但却加剧了此前经济中一直存在的体制性结构性矛盾。比如，存在国企和民企并存的“二元结构”特征，国企和民企处于不公平的市场竞争环境；地方政府深入参与经济活动，但是面临财权和事权不匹配、GDP 锦标赛、预算软约束、缺乏有效监管等问题；城镇化进程推进、居民收入水平提高、货币超发、土地财政、缺乏长效机制等因素共同推动房价大幅上涨，等等。

2010 年中国经济发生严重通胀，GDP 增速也自此一路下滑，并且出现产能过剩、僵尸企业、杠杆高企等一系列问题。因此，2010 年货币政策适度宽松，财政政策调结构惠民生。2011 年财政政策稳健，货币政策由适度宽松转向回归稳健。2012 年后，中国经济进入新常态阶段(主要特征为中高速、优结构、新动力、多挑战)，面临三期叠加(增长速度换档期、结构调整阵痛期、前期刺激政策消化期)阶段，宏观调控政策转向供给侧，主要体现为三去一降一补：去产能、去库存、去杠杆、降成本、补短板。试图用改革的办法推进结构性调整，减少无效和低端供给；同时需求侧注重总量管理，经济基本保持平稳发展(见图 15-3)。

2018 年下半年以来中国经济增速下行，主要受美联储加息、中美贸易战、财政整顿、金融去杠杆、房地产调控等内外部因素叠加的影响。政策已调整为强化逆周期调节，央行降准、财政部出台新的减税降费举措、发改委稳定汽车等消费，政策持续转暖。2018 年至 2020 年，货币政策包括宽货币、宽信用，金融监管结构性放松；财政政策包括上调赤字率，减税降费，基建补短板；结构性改革为“做减法”转向“做加法”(供给侧结构性改革的去产能和去库存任务已经基本完成，去杠杆转向稳杠杆，政策重心会加大降成本和补短板)。

总结来看，1998 年以来的"精准"式宏观调控，使得我国宏观经济能够抵御国内国际经济和金融风险，通过财政和货币政策的松紧配合使用，有效地保证宏观经济平稳运行，在全球众多经济体中能够保持健康、持续增长，国家和居民财富收入增长，彰显了中国政府和执政党掌控经济的强大能力。①

① 任泽平，马家进，罗志恒. 什么是好的宏观调控？——来自中美日的经验教训，泽平宏观，2019 年 3 月 6 日.

思考题：

1. 什么是货币创造乘数？影响货币创造乘数的因素有哪些？
2. 货币政策最基本的政策工具是哪三种？这三种政策工具如何使用调控宏观经济？
3. 货币政策有哪些局限性？

延伸阅读

央妈的几把刷子

第十六章　生活水平的提高——经济增长

教学目的:通过本章学习,让学生了解经济增长的国际差异,掌握经济增长的决定因素,能够运用简单经济增长模型分析基本的经济增长问题。

教学重点和难点:经济增长和经济发展的含义,经济增长的源泉,促进经济增长的政策,新古典增长模型的基本思想及其应用。

主要教学内容及要求:

1. 教学内容

(1)经济增长和经济发展的关系。

(2)国家间收入水平差异的衡量。

(3)经济增长的基本问题。

(4)经济增长的决定因素。

(5)新古典增长模型及其应用。

(6)影响经济增长的因素。

(7)促进经济增长的政策分析。

穿越回古代你过得比现在好吗?

2. 教学要求

了解:国家间收入水平差异及其衡量,促进经济增长的政策。

理解:经济的总产量、人均产量和人口增长率之间的关系,新古典增长模型的基本假定、思路和结论。

掌握:经济增长和经济发展的关系,经济增长的基本问题,经济增长的直接原因和根本原因,影响经济增长的因素,促进经济增长的政策。

熟练掌握:经济增长和经济发展的关系,促进经济增长的政策。

改革开放以来,在以经济建设为中心的指导下,我们感受到了国家经济发展的巨大变化、经济增长给我们带来的福祉。仅仅 40 多年,我们就从落后贫困的国家成为全球第二大经济体,经济增长无疑给了我们不一样的生活。本章我们将探索经济增长背后的故事。

一、如何理解“经济增长”——经济增长的含义

假如给你一个选择,你会想穿越到哪个朝代?我们能从“九天阊阖开宫殿,万国衣冠拜冕旒”中领略到唐代的昌盛,能从“烟柳画桥,风帘翠幕”中体会到宋朝的繁华,能从“似毯绿茵承步辇,含胎红杏倚玫除”中观赏到清朝圆明园的美轮美奂。但是,同学们能否忍受大热天里没有空调,闲暇时没有王者荣耀,旅游时没有“复兴号”呢?想到这些,可能许多同学要打退堂鼓了,毕竟即使是生活在现代的普通人,可能也要比古代的高富帅、白富

美过得更加舒适惬意。在现代社会中，我们通过旅游和互联网能够看到不同地区生活水平的明显差距。当我们在享受经济发展和科技进步带来的便捷的同时，世界上仍有不少人食不果腹衣不蔽体，挣扎在生命线上。

我们的生活水平为何有如此大的变化呢？其中最重要的原因就是“经济增长”。一个国家或地区只有在一定时期内创造出更多的产品和劳务，它才能享有更高的生活水平，我们也就认为出现了经济增长。因此，我们将经济增长定义为产量的增加，这里的产量既可以表示为经济的总产量(GDP 总量)，也可以表示为人均产量(人均 GDP)。

为什么经济增长会使得生活水平产生如此大的差距呢？这要归功于“复利”的时间效应。如果不同地区之间存在增长的差距，那么会在一代或者两代人后造成生活水平的巨大差异。我们假设某个经济体的初始经济总量为 100，然后分别在年增长率 1%、3% 以及 8%情况下观察不同年份的差距，结果如表 16-1 所示。

表 16-1　不同年增长率的复利效果

年增长率	10 年后	25 年后	40 年后
1%	110	128	149
3%	134	209	326
8%	216	685	2172

我们可以看出，在 1%的年增长率下，40 年后的经济总量是初始的 1.49 倍；在 3%的年增长率下，40 年后的经济总量是初始的 3 倍以上；在 8%的年增长率下，40 年后的经济总量大约是初始的 22 倍，这是多么明显的增长！而这 8%的年增长率正是我国改革开放以来的平均年增长率，被公认为是“增长奇迹”。换句话说，在一个人从 25 岁到 65 岁的工作生涯内，就可以看到经济体增长近 22 倍，他必然也会经历生活境况的巨大变化。

生活中，我们通常认为经济增长就是经济发展，但其实二者之间是有区别的。如果说经济增长是一个“量”的概念，那么经济发展就是一个比较复杂的“质”的概念。从广泛意义上说，经济发展不仅包括经济增长，还包括国民的生活质量，以及整个社会各个不同方面的总体进步。总之，经济发展是反映一个经济社会总体发展水平的综合性概念。

对于经济增长，摆在人们面前的难题是，为什么收入和经济增长率在世界各国存在着巨大差异？对这一难题的认识，涉及经济增长的三个基本问题。

第一，为什么一些国家如此富裕，而另一些国家那么贫穷？这个问题我们已经在上文中通过复利的时间效应做出了解答。

第二，什么是影响经济增长的因素？

第三，怎样理解一些国家和地区的增长契机？

接下来，我们将利用增长核算与增长理论两种方法进一步分析。

二、什么是经济增长的源泉？——经济增长的决定因素

(一)增长核算

对于相对落后的国家而言，经济增长无疑是一盏指路的明灯，他们相信只要维持一

定水平的经济增长率，就能够赶上发达国家的脚步。那么如何促进经济增长呢？经济增长的动力来源是什么？

在西方经济学中，将经济增长的决定因素分为三个方面：劳动、资本以及技术知识。其中劳动主要是指先天形成的劳动能力；资本可以具体分为物质资本、人力资本，其中物质资本是指投入到生产过程中所需要的要素，如工厂、设备、半成品等，而人力资本是指后天经过学习培训获得的知识与技术；技术知识是指可以改变生产率的各种创新，如管理创新、组织创新、工具创新等，在经济学中，我们用全要素生产率（TPF）来表示它。我们用已经学习过的生产函数来说明这三种要素的关系。假定经济的总量生产函数为：

$$Y=AF(N,K) \tag{16.1}$$

式中，总产出 Y 取决于劳动 N 和资本 K 两种投入以及技术水平 A，其中 F 是 N 与 K 的函数，在 F 的基础上乘以技术等于总产出，这表明，如果我们投入既定的劳动和资本，A 值越大，所得到的总产出也就越大。

如果生产函数为规模报酬不变的，那么所有投入扩大一定比例也会使产出扩大同样的比例。在数学上，我们可以将上述公式写为：

$$\lambda Y=AF(\lambda N,\lambda K) \tag{16.2}$$

在式(16.2)中，设 $\lambda=\frac{1}{N}$，则上式变为：

$$\frac{Y}{N}=AF(1,\frac{K}{N}) \tag{16.3}$$

式(16.3)中，表达式 Y/N 被定义为生产率，即每单位劳动投入所产生的产品和劳务数量，显然在这里生产率表示为每个工人的产量。因此，上述公式说明，生产率取决于人均资本 K/N 和代表技术状况的变量 A。我们为什么要特别重视生产率呢？因为不同于在第八章中学习的 GDP，经济增长问题更多需要考虑人均产量的增加。举个例子，2019 年我国经济总量为 14.34 万亿美元，而丹麦经济总量为 3501.04 亿美元，但比较而言，丹麦人民的生活水平远远高于我国，这是因为我国虽然经济体量大，但由于人口较多，在计算人均产量时就非常少。

对于生产函数（公式 16.1）而言，经济增长的原因就是作为生产要素的劳动 N 和资本 K，以及技术水平 A。在其他文献中，也有将生产要素划分为物质资本、人力资本、自然资源以及技术知识四种。研究经济增长的决定因素不仅可以解释一个国家在不同时期由于生产函数中自变量的变化，进而引起的产出水平变化的增长现象，而且在一定条件下，还可以通过比较不同国家在劳动、资本和技术等方面的差别来解释不同国家 GDP 和生活水平的差别。

生产函数（公式 16.1）将产出水平与投入水平以及技术水平联系起来，我们也可以将之用来预测投入增长与产出增长的关系，这个预测可被概括为以下的增长核算方程：

$$\triangle Y=\mathrm{MP}_N\cdot\triangle N+\mathrm{MP}_K\cdot\triangle K+F(N,K)\cdot\triangle A \tag{16.4}$$

产出增长＝劳动份额×劳动增长＋资本份额×资本增长＋技术进步

在方程(16.4)中，劳动和资本各自的贡献量等于它们各自的增长率乘以该投入在收入中所占份额，而方程中的第三项表示的是全要素生产率增长的技术进步速度。全要素生产率的增长率是在所有投入不变的情况下，由于生产技术改进所导致的产出增加的数额。需要注意的是，劳动生产率与全要素生产率有所不同，劳动生产率不光会因为技术进步而增长，也会因为资本积累而增长。

在分析美国等经济体的增长原因时，经济学家发现，有大约 1/4 的长期经济增长可以由人力资本增加来解释，例如更多的教育投入与经验学习；另外 1/4 可以用实物资本增加来解释，例如劳动力拥有更多的可用机器；剩余 1/2 是因为新技术的应用。如果用相同的方法分析低收入国家的经济增长原因，会发现这些国家的生产力增长更多地来自教育程度与实物资本的增加，而新技术的作用不太明显。图 16-1 为 1978—2007 年中国经济高速增长的动力逻辑图，我们可以发现，当时中国的经济增长的拉力主要来自于人口红利、实物资本投资增长快、教育程度不断提高。与其他中低收入国家不同，尽管当时中国的技术水平距离全球的先进技术水平差距较大，但利用较低成本引入外国的先进技术等方式，实现了技术进步，一定程度上能够带动经济增长。

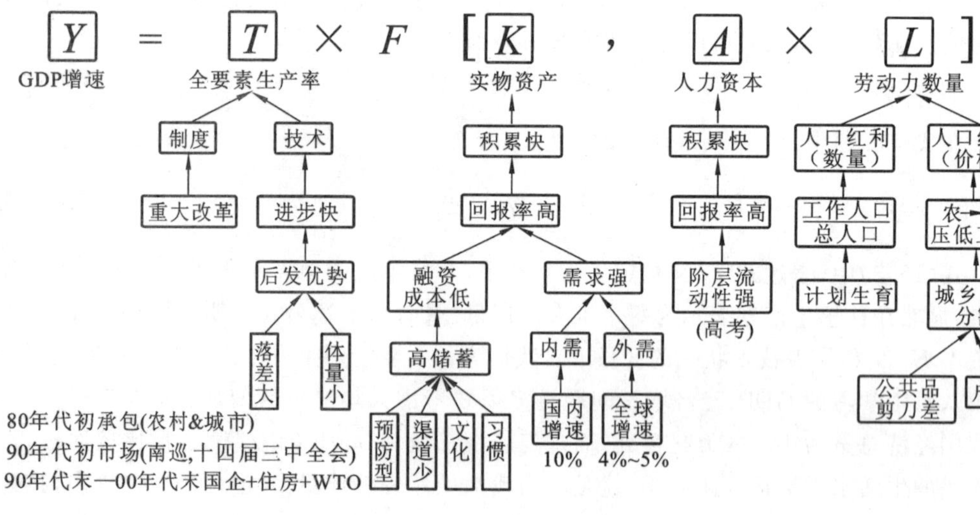

图 16-1　1978—2007 年中国经济高速增长的动力逻辑图

资料来源：平安证券研究所

如果进一步探索为什么一些国家与另一些国家相比积累了更多的生产要素，开发和采用了更好的技术这类问题，我们就能发现生产要素和技术水平在决定经济增长的同时，一些更深层次的因素在影响着生产要素与技术，比如制度、文化和地理等因素。

(二)新古典增长模型

生产函数在本质上是从静态的角度分析经济增长的直接原因，但由于不同时期的经济增长会呈现出不同的特征，故需要对经济增长进行动态分析。20 世纪 50 年代后期的新古典增长理论是较为有影响力的理论之一，该理论将注意力集中在资本积累以及它与储蓄决策的联系等方面。

1. 基本假定

新古典增长模型，又称索洛增长模型，是建立在一个新古典生产方程体系之上，强调了在一个封闭的没有政府部门的经济中储蓄、人口增长及技术进步对经济增长的作用，它关注的焦点是资本积累以及它与储蓄决策等的联系方面。新古典增长模型的基本假定是：

(1) 经济由一个部门组成，该部门生产一种既可用于投资也可用于消费的商品；

(2)该经济为不存在国际贸易的封闭经济，且政府部门被忽略；

(3)生产的规模报酬不变；

(4)该经济的技术进步、人口增长及资本折旧的速度都由外生因素决定；

(5)社会储蓄函数为 $S=sY$，s 为储蓄率。

2. 没有技术进步下的新古典增长模型

首先我们来考虑没有技术进步下的新古典增长模型。在增长核算中，我们已经推导出了公式(16.3)，由于没有技术进步，故得：

$$\frac{Y}{N}=F(1,\frac{K}{N}) \tag{16.5}$$

用 y 表示人均产量，即 $y=\frac{Y}{N}$，k 表示人均资本，即 $k=\frac{K}{N}$，可知 y 取决于 k，则生产函数可表示为下述人均形式：

$$y=f(k) \tag{16.6}$$

一般来说，资本积累受到投资与折旧的影响。假定折旧率是一个固定值 $\delta(0<\delta<1)$，人口增长率为 n，且储蓄能有效地转化为投资，则有：

$$\hat{K}=I-\delta K=S-\delta K=sY-\delta K$$

上式两边同除以 N，可得：

$$\frac{\hat{K}}{N}=\frac{sY}{N}-\frac{\delta K}{N}=sy-\delta k=sf(k)-\delta k \tag{16.7}$$

此外，由 $k=\frac{K}{N}$，对该式关于时间变量求导，利用 $\frac{\hat{N}}{N}=n$ 经运算可得：

$$\hat{k}=\frac{\hat{K}}{N}-\frac{\hat{N}}{N}\cdot\frac{K}{N}=\frac{\hat{K}}{N}-nk$$

进而有：

$$\frac{\hat{K}}{N}=\hat{k}+nk$$

将上式带入(16.7)式中，整理可得：

$$k=sf(k)-(n+\delta)k \tag{16.8}$$

公式(16.8)是新古典增长模型的基本方程。这一关系式表明人均资本变化等于人均储蓄减去 $(n+\delta)k$ 项。表达式 $(n+\delta)k$ 可以理解为必要的投资，它是保持人均资本 k 不变的必要投资。为了阻止人均资本 k 下降，需要用一部分投资来抵消折旧，这部分投资就是 δk。同样还需要一些投资，因为劳动数量以 n 的速率在增长，这部分投资就是 nk 项。因此资本存量必须以 $(n+\delta)$ 的速度增长，以维持 k 不变。总计为 $(n+\delta)k$ 的储蓄(或投资)被称为资本的广化。当人均储蓄大于临界投资所必要的数量时，k 将上升，这时经济社会经历着资本深化[①]。根据以上解释，新古典增长模型的基本方程可表述为：

资本深化＝人均储蓄（投资）－资本广化

3. 具有技术进步的新古典增长模型

首先，我们构建具有技术进步的新古典增长模型，为此把经济的生产函数写为：

$$Y=F(AN,K) \tag{16.9}$$

在式中，AN 被称为有效劳动，在这种情况下，新古典增长理论对生产函数的假定就变为，产出 Y 是资本 K 和有效劳动 AN 的一次齐次函数。

记 $\hat{y}=\dfrac{Y}{AN}$，称其为按有效劳动平均的产量；$\hat{k}=\dfrac{K}{AN}$，称其为按有效劳动平均的资本，则公式（16.9）可写为：

$$\hat{y}=f(\hat{k}) \tag{16.10}$$

新古典经济增长模型的一个重要基本假定是，技术进步是外生给定的，即假定变量 A 以一个固定比例 α 增长，即有 $\dfrac{\hat{A}}{A}=a$。

通过对方程 $\hat{k}=\dfrac{K}{AN}$ 关于时间变量 t 求导数可得：

$$\dot{\hat{k}}=\frac{sY}{AN}-\delta\dot{\hat{k}}-n\hat{k}-a\hat{k} \tag{16.11}$$

进一步地，利用 $\hat{y}=\dfrac{Y}{AN}$ 和式（16.10）、（16.11）可得：

$$\dot{\hat{k}}=sf(\hat{k})-(n+\delta+a)\hat{k} \tag{16.12}$$

式（16.12）便是具有技术进步的新古典增长模型的基本方程。这一方程表明，每单位有效劳动的资本存量 $\hat{k}$ 的变化取决于以下两个方面：等式右边第一项 $sf(\hat{k})$ 表示每单位有效劳动的实际投资量；第二项 $(n+\delta+a)\hat{k}$ 可以理解为投资平衡水平，表示投资量必须恰好使每单位有效劳动的投资保持在现有水平。

4. 稳态及其条件

在有关增长文献中，稳态是指包括资本存量和产出在内的有关内生变量将不会随时间的推移而变化的一种状态。根据上述说明，在新古典增长模型中，经济达到稳态的条件是 $k=0$。对没有技术进步的新古典增长模型来说，该模型稳态的条件是：

$$sf(k)=(n+\delta)k \tag{16.13}$$

对具有技术进步的新古典增长模型来说，该模型稳态的条件是：

$$sf(\hat{k})=(n+\delta+a)\hat{k} \tag{16.14}$$

如果用图形表示，我们以没有技术进步的新古典增长模型为例进行说明，如图 16-2 所示。

根据上述稳态的定义，在图 16-2 中，当经济在 D 点上运行时，对应的人均资本存量

① 资本深化：指人均资本量随时间推移而增长的过程

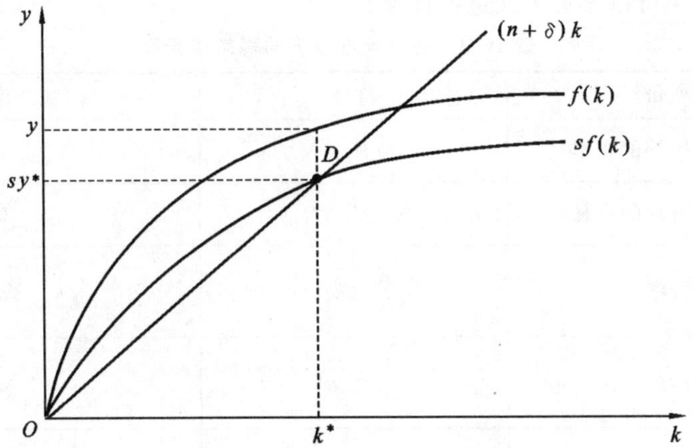

图 16-2　新古典增长模型的稳态

为 k^*。当 k 为 k^* 时，$sf(k)$ 曲线正好与 $(n+\delta)k$ 相交，这意味着两者相等。而由方程(16-8)可知，此时有 $\dot{k}=0$，即这时的人均资本量将不随着时间的推移而变化。所以图中 D 点所对应的状态即为该模型的稳态。

5. 稳态时的增长率

当经济达到稳态时，新古典增长模型中的相关内生变量的增长率有何变化呢？我们首先来考虑没有技术进步的新古典增长模型。

根据图 16-2，我们知道经济的稳态出现在 D 点，对于 D 点，求得人均资本 k、人均产量 y 和人均储蓄(投资)的稳态值分别为 k^*、y^* 和 sy^*。

由于 k^* 和 y^* 都为常数，可知它们的增长率均为零，即

$$g_k=g_y=0$$

上式说明了新古典增长模型中的一个非常重要的结论，即人均资本和人均产出的稳态增长率均为零。出于这个原因，可以说在没有技术进步的情况下，新古典增长模型并没有对长期人均增长的决定因素做出解释。

进一步地，由于 $k=\frac{K}{N}$ 和 $y=\frac{Y}{N}$，以及人口增长率为 n，我们可以得出

$$g_K=g_Y=n$$

我们将上述结论归纳得出表 16-2。

表 16-2　无技术进步下的稳态增长率

内生变量	符号	稳态增长率
人均资本	$k=\frac{K}{N}$	0
人均产量	$y=\frac{Y}{N}$	0
总资本	K	n
总产出	Y	n

对于具有技术进步的新古典增长模型的稳态增长率(见表 16-3)，我们直接给出结

论，有兴趣的同学可以参考上文进行推导。

表 16-3　在技术进步下的稳态增长率

内生变量	符号	稳态增长率
按有效劳动平均的资本	$\hat{k}=K/AN$	0
按有效劳动平均的产量	$\hat{y}=Y/AN$	0
人均资本	$\frac{K}{N}=\hat{k}A$	α
人均产量	$\frac{Y}{N}=\hat{y}A$	α
总资本	$K=\hat{k}AN$	$n+\alpha$
总产出	$Y=\hat{y}AN$	$n+\alpha$

在加入技术进步因素后，新古典增长模型可以解释本章前面所展示的生活水平的持续提高。也就是说，技术进步会导致人均产出的持续增长。一旦经济达到稳态，人均产出的增长率就只取决于技术进步的速率。

综上所述，新古典增长理论的主要贡献是什么？它改变了我们关于增长过程和公共政策的思维方式。如果技术水平不同是导致各国生活水平差异的主要原因，且假定技术是一个可以生产出来的要素，那么关于经济增长的政策就应该着重关注国家怎样才能提高技术水平。

在投入既定的条件下，技术变革能够使产出增加，因而它是国民经济增长的关键因素。新增长理论试图揭示产生技术变革的过程。这种理论强调技术变革是一种容易引起严重的市场不灵的产出。因为技术是一种公共品，它的生产成本昂贵但复制成本却很低廉。政府正在不断地加大力度来保护那些开发新技术的人或企业的知识产权。

三、哪些政策促进了经济增长？——经济增长政策分析

从公式(16.1)中，我们知道了决定经济增长的三个因素是技术进步、资本以及劳动，各国政府也正是从这些方面着手制定刺激经济增长的政策。

(一)鼓励技术进步

新古典经济增长理论认为，在投入既定的条件下，技术变革能够促使产出增加，因而它是国民经济增长的关键因素。从纵向的角度看，工业革命促使英国在 80 年左右的时间内，发展了纺织、冶金、煤炭、机器、交通运输等众多行业，机器大生产大幅提升了劳动生产力，经济增长跃居全球首位。二战后，日本在“科技立国”基本方针的指导下，从“模仿创新”到“自主创新”，短短二三十年就实现了对欧美发达国家经济的赶超。从横向的

角度看，当前各国十分重视技术创新，美国一方面设立"颠覆性技术办公室"，先后实现了互联网、隐身技术、全球卫星定位系统等技术创新突破，带动了行业变革，确立了经济领先地位；另一方面不断打压他国科技创新，对中国实施技术封锁，如中资企业收购德国半导体设备爱思强公司被奥巴马总统否决，限制对华高科技产品出口等。

(二)增加劳动供给

增长核算方程表明，增加劳动供给会引起经济增长。日本是一个老龄化十分严重的国家，在生育率低下的情况下，无法为经济增长提供有效的劳动供给。因此日本政府通过实施孕妇"大优惠"计划、实施育儿休假政策、提供生育补助等方式鼓励育龄夫妻积极生育。我国也面临着老龄化问题，放开"三孩"等政策也是应运而生。

与劳动供给相关的一个概念是人力资本，它是指劳动者通过教育和培训所获得的知识和技能。尽管基本的新古典增长模型只包括物质资本，而且没有努力去解释劳动效率，但人力资本在许多方面与物质资本类似。与物质资本一样，人力资本也提高了一国生产产品和劳务的能力。在中国，义务教育深入推进、高考科学改革、产学研一体化深度融合都在为经济发展提供更多的高素质人才。

(三)鼓励资本形成

上文中提到，资本存量的上升会促进经济增长，而资本存量的增长是通过储蓄与投资推动的。中国近年来倡导的外向型经济是促进经济增长的重要因素，尤其是在引入外资方面(见图 16-3)，不仅促进一般加工业转向高科技项目，也促使服务业升级发展。

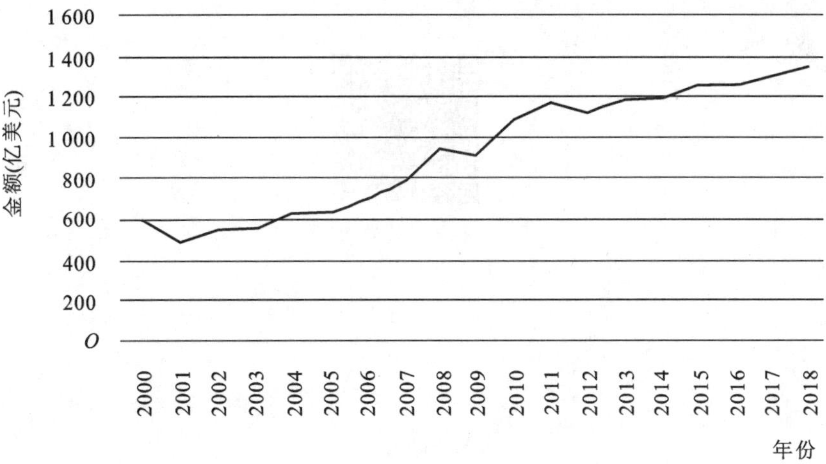

图 16-3 2000—2018 我国实际使用外资金额

数据来源：中国财政年鉴 2019

(四)建立适当的制度

研究生活水平国际差异的西方学者把这些差异部分归因于物质和人力资本的投入

差别，部分归因于使用这些投入的生产效率。各国生产效率水平不同的一个原因是指导稀缺资源配置的制度不同。因此，创建适当的制度对经济增长是非常必要的。

制度是指能支配个人和企业行为的一套规则、体制和惯例。其中，影响经济增长的最基础、最根本的制度是产权(property rights)，即对财产的保护，以免被他人占用。经济当事人拥有产权，才有激励去投资。否则，他们的成果可能会轻易被别人拿走。如果一家铁矿公司预计铁矿会被抢走，它就不会努力开采铁矿；只有该公司相信它将从铁矿的销售中获得收益，它才会有激励开采铁矿。

维护产权的基本方式是法制。彼此签订合同的企业依靠法院来强制执行这些合同，发明人依靠专利法的实施来维护自己的利益，私人财产的所有者也要依靠法院和警察保护他们的所有权。

美国经济学家诺思指出，社会没有能力形成一套有效的、低成本执行合同的体系，这是第三世界国家过去的经济停滞和现在的经济不发达的最主要的根源。①

思考题：

1. 试比较发展中国家与发达国家的经济增长模式。
2. 请思考中美贸易战对全球经济增长的影响。
3. 后疫情时代如何保证稳定的经济增长？

延伸阅读

不一样的越南

① 戴维·N.韦尔.经济增长[M].2版.北京：中国人民大学出版社，2011：271.

参考文献

[1] 保罗·萨缪尔森，威廉·诺德豪斯. 经济学[M]. 萧琛，主译. 17 版.北京：人民邮电出版社,2004.

[2]约翰 B.泰勒. 宏观经济学原理[M].杨振凯,王学生,译. 6 版.北京:清华大学出版社,2010.

[3]张维迎. 经济学:理性选择的科学[J]. 读书,2000(6).

[4]张卫东. 微观经济学[M]. 武汉:华中科技大学出版社,2019.

[5]高鸿业. 西方经济学(微观部分)[M]. 6 版. 北京:中国人民大学出版社,2014.

[6]任保平,宋宇主编. 宏观经济学[M]. 北京：科学出版社,2009.

[7]《西方经济学》编写组. 西方经济学(下册)[M]. 2 版. 北京:高等教育出版社、人民出版社,2020.

[8]徐高. 中国宏观经济学二十五讲 中国视角[M]. 北京:中国人民大学出版社,2019.

[9]高鸿业. 西方经济学(宏观部分)[M]. 7 版. 北京:中国人民大学出版社,2018.

[10]刘吉双,蔡柏良,王芳. 宏观经济学——中国案例分析[M]. 北京:中国经济出版社,2018.

[11] Chamberlin E. The Theory of Monopolistic Competition[M]. Cambridge: Harvard University Press, 1933.

[12]Hotelling H. Stability in Competition[J]. Economic Journal, 1929,39:41-57.

[13]Tirole J. The Theory of Industrial Organization[M]. Cambridge: MIT Press, 1988.

[14]Diamond P A, Mirrlees J A. Optimal Tax Theory: A Synthesis[J]. Journal of Public Exonomics , 1976(6):327-358.

[15]龚维敬. 垄断理论的争议:经济学家精彩对话[M]. 上海:上海财经大学出版社,2008.

[16]薛兆丰.商业无边界:反垄断法的经济学革命[M].北京:法律出版社,2008.

[17] [美]伯南斯.管制和反垄断经济学[M]. 冯金华,译.上海:上海财经大学出版社,2003.

[18] [美] 亚历克斯·莫塞德,尼古拉斯·约翰逊.平台垄断:主导 21 世纪经济的力量[M]. 杨菲,译.北京:机械工业出版社,2018.

[19][法] 贝尔纳·萨拉尼耶.市场失灵的微观经济学[M]. 朱保华,方红生,译.上海:上海财经大学出版社,2004.

[20] [英]罗纳德·科斯,张五常,(美)丹尼尔 F.施普尔伯.经济学的著名寓言(市场

失灵的神话)[M]. 罗君丽，范良聪，何樟勇，等译. 桂林：广西师范大学出版社，2018.

[21] [英] 斯蒂芬·芒迪 . 市场与市场失灵[M]. 方颖，译. 北京：机械工业出版社，2009.

[22][美] 乔治·阿克洛夫，迈克尔·斯彭斯，约瑟夫·斯蒂格利茨. 阿克洛夫、斯彭斯和斯蒂格利茨论文精选[M]. 谢康，乌家培，译. 上海：商务印书馆，2010.

[23][美] 菲利普·莱佩尼斯. GDP 简史[M]. 曲奕，王建斌，译. 北京：中国人民大学出版社，2018.

[24][英] 黛安娜·科伊尔. 极简 GDP 史.[M]. 邵信芳，译. 杭州：浙江人民出版社，2017.

[25][英] 蒂姆·杰克逊. 无增长的繁荣：GDP 增长不代表国民幸福[M]. 乔坤，方俊青，译. 北京：中国商业出版社，2011.

[26][美] 查尔斯·琼斯，迪特里奇·沃尔拉特. 经济增长导论[M]. 刘霞，译. 上海：上海人民出版社，2017.

[27][美]罗伯特·J·巴罗. 经济增长的决定因素[M]. 沈坤荣，审；李剑，译. 北京：中国人民大学出版社，2017.

[28][美] 罗伯特·索洛著. 经济增长理论：一种解说 [M]. 朱保华，译. 2 版. 上海：上海人民出版社，2015.

[29][美] 赫尔穆特·弗里希. 通货膨胀理论[M]. 费方域，译. 上海：商务印书馆，2010.

[30][法] 托马斯·皮凯蒂. 21 世纪资本论[M]. 巴曙松，等译. 北京：中信出版社，2014.

[31][美] 罗伯特·巴罗，赫歇尔·格罗斯曼. 货币、就业与通货膨胀.[M]. 张辑，译. 上海：商务印书馆，2015.

[32]刘涤源，谭崇台. 当代西方经济学说[M]. 武汉：武汉大学出版社，1989.

[33] 吕秉梅. 微观经济学原理及应用[M]. 南京：南京大学出版社，2013.

与本书配套的二维码资源使用说明

本书配套的数字资源均可利用手机扫描二维码链接的形式呈现，具体操作流程图如下。

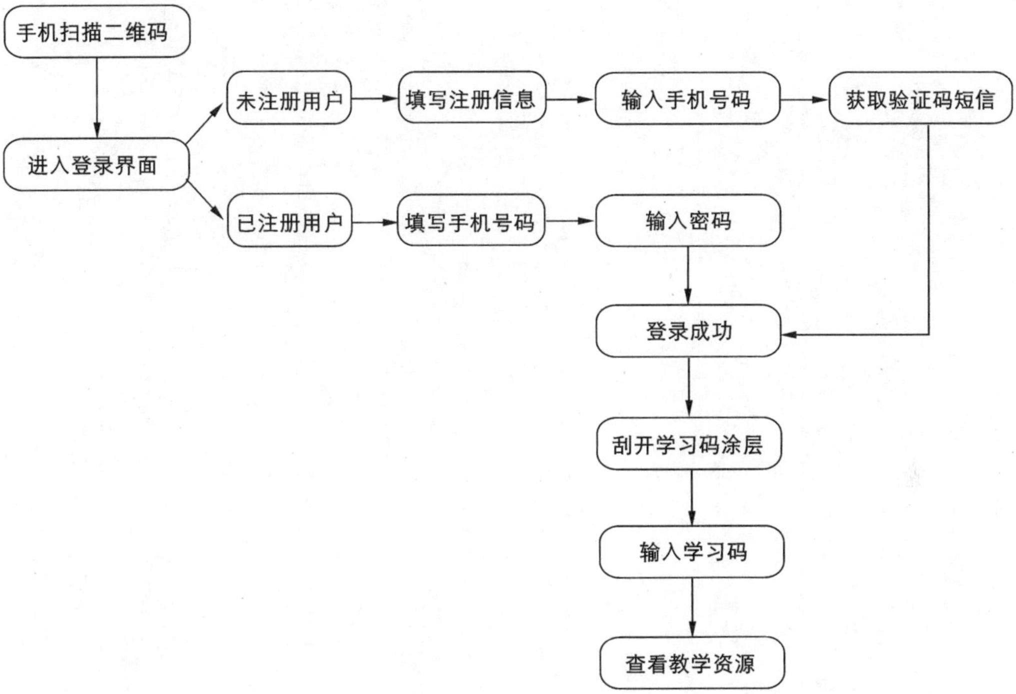